Heinrich Bullinger

불링거

취리히 종교개혁을 완성하다

불링거

취리히 종교개혁을 완성하다

박상봉 지음

익투스

| 저자서문 |

　유럽과 북미에서는 이미 20세기 중반부터 본격화된 새로운 연구를 통해 종교개혁의 지평이 더욱 확대되고 넓어지고 있다. 비텐베르크, 취리히, 제네바 중심의 지역과 인물 구도를 넘어 통전적인 시각에서 종교개혁을 서술하고 있기 때문이다. 즉 많이 소개되지 않은 인물들을 발굴하고, 종교개혁 2세대를 새롭게 조명하며, 무엇보다도 당시 시대적 정황 속에서 서신 교환, 인물 교류, 서적 출판 등을 통해 인물과 인물, 지역과 지역, 신학과 신학을 서로 연결하여 종교개혁을 종합적으로 그려내고 있다. 이러한 연구를 통해 빛을 본 대표적인 인물이 취리히 2세대 종교개혁자 '하인리히 불링거'(Heinrich Bullinger)이다. 특별히 한국 교회가 종교개혁 500주년을 기념하며 루터, 츠빙글리, 칼빈 외에 다른 종교개혁자들에게도 관심을 둔 것은 매우 고무적이다. 이 일에 유럽과 북미에서 종교개혁사를 전공하고 돌아온 다양

한 신학자들이 많은 기여를 하고 있다. 필자 역시도 스위스 취리히대학교 신학부의 '스위스 종교개혁 연구소'가 츠빙글리 연구를 거의 마무리하고, 에미디오 캄피(Emidio Campi) 교수의 주도로 '불링거 프로젝트'를 새롭게 진행할 때 박사과정에 입학했다. 불링거와 관련된 다양한 연구가 취리히대학교뿐만 아니라 다른 유럽 대학교와 협업으로 이루어졌다. 필자는 2010년 '하인리히 불링거의 신앙교육서'(Heinrich Bullingers kateketische Werke) 연구로 박사 학위를 받았다. 한국 교회에 거의 알려지지 않은 불링거를 연구하여 소개할 수 있게 되어서 기쁨이 크다. 단순히 번역물이 아닌 직접 우리말로 쓴 불링거 전기가 지상에 나온 것만으로도 큰 의의가 있다.

하인리히 불링거는 종교개혁 당시 자신의 권위와 역할에 비해 긴 시간 동안 츠빙글리와 칼빈의 그늘 아래서 너무 작게 소개되었다. 불링거는 1530년 이래로 자신의 신학적·교회정치적인 사역을 통해 당대 가장 큰 영향력을 행사한 인물이었다. 츠빙글리 사후 가장 힘든 시기에 취리히 교회의 대표 목사로 선출된 그는 카펠 전쟁에서 비극적으로 사망한 전임자의 뜻을 이어받아 취리히 종교개혁을 완성했다. 불링거는 취리히 교회의 의장(Antistes)으로 사역했던 44년 동안 개혁파 교회를 스위스 국경을 넘어 유럽 전역에 확산시키고 견고히 세우기 위해 온 열정을 쏟았다. 유럽 안에서 벌어지고 있는 교리 논쟁을 넘어 사도적 가르침에 근거한 정통신학을 추구하면서 하나의 보편 교회를 이루기 위해 모든 노력을 쉬지 않았다. 그리고 동서유럽에서 영국 메리 여왕의 박해, 로마 가톨릭교회의 종교재판, 오스만 터키의 위협 등으로 고난 받는 사람들의 위로자로서 헌신했다. 124권의 저술, 7,000회에 달하는 설교 원고, 12,000통의 서신 등 그의 방대한 문헌 유산은 그가 어떻게 살았는지를 증명해 준다. 대표적으로 1552년 『50편 설교집』, 1549년 『취리히 합의서』, 1566년 『스위스 제2 신앙고백서』 등은 오늘날까지도 개혁파 신학의 중요한 글로 읽혀지고 있다. 이렇게 볼 때, 불링거에 대한 지식 없이 16세기 스위스 종교개혁을 이해하는 것은 매우 부분적이고 단편적일 수밖에 없으며, 그를 한국 교회에 소개하는 것은 당연한 일일 것이다.

필자는 스위스에서 돌아온 2010년 초부터 지속적으로 스위스 종교개혁과 하인리히 불링거 연구에 집중하고 있다. 단순히 한국 교회에 이 주제를 소개하기 위해서가 아니라 이 연구가 한국 교회의 다양한 문제들과 관련하여 바른 교회의 길을 모색하는 데 작은 도움이 될 수 있다고 믿기 때문이다. 교회는 늘 개혁이 없으면 타락한다. 이것이 16세기 로마 가톨릭교회로부터 개혁을 외치며 필연적으로 '개혁된 교회'(Ecclesia Catholica)가 분리될 수밖에 없었던 이유이다. 그리고 이것은 죄성을 가진 인간이 교회를 이루고 있는 것과 무관하지 않다. 스위스 종교개혁과 하인리히 불링거 연구는 교회의 개혁과 그 개혁된 교회의 보존에 우리의 시선을 고정시킨다. 이는 한국 교회가 건전한 신학 위에서 어떻게 장구한 역사성을 가질 수 있는가에 대해 하나의 해답을 제시할 것이다. 당연히 금번 하인리히 불링거 전기의 목적도 이와 다르지 않다.

종교개혁 500주년 시리즈로 이 책이 나올 수 있도록 기획, 편집, 출판 등을 감당한 익투스 출판사의 모든 관계자 여러분께 감사드린다. 한국 교회의 유익을 위해 종교개혁 2세대 연구가 필요하다는 것을 역설하며 필자의 불링거 연구를 격려하고 지원해준 합동신학대학원대학교 정창균 총장님께도 감사의 마음을 전한다. 또한 늘 옆에서 연구에 지장이 없도록 묵묵히 내조해 준 아내 박진희에게도 고마운 마음뿐이다.

2021년 2월
봄을 기다리며
박상봉

차례

저자서문 · 4

Chapter 01
하인리히 불링거의 생애 · 11
출생-사제의 아들 · 13
학문 · 19
카펠수도원학교의 교사 · 28
새로운 소명-목사의 길 · 39
가정 · 45
취리의 교회의 대표 목사 · 60
저술 활동 · 72
생애의 끝 · 84

Chapter 02
하인리히 불링거의 사역 · 89
기독교 공화국을 꿈꾸며 · 91
서신 교환으로 온 유럽과 연결되다 · 115
개혁주의 교회의 일치-칼빈과의 교류 · 137

Chapter 03
보편교회를 위한 신학 • **173**

신학의 기초 – 보편교회 • 175
보편교회를 위한 신학 • 181
개혁주의 교회의 아버지 • 291

Chapter 04
하인리히 불링거의 시대적 관심,
이슬람 • **295**

츠빙글리와 비블리안더의 이슬람 이해 • 300
불링거와 헝가리 교회 • 304
이슬람은 이방종교인가, 기독교 이단인가? • 313
『터키』• 318

Chapter 05
불링거와 한국 교회 • **333**

편집후기 • 337

불링거
취리히 종교개혁을 완성하다

Heinrich Bullinger

1
하인리히 불링거의 생애

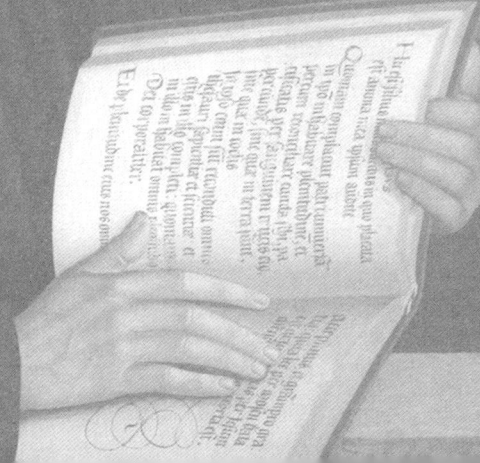

Chapter 01

하인리히 불링거의 생애

그의 강함은 언제나, 또한 가장 심각한 고난 속에서도, 끊임없이 기도하는 것에 있었다.

출생 – 사제의 아들

하인리히 불링거는 1504년 7월 18일에 스위스 취리히(Zürich) 서쪽에서 40여 리 정도 떨어진 작은 도시 브렘가르텐(Bremgarten)에서 태어났다. 이곳은 로이스(Reuss)강이 급격한 굴곡으로 굽이쳐 흐르며 만들어진 지형 안에 위치해 있어 도시 전체가 강을 따라서 형성된 천연지형으로 둘러싸인 강력한 요새와 같았다. 따라서 16세기 초에 이곳은 800명 정도의 주민이 살던 군사 요충지였다. 독립된 자치권을 가지고 있었고, 의회에 의해서 다스려졌으며, 스위스 북부 도시들과 알프스 산맥 초입에 있는 도시들을 경제적으로 잇는 중요한 상업 도시이기도 했다. 브렘가르텐은 현

하인리히 불링거

재 칸톤 아르가우(Kanton Aargau)에 속해 있으며, 지금도 불링거가 태어난 집을 볼 수 있을 정도로 옛 도시의 형태가 잘 보존되어 있다.

불링거의 가문은 전통적으로 브렘가르텐의 명망 있는 가문에 속해 있었다. 그의 아버지 장자 하인리히 불링거(Heinrich Bullinger der Ältere, 1469-1533)는 독일에서 신학을 공부했고, 1493년에 로마 가톨릭교회의 사제가 되었다. 고향 브렘가르텐의 미카엘(Michael)교회에서 사역을 시작한 그는 이곳에서 미사의 집전을 돕고, 오르간을 연주하는 보좌신부(Kaplan)로 사역했다. 그 이후에 몇 해 동안은 콘스탄츠(Konstanz), 아르본(Arbon), 슈비츠(Schwyz), 베덴스빌(Wädenswil) 등에서 활동한 것으로 알려져 있는데, 이렇게 도시들을 떠돌아야 했던 가장 큰 이유는 로마 가톨릭교회의 사제가 가정을 이룬 것 때문이었다. 온갖 비난으로부터 가족을 지키기 위해 그는 고향을 떠나 있을 수밖에 없었.

장자 불링거는 1495년에 안나 비더케어(Anna Wiederkehr)와 가정을 이룬 것으로 알려져 있다. 로마 가톨릭교회 안에서 사제의 혼인은 금지되어 있었지만, 당시 종교적으로 혼탁한 상황 속에서 그의 결혼은 그다지 비밀스러운 일은 아니었다. 두 사람의 관계는 처벌되지 않았으며, 그의 경력에도 부정적인 영향을 주지 않았다. 물론 안나가 '사제의 연인'이라는 사실이 자신의 가족에게 알려졌을 때 처음 몇 년 동안 심각한 반대에 부딪혔다. 장자 불링거에 대한 깊은 신뢰와 사랑이 없었다면 두 사람의 관계는 유지될 수 없었을 것이다. 브렘가르텐에서 방앗간 주인과 시장으로 활동하며 정치적으로 강력한 영향력을 행사했던 안나의 아버지는 처음에 자신의 딸이 사제와 가정을 이루는 것을 인정하지 않았다. 이 때문에 장자 불링거와 안나는 몇 해 동안 여러 지역을 떠돌며 가족의 허락이 있을 때까지 기다릴 수밖에 없었다. 안나는 용기 있고 자의식이 강한 여성이었다. 새롭게 이룬 가정을 지키는 일에 결코 주저함이 없었다. 그녀의 가족이 장자 불링거를 받아들일 때까지 인내하며 신중하게 행동했다. 오랜 시간 후에 아들 불링거는 어렸을 때 종종 들은 자신의 부모의 관계를 『불링거 가문의 족보』에서 다음과 같은 기록으로 남겼다. "아버지는 어머니 안나 비더케어를 처음부터 자신의 아내로 받아들였다. 그리고 어머니는 부부관계의 신뢰 속에서 서약을 했다."[1] 두 사람의 관계는

---

1) Patrik Müller, *Heinrich Bullinger–Reformator, Kirchenpolitiker*, Historikar, Zürich: TVZ 2014, 14-16. (이하, Heinrich Bullinger.)

의지적이며 책임 있는 결정이었다. 인간의 본성에 거스르는 로마 가톨릭교회의 잘못된 전통이 사제의 결혼을 금지하고 있었지만, 장자 불링거는 어떤 성적인 욕망으로 안나와 가정을 이룬 것이 아니었다. 그의 가정은 오랜 시간 동안 비방거리로 사람들의 기억 속에 남지 않았다. 안나의 부모가 장자 불링거를 인정하여 한 가족으로 받아들이자 두 사람은 브렘가르텐에 다시 둥지를 틀었다.

장자 불링거는 다섯 아들 중에 막내인 불링거가 태어났을 때 이미 브렘가르텐에 정착하여 주임사제로 활동하고 있었다. 그 도시에 종교개혁이 발생하기 전까지 신실하고 헌신적으로 사역했으며, 모든 사람에게 인정받고 사랑받았다.[2] 어린 불링거의 집은 항상 많은 사람들에게 개방되어 있었다. 매우 낙천적인 성격의 소유자인 어머니 안나는 가족과 손님들을 위해 헌신했으며, 브렘가르텐의 가난하고 병든 사람들을 돌보는 일에도 열심을 가졌다. 장자 불링거와 안나 사이에서 다섯 명의 아들이 태어났는데, 두 자녀는 어릴 때 부모 곁을 떠났다. 그리고 나머지 살아 있는 아들들 중에서 첫째 아들 요한 라인하르트(Johann Reinhart, 1496-1570)는 로트바일(Rottweil), 베른(Bern), 하이델베르크(Heidelberg), 에머리히(Emmerich)의 라틴어학교에

---

2) Fritz Büsser, *Heinrich Bullinger: Leben, Werk und Wirkung*, Bd.I, Zürich: TVZ 2004, 4.

서 공부했고, 쾰른대학교를 졸업했다. 인문주의의 영향을 받아 로마 가톨릭교회의 사제가 된 후 고향 브렘가르텐에서 잠깐 사역을 감당하였으며, 이후에 다른 여러 도시에서 활동했다. 그러나 1523년에 취리히 종교개혁이 공식화된 이후로 개신교 목사가 되어 죽는 날까지 비르멘스도르프(Birmensdorf), 로어도르프(Rohrdorf), 오텐바흐(Ottenbach), 카펠(Kappel)에서 교회를 섬겼다. 둘째 아들 한스 베른하르트에 대한 기록은 거의 남아 있는 것이 없다. 그는 아마도 1529년 오스만 터키(Osman Türkei)가 오스트리아(Östreich)의 수도 빈(Wien)을 침공했을 때 스위스 용병으로 참전하여 사망한 것으로 추측된다.[3] 이 일은 불링거 가문의 수치로 여겨졌다.

어린 불링거에 대한 정보는 평생을 쓴 그의 일기장을 통해서 단편적으로 확인된다. 장자 불링거와 안나의 헌신 속에서 세 아들은 사랑받으며 정서적으로 안정감 있게 성장했다. 하지만 불링거는 어릴 때 두 번의 죽음의 고비를 넘겼다. 흑사병과 목 부상 때문에 생명의 심각한 위기를 겪었으며, 그때마다 많은 사람들이 더 이상 그가 살 수 없을 것이라고 생각했다. 이 경험은 어린 불링거에게 삶의 중요한 방향성을 결정하는 데 큰 영향을 주었다. 신앙의 가치와 삶

---

[3] Büsser, *Heinrich Bullinger: Leben, Werk und Wirkung*, 5.

의 의미를 깊이 생각하는 계기가 되었을 뿐만 아니라 성직의 길을 걷도록 결심하는 한 원인으로 작용했다. 특별히 이와 관련하여 불링거가 평생 추구한 좌우명은 자연스럽게 예수 그리스도의 말씀을 듣고 헌신하는 것과 관련되었다. "이는 내 사랑하는 아들이요 내 기뻐하는 자니 너희는 그의 말을 들으라"(마 17:5). 이 하나님의 명령은 불링거의 일기장에서뿐만 아니라 그가 쓴 모든 저술의 표지에서도 확인된다. 이는 하나님이 기뻐하시고 사랑하시는 독생자 예수 그리스도의 말씀을 청종하며 사는 것이 믿음의 가장 중요한 덕목임을 강조한 것으로 이해된다.

어린 시절의 끔찍했던 사건들은 불링거로 하여금 기도에 대해서도 큰 관심을 갖게 했다. 그의 일기장에서 원수들과 핍박하는 자들 앞에서 다윗이 하나님을 온전히 신뢰하며 도움을 간청했던 기도의 한 내용이 일생을 통해서 나타나기 때문이다.[4] "나의 앞날이 주의 손에 있사오니 내 원수들과 나를 핍박하는 자들의 손에서 나를 건져 주소서 주의 얼굴을 주의 종에게 비추시고 주의 사랑하심으로 나를 구원하소서 여호와여 내가 주를 불렀사오니 나를 부끄럽게 하지 마시고 악인들을 부끄럽게 하사 스올에서 잠잠하게 하소서"(시 31:15-17). 불링거는 어떤 상황 속에서도 인생의

---

4) Büsser, *Heinrich Bullinger: Leben, Werk und Wirkung*, 5.

좌표처럼 하나님이 자기 인생의 주인이심을 분명하게 인정하고 살았다는 것을 알 수 있다. 일생을 통해서 기도를 강조한 불링거는 삶의 모든 위기 앞에서 하나님이 언약의 백성에게 은혜를 베푸신다는 것을 신뢰하며 기도하기를 쉬지 않았다.

학문

초등 라틴어학교

불링거의 일기장을 보면, 그는 만 3세 때 교회의 강단 앞에서 종종 사도신경과 주기도문을 낭독할 정도로 독일어를 유창하게 할 수 있었다고 한다.[5] 부모의 적극적인 관심 속에서 배우는 것에 흥미를 가진 아이로 성장한 어린 불링거는 1509년 3월 12일에 브렘가르텐에 있는 초등 라틴어학교에 처음 입학했다. 이곳의 가장 우선된 목표는 엄격한 규율 속에서 학생들이 라틴어를 읽고 쓰는 것에 익숙해지도록 만드는 것이었다. 자유 시간에도 학생들은 자발적으로 라틴어로 대화하며 시간을 보내야 했다. 이러한 과정을 통해서 불링거에게 라틴어는 평생 동안 그의 저술들과 서신들

---

5) *Heinrich Bullingers Diarium (Annels vitae) der Jahre 1504-1574*, 214. (이하, HBD.)

에 사용된 그의 두 번째 언어가 되었다. 실제로 이 학교의 졸업생들은 독일어 사용 지역에 있는 전문학교(Hochschule) 혹은 대학교(Universität)에 입학할 수 있을 정도로 라틴어 실력을 갖출 수 있었다.[6] 실제로 『칸톤 아르가우 학교』에 관한 연구에서 1462-1526년에 55명 정도의 졸업생들이 전문지식을 위한 상급학교에 등록한 것으로 확인된다.[7] 물론 불링거는 브렘가르텐의 라틴어학교에서 논리적 생각, 수사학적 표현방식, 기초적 신학 등도 공부할 수 있었다. 주일에 의무적으로 수행하는 교회의 봉사를 위해 필수적으로 배워야 했기 때문이다.

성 마르틴 라틴어학교

청소년기에 들어선 불링거는 1516년 가을에 독일 중서부의 한 도시인 니더하인 에머리히(Emmerich am Niederrhein)의 성 마르틴(St. Martin) 라틴어학교에 입학했다. 이곳은 오늘날과 비교하면 대학교에 가기 위해서 준비하는 고등학교(Gymnasium)와 같은 곳으로, 인근 지역의 어린 학생들을 위한 초등과정도 함께 운영되고 있었다. 914년에 설립된 것으로 알려져 있으며, 1498년에 입학생의 증가로 학

---

6) Büsser, *Heinrich Bullinger: Leben, Werk und Wirkung*, 6.
7) Clara Müller, *Geschichte des aargauischen Schulwesens vor der Glaubenstrennung*. Diss. phil. Freiburg i. Ü. Aargau 1917, 60-71 (Bremgarten).

교건물이 새롭게 건립되었다. 그 도시 정부의 지원 아래서 재정적으로 안정적이었던 성 마르틴학교는 매우 실력 있는 교사들이 지속적으로 영입될 수 있는 조건을 갖추고 있어서 독일과 네덜란드에서 당시 자녀교육에 관심을 가진 사람들에게 대단히 좋은 명성을 얻고 있었다. 따라서 불링거처럼 먼 나라의 학생들을 포함하여 다양한 지역에서 수많은 학생들이 몰려들었다. 종교개혁 전후에 상급과정의 청소년들과 초등과정의 어린 학생들을 합하여 약 800여 명의 학생들이 성 마르틴 라틴어학교에서 공부했고, 이미 불링거보다 여덟 살이 많은 첫 번째 형 라인하르트도 이곳 출신이었다.[8]

15세기 말부터 성 마르틴학교의 모든 수업은 인문주의의 영향 아래서 진행되었다. 중세 스콜라주의 방식으로 이루어진 과거에 비해 많은 변화가 있었다. 불링거는 집중적으로 라틴어와 함께 성경과 교리를 배웠는데, 그리스 철학자들의 고전, 교부들의 저술, 인문주의자들의 글을 읽을 수 있었다. 그 밖에 논리학, 기초 헬라어, 수사학 등도 배웠다. 다른 학교들과 마찬가지로 이 학교도 매우 엄격한 규율 아래서 운영되었고, 모든 학생의 수업과 활동이 철저하게 관리 감독되었다.

---

8) Büsser, *Heinrich Bullinger: Leben, Werk und Wirkung*, 9.

특별히 불링거는 성 마르틴학교의 기숙사에서 다른 학우들과 공동체 생활을 하면서 '근대적 경건'(Devotio Moderna)에 대해 큰 관심을 갖게 되었다. 그리하여 토마스 아 켐피스(Thomas a Kempis)의 『그리스도를 본받아』에 기초하여 높은 기독교 윤리, 규칙적인 성경 읽기, 개인적 신앙에 유익을 주는 성경 이해 등에 집중하는 경건에 힘썼다.[9] 그리고 "교육이 경건을 잃어버리면 모든 것이 타락한다"라고 주장했던 이미 퇴임한 교장 알렉산더 헤기우스(Alexander Hegius)의 교훈을 실천에 옮겼다.[10] 이 영향으로 기독교 공동체 생활을 매우 흠모한 청소년 불링거는 이 학교를 졸업한 후에 카르투지오 수도회(Kartäuserorden)[11]에 입교하는 것을 진지하게 고민했다.

불링거가 성 마르틴학교를 다니는 3년 동안 그의 아버지는 두 벌의 옷과 함께 수업료와 숙식비로 33굴덴(Gulden)을 지불했다. 이 비용은 학교생활을 하는 데 충분한 것이었다. 그럼에도 불구하고 아버지 불링거는 어린 아들이 삶의 어려움과 고난을 경험해보길 원했다. 그리하여 때때로 많

---

9) Büsser, *Heinrich Bullinger: Leben, Werk und Wirkung*, 10-11.
10) Müller, *Heinrich Bullinger*, 17.
11) 카르투지오 수도회는 1084년 쾰른의 성 브루노(St. Bruno)에 의해서 설립되었다. 남자 수도회와 여자 수도회를 모두 갖추고 있으며, 성 베네딕트(St. Benedictus) 규율서 대신에 자체 규율서를 가지고 있었다. 일반적으로 은둔적인 삶을 지향한 것으로 알려져 있다.

은 사람들이 오가는 길 위에서 성가를 부르며 구걸함으로써 먹을 빵을 해결하기를 권면했다. 이것을 불링거의 일기장에서 확인할 수 있다. "아버지는 내가 평생의 삶 동안 가난한 사람들에게 긍휼을 베풀며 살도록 하기 위해서 이러한 방식의 직접적인 경험을 통해 구걸하는 사람들의 불행한 처지를 내가 알기를 원하셨다."[12] 이때의 경험은 불링거의 삶에서 소중한 자산이 되었다. 그의 모든 사역 속에서 고난 받는 사람들을 긍휼히 여기는 마음을 갖게 하는 계기가 되었기 때문이다. 실제로 불링거는 취리히의 가난한 사람들, 종교 망명자들, 로마 가톨릭교회와 오스만 터키의 폭정 아래서 신음하고 있는 신자들을 위해 평생 목회자와 위로자로서 헌신하며 살았다.

쾰른대학교

1519년 봄에 불링거는 성 마르틴 라틴어학교를 졸업했다. 짧은 일정으로 고향을 방문한 이후에 그는 같은 해 여름에 당시 '독일의 로마'로 불리던 쾰른(Köln)으로 거처를 옮겼다. 독일의 경제·정치·학문·종교의 중심지였던 쾰른에는 불링거가 기독교 공동체 생활을 위해서 입교하길 원하던 카르투지오 수도회가 있었다. 이곳은 유럽 전역에 알려

---

12) Müller, *Heinrich Bullinger*, 17.

퀼른대학의 엠블럼

진 매우 유명한 곳으로, 이 유명세는 이 수도회의 설립자인 성 부르노(St. Bruno)가 이 도시에서 태어난 것과 관련이 있다. 퀼른은 11개 종교재단을 거느린 대주교관, 1248년부터 짓기 시작한 퀼른대성당을 포함한 19개 교구 교회, 100개 예배당, 22개 수도회, 12개 양로원, 76개 종교조합, 셀 수 없이 많은 성유물 등으로 가득 찬 종교적 성지였다. 또한 퀼른은 순례자들의 도시로서 세 명의 거룩한 왕의 유해와 성 우르술라(St. Ursula)를 위해 순교한 11,000명 처녀들의 숭배지이기도 했다.[13]

특별히 퀼른에는 학문적으로 매우 유서 깊은 대학교가 있었다. 역사적으로 알버투스 마그누스(Albertus Magnus), 토마스 아퀴나스(Thomas von Aquin), 요한네스 둔스 스코투스(Johannes Duns Scotus), 마이스터 에크하르트(Meister Echhart) 같은 유명한 인물들이 이곳에서 활동했다. 16세기

---

13) Büsser, *Heinrich Bullinger: Leben, Werk und Wirkung*, 13.

초에 쾰른대학교는 네 개의 학부(신학, 법학, 의학, 문예)로 운영되고 있었으며, 모든 독일어권 지역의 젊은이들이 선망하는 명문 학교였다.

불링거는 1519년 9월 12일에 쾰른대학교의 문예학부(Artes liberales)에 입학했다. 장자 불링거는 3년 동안 아들의 학업을 위해서 여러 벌의 옷과 함께 118굴덴을 지불해야 했는데,14) 성 마르틴 라틴어학교와 비교할 수 없을 정도로 많은 금액이었다. 쾰른대학교의 문예학부는 문법, 수사학, 논리학, 수학, 기하학, 음악, 천문학으로 구성되어 있었다. 이 문예학부는 신학, 법학, 의학을 전공하기 위해서 반드시 이수해야 하는 기본과정(die obligatorische Vorstufe)으로서 오늘날 대학교의 인문·교양학부와 비교될 수 있을 것이다. 불링거는 문예학부에서 뛰어난 스콜라주의 교육을 받았다. 대표적으로 페트루스 히스판누스(Petrus Hispanus)의 논리학, 아퀴나스의 문장해설, 아리스토텔레스의 고전 읽기 등이 교과과정에 속해 있었다.15) 그 밖에 다양한 사상들도 매우 체계적으로 배울 수 있었다. 또한 불링거는 두 스승인 마티아스 프리세미우스(Mattias Frissemius)와 아놀드 폰할더렌(Arnold von Halderen)을 통해서 인문주의 사상도 직접 소

---

14) Büsser, *Heinrich Bullinger: Leben, Werk und Wirkung*, 13.
15) Büsser, *Heinrich Bullinger: Leben, Werk und Wirkung*, 13.

개받았다. 그리하여 당시 유명한 인문주의자 루돌프 아그리콜라(Rudolf Agricola)와 에라스무스 폰 로테르담(Erasmus von Roterdam) 등의 저술들을 읽을 수 있었다.16) 독일 (성경) 인문주의의 두 가지 중요한 목적은 한편으로 방법적인 면에서 수사학을 통해 논리적인 사고와 표현을 익히게 하는 것이었고, 다른 한편으로 내용적인 면에서 성경과 기독교 고전을 숙달시키는 것이었다. 이 과정을 통해서 불링거는 교부들을 새롭게 평가하는 것을 배웠고, 성경과 고전을 다루는 방식을 이해했으며, 변증학과 수사학에 기초를 둔 주석방식을 습득했다. 사실 불링거가 신학을 전공하지 않았음에도 충분한 신학적 지식을 가질 수 있었던 이유는 중세 스콜라주의 철학과 르네상스 시대의 인문주의 사상을 배웠기 때문이다.

특징적으로 에라스무스 같은 성경 인문주의자를 통해서 불링거는 당시 로마 가톨릭교회의 타락에 대한 분명한 인식을 갖게 되었다. 교회개혁의 필요성을 심각하게 고민하게 된 것이다. 이미 비텐베르크(Wittenberg)에서 공론화된 종교개혁의 의미를 확신하면서 마틴 루터(Martin Luther)를 자연스럽게 주목하게 된 그는 1520년에 쾰른대학교에서 루터에 대한 논쟁이 벌어진 이후로 루터의 글들을 읽으

---

16) F. Blanke, *Der junge Bullinger 1504-1531*, Zürich 1942, 42-44.

면서 로마 가톨릭교회의 권위와 전통에 관하여 의문을 품었다.[17] 이 의문을 해결하기 위해 로마 가톨릭교회 안에서 매우 권위 있는 교리서로 알려져 있는 페트루스 롬바르두스(Petrus Lombardus)의 『명제집』과 함께 크리소스토무스(Chrysostomus), 암브로시우스(Ambrosius), 오리게네스(Origenes), 어거스틴(Augustinus)과 같은 초대교회 교부들의 사상을 진지하게 연구했다.[18] 당연히 신구약 성경에 대한 연구도 게을리 하지 않았다. 불링거는 1520년에 쓴 일기장에 다음과 같은 기록을 남겼다. "나는 하나님의 구원이 오직 예수 그리스도를 통해서 왔다는 것을 깨달았다. 그리고 교황주의자들이 미신적일 뿐만 아니라 하나님 없는 가르침을 받았다는 것도 알게 되었다."[19] 이후 불링거는 루터의 저술들 외에 1521년에 처음 출판된 필립 멜란히톤(Philip Melanchthon)의 『신학총론』(Loci commnunes)을 읽고 깊은 감명을 받았다. 매우 핵심적으로 정리되었지만, 종교개혁의 근본 사상을 종합적으로 이해할 수 있는 귀중한 자료였다.

---

17) 불링거는 당시 루터의 몇몇 저술을 읽은 것으로 알려져 있다. *Die Babylonische Gefangenschaft der Kirche*(1520), *Von der Freiheit eines Christenmenschen*(1520), *Von den guten Werken*(1520), *Assertio omnium articulorum*(1520) 등.
18) Blanke, *Der junge Bullinger*, 50-52. 이 연구를 통해서 불링거는 루터의 신학이 초대교회의 교부들과 밀접하게 연결되어 있으며, 성경적으로 옳다는 것을 확신할 수 있었다.
19) Müller, *Heinrich Bullinger*, 17.

결과적으로 불링거는 종교개혁 사상을 확신 있게 받아들이면서 로마 가톨릭교회로부터 완전히 돌아섰다. 더 이상 미사에 참여하지 않겠다는 결심과 함께 오랫동안 품고 있던 카르투지오 수도회의 수도사가 되겠다는 계획도 포기했다. 평생 자신이 추구해야 할 걸음을 다시 새롭게 고민할 수밖에 없었다.

불링거는 1520년 가을에 쾰른대학교 문예학부에서 학사학위 시험을 통과했다. 그리고 1522년 봄에 석사학위를 취득했다.[20] 물론 신학을 전공하지는 않았지만, 종교개혁 사상으로 무장한 인문주의자로서 충분한 신학적 역량을 갖출 수 있었다. 불링거는 1522년 4월에 5년간의 긴 외국생활을 마치고 많은 사람들의 환대 속에서 고향 브렘가르텐으로 돌아왔다.

카펠수도원학교의 교사

브렘가르텐에서 불링거는 쉽지 않은 생활을 해야 했다. 스위스 어느 도시에서도 아직 공식적으로 종교개혁 사상을 추구하는 교회가 세워지지 않았기 때문이다. 불링거의 아버지도 로마 가톨릭교회의 사제로 여전히 활동하고 있었

---

20) Büsser, *Heinrich Bullinger: Leben, Werk und Wirkung*, 14.

으며, 당시 현실 속에서 미사에 참여하지 않는다는 것은 큰 위험이 따를 수밖에 없었다. 이러한 상황 속에서 브렘가르텐 교구에 속해 있는 알비스 카펠(Kappel am Albis)의 시토회(Zisterzienser)수도원에 큰 변화의 바람이 불고 있었다. 이 수도원은 지형적으로 알프스 산맥에 인접한 도시들로 가는 초입의 넓은 평야 지대에 위치해 있었다. 그래서 취리히 종교개혁 이후에 개신교 도시들과 로마 가톨릭교회를 따르는 도시들 사이에 전쟁이 발생했을 때 카펠수도원 근교에서 접전이 일어나는 것은 매우 당연한 일이었다. 지역적으로 카펠은 로마 가톨릭교회의 신앙을 고수하고 있는 스위스 내륙도시들로 종교개혁을 확대시키는 데 가교역할을 감당하는 지역에 속해 있었기 때문이다. 카펠수도원의 원장 볼프강 요너(Wolfgang Joner)는 인문주의의 영향을 받은 인물로, 츠빙글리와 깊이 교류하면서 취리히 종교개혁에 관심을 가지고 있었고, 카펠수도원의 신앙 교파 전환을 희망하고 있었다. 하지만 취리히 종교개혁이 본격화되지 않았을 뿐만 아니라, 이러한 변화를 실제적으로 이끌 수 있는 적합한 인물이 없었기 때문에 요너의 바람은 쉽게 이루어지기 어려웠다. 그런데 흥미롭게도 이러한 시기에 인문주의자로서 종교개혁 사상을 받아들인 불링거가 때에 맞게 등장했다.

요너는 1523년 1월 17일에 18세의 청년 불링거에게 정중하게 카펠수도원학교를 책임지는 교사직(Schulmeister)을 제안했다. 이 제안은 츠빙글리와 상의 후에 이루어진 것으로 알려져 있다.[21] 불링거는 자신의 종교적 신념에 따라서 수도원의 미사와 성가 기도회에 참석하지 않는다는 조건으로 교사직을 기꺼이 받아들였다. 수도사의 모든 의무에서 벗어나 종교개혁 사상을 가진 교사로 자유롭게 활동할 수 있기를 기대한 것이다. 요너는 젊고 패기 넘치는 불링거의 입장을 존중해 주었다.

당시 카펠수도원학교에서는 수도사들과 배움에 관심이 있는 주변 지역의 학생들이 함께 공부를 하고 있었다. 인문주의 교육방식에 따라서 수업을 진행한 불링거는 라틴어 문법, 수사학, 변증학(논리학)을 체계적으로 가르쳤다. 또한 초대교회 교부들과 인문주의자들의 다양한 글들에 대한 강독이 규칙적으로 이루어졌는데, 대표적으로 히에로니무스, 크리소스토무스, 키릴(Cyrill), 오리게네스, 테오피락트(Theophylakt) 등과 함께 에라스무스, 멜란히톤 등을 읽었다.[22] 독일어로 신약성경의 각 책을 지속적으로 강해하는 시간도 빠뜨리지 않았다. 매일 오전에 진행된 이 강해 수업은 학생들뿐만 아니라 성경에 관심을 가진 일반 사람들도 청강할 수 있었다. 당시 카펠수도원학교는 널리 알려지

---

21) Büsser, *Heinrich Bullinger: Leben, Werk und Wirkung*, 29.
22) Büsser, *Heinrich Bullinger: Leben, Werk und Wirkung*, 30.

지 않은 작은 학교였지만 6년 동안 불링거에 의해서 매우 앞선 교육방식으로 수준 높게 운영되었다. 이렇게 볼 때 불링거는 스위스에서 1525년에 츠빙글리가 설립한 '예언회'(Prophezei)와 1559년에 칼빈이 설립한 '제네바 아카데미'보다도 먼저 처음으로 개혁주의 신학교육의 기초를 세웠다고 말할 수 있다.[23] 앞서 언급된 성 마르틴 라틴어학교처럼, 종교개혁 사상을 효과적으로 가르치기 위해서 가장 발전된 인문주의 교육방식을 도입하였기 때문이다. 그리고 카펠수도원학교는 아직 종교개혁이 발생하지 않은 스위스에서 가장 먼저 세워진 개신교 학교로도 간주될 수 있다.

개인적으로 불링거는 종교개혁자들의 다양한 글을 정독하면서 자신의 신학적 입장을 체계화시켰다. 특히 에라스무스, 루터, 츠빙글리, 멜란히톤의 저술을 집중적으로 연구하면서 종교개혁 사상에 대한 더욱 선명한 입장을 갖게 되었다.[24] 그리고 신약성경을 매일 정독하면서 각 책의 주해를 시도했는데, 카펠수도원학교에 머무는 6년 동안 끊임없이 지속적으로 이 일을 감당했다. 또한 그는 자신의 연구가 헛되지 않도록 하기 위해 바쁜 교사의 직무를 감당하면서도 부지런히 글 쓰는 것을 멈추지 않았다. 그리하여 놀랍

---

23) Büsser, *Heinrich Bullinger: Leben, Werk und Wirkung*, 30.
24) Blanke, *Der junge Bullinger*, 64.

게도 이 기간에 그는 30권의 라틴어 저술과 20권의 독일어 저술을 집필했다.[25] 신약성경 주해, 학문의 방식, 로마 가톨릭교회의 교리에 대한 비판, 성례(세례와 성찬)에 대한 해설, 교회와 국가의 관계 등을 다룬 것들이다. 이 글들을 통해 불링거는 성경에 대한 깊은 관심 속에서 종교개혁 사상이 옳다는 것을 증명하고 있다. 그리고 로마 가톨릭교회를 반대하는 논쟁적인 투사로서 자신의 신학적 정체성을 분명하게 그려주고 있다.

1523년 1월 29일에 '첫 번째 개혁주의 교회설립을 위한 회합'으로 간주될 수 있는 '첫 번째 취리히 논쟁'(Erste Zürcher Disputation)이 개최되었다. 츠빙글리와 다른 동료 목회자들, 취리히 시장과 상·하 의회의 의원들, 로마 가톨릭교회의 주교 사절들 등을 포함하여 약 600여 명이 참석한 대규모 종교회의였다. 이 회합을 통하여 취리히는 정부의 공적 승인과 국민의 지지 아래 스위스 연방에서 첫 번째 종교개혁 도시가 되었다. 그리고 이 개혁의 물결은 스위스 전역에 직접적인 변화를 가져왔다. 짧은 시간 간격을 두고 취리히 주변 도시들과 알프스 산맥을 중심으로 스위스 중북부에 위치해 있는 거의 모든 도시들이 종교개혁을 받아들였기 때문이다. 당연히 취리히 종교개혁은 불링거와 관련

---

25) HBD, 1214-1224. 불링거는 자신의 일기장에서 쾰른대학교에서 공부할 때 다섯 권의 라틴어 저술을 썼다고 밝히고 있다.

첫 번째 취리히 논쟁(1523년)

이 있는 브렘가르텐과 카펠에도 큰 영향을 주었다.

취리히 종교개혁이 공식화된 이후에 불링거는 독일어로 기록된 츠빙글리의 첫 번째 개혁주의 신앙교리서 『최종 연설의 해설과 근거』(*Auslegung und Begründung der Schlussreden*)를 읽었다.[26] 이 책은 츠빙글리의 67개 조항에 대한 해설서로 취리히 종교개혁의 방향과 내용을 매우 자세하게 정리한 글이다. 루터의 95개 조항보다도 선명하게 종교개혁의 핵심 사상을 담고 있다. 하지만 라틴어가 아

---

26) Huldreich Zwingli, *Huldrych Zwingli Schriften*, Bd.II, hrsg. von Thomas Brunnschweiler, Samuel Lutz, Zürich: TVZ 1995, 13-499.

니라 독일어로 쓰였기 때문에 그 영향력은 매우 제한적이었다.[27] 그러나 이 책을 통해 불링거는 츠빙글리의 종교개혁을 온전히 받아들이게 되었고, 취리히 종교개혁의 방향성을 명확히 이해할 수 있게 되었다. 이러한 배경 속에서 1523년 말에 불링거는 츠빙글리와 첫 역사적 만남을 가졌다. 취리히 종교개혁자는 이전까지 사람들에게서 말로만 듣던 카펠수도원학교의 젊은 교사를 직접 만났을 때 매우 강한 인상을 받았다. 특별히 신학적으로 폭넓은 공감대를 형성할 수 있었는데, 불링거가 나이가 많지 않은 청년임에도 불구하고 로마 가톨릭교회의 개혁의 필요성을 분명히 알고 있으며, 종교개혁의 성경적 근거와 신학적 유산을 깊이 있게 인식하고 있다는 사실이 츠빙글리로 하여금 큰 호감을 갖게 했다. 두 사람은 성경 인문주의 영향 아래서 성경과 교부들의 풍성한 지식을 가지고 있었기 때문에 신학적 입장에 큰 차이가 없었다. 첫 만남에서부터 두 사람 사이에 신뢰가 형성되었다. 그리고 이 신뢰는 1531년 카펠 전쟁에서 츠빙글리가 죽었을 때 불링거가 그의 후계자로 세워질 정도로 유지되고 강화되었다.[28]

불링거는 카펠수도원학교 교사로 활동하는 동안에 지속

---

[27] Peter Opitz, *Ulrich Zwingli-Prophet, Ketzer, Pionier des Protestantismus*, Zürich: TVZ 2015, 38.
[28] Blanke, *Der junge Bullinger*, 75-76.

적으로 츠빙글리와 교류했다. 두 사람은 1524년 가을에 만나 성만찬에 대한 주제로 깊은 대화를 나누었다. 불링거는 성만찬과 관련하여 한편으로 츠빙글리의 입장을 존중하면서도, 다른 한편으로 자신만의 고유한 입장을 제시했다. 츠빙글리를 만나기 전부터 불링거는 '하나님의 언약과 연결된 성만찬'을 주장하면서 츠빙글리의 주장과는 구별된 점을 가지고 있었기 때문이다.[29] 이 대화를 통해서 츠빙글리는 성만찬에 대한 전문지식과 탁월한 사고를 가진 불링거를 경험할 수 있었다. 그리고 많은 대화를 통해서 두 사람 사이에 신학과 교회에 대한 공통된 관심사가 형성되었다. 종교개혁과 관련된 다양한 신학적 주제들이 별다른 논쟁 없이 공유되었다. 이러한 사실 때문에 츠빙글리는 1525년에 취리히 의회가 개최한 몇 번의 '재세례파 논쟁'에 불링거를 초대하기도 했다.[30]

급진적인 종교개혁을 열망했던 취리히 재세례파들은 유아세례를 거부하고 앞으로 더 이상 죄를 짓지 않겠다고 다짐한 성인에게만 세례를 줄 수 있다고 주장했다. 그들은 모든 국민이 태어났을 때 자동적으로 신자로 인정되는 국가

---

29) Müller, *Heinrich Bullinger*, 26.
30) Blanke, *Der junge Bullinger*, 64. 츠빙글리는 1525년에 있었던 재세례파와의 논쟁 때 불링거를 초청했다. 불링거는 논쟁의 내용을 기록하는 서기 역할을 감당한 것으로 알려져 있다(E. Egli, *Bullingers Beziehungen mit Zwingli*, in: Zwingliana I, Zürich 1904, 440).

교회를 반대하고, 오직 자신의 신앙을 참되게 고백하는 사람들로만 구성된 교회를 강조했다. 엄격한 도덕적 이상주의를 설교하면서 하나님의 말씀을 따라 사는 신자들에게 국가는 필요 없다고 규정했다. 결과적으로 취리히 종교개혁자들과 재세례파 사이에 벌어진 논쟁은 아무런 성과를 끌어내지 못했다. 어떤 설득도 통하지 않게 되면서 재세례파는 취리히 종교개혁의 가장 큰 위협으로 인식되었다. 결국 츠빙글리의 권고 아래 취리히 정부의 관원들이 재세례파를 물리력으로 제재하면서 겨우 안정을 이룰 수 있었다.

취리히 재세례파 논쟁과 관련하여 불링거는 1525년 12월에 『세례에 관하여』라는 책을 썼다. 이 책에서 그는 세례를 성만찬과 마찬가지로 하나님의 언약과 연결하여 이해했다. 그리하여 하나님과 아브라함 사이에 맺어진 언약의 표시로서 태어난 지 8일 만에 시행된 할례가 유아세례의 근거가 된다는 것을 밝히고 있다. 세례에 대한 재세례파의 입장이 성경적으로 옳지 않다는 것을 증명한 것이다. 이후로 불링거는 재세례파와 관련하여 두 권의 책을 더 저술했다. 한 권은 1531년에 『뻔뻔스러운 범죄에 관하여』, 다른 한 권은 1560년에 『재세례파의 기원』이라는 제목으로 출판되었다.

불링거는 츠빙글리의 추천으로 1528년 1월 6-26일에 개최된 베른 논쟁(Berner Disputation)에 참석하는 기회를 얻었다. 취리히 정부가 1527년 6월 23일부터 11월 14일까지 취리히에 머문 불링거의 신학적 역량을 존중했기 때문이다. 모든 스위스 도시들과 남부 독일의 도시들이 초청된 이 논쟁에서 믿음의 근거, 성경해석, 예수 그리스도의 대속사역, 미사, 성인 숭배, 사제들의 독신 등에 대한 중요한 질문들이 논의되었다. 베른 논쟁은 취리히 종교개혁을 안정시키면서 스위스 연방의 신학적 일치를 이룰 뿐만 아니라, 스위스와 남부 독일의 종교개혁을 받아들인 도시들 사이의 연합에 기여하기 위한 목적을 가지고 있었다. 이 논쟁은 불링거에게 마르틴 부써(Martin Bucer), 베르트홀트 할러(Berchtold Haller), 기욤 파렐(Guillaume Farel), 요아킴 바디안(Joachim Vadian)과 같은 종교개혁자들을 사귈 수 있는 기회가 되었다.31) 이미 잘 알려진 것처럼 불링거는 이 사람들과 평생 동안 교류했다.

베르트홀트 할러(1492-1536)

1525년에 브렘가르텐과 카펠도 취리히 종교개혁을 받아들였다. 불링거도 처음에는 다른 종교개혁자들처럼 새로운 교회의 설립을 생각하지 않았다. 오히려 로마 가톨릭교회 안에서 내부적으로 개

---

31) Müller, *Heinrich Bullinger*, 27.

혁이 일어나기를 기대했다. 하지만 취리히 종교개혁이 일어났을 때, 비텐베르크와 마찬가지로 새로운 교회가 자연스럽게 세워질 수밖에 없었다. 교황주의자들이 종교개혁의 요구를 받아들이지 않았기 때문이다. 성경의 가르침보다는 오랜 과정을 거쳐 형성된 전통을 고집하면서 교회의 개혁을 원치 않은 것이다. 이렇게 볼 때 종교개혁자들은 새로운 교회를 세운 것이 아니다. 성경이 말하는 교회를 회복한 것이다. 교황주의자들이 교회를 사도적 가르침에서 벗어나게 하여 타락시키자 종교개혁자들은 사도적 가르침에 근거하여 교회의 타락된 요소들을 제거한 것이다. 이 때문에 16세기 초에 유럽 교회는 자연스럽게 신교와 구교로 분열되었다.

불링거는 당시 수도원 원장인 요너와 전임 수도원 원장인 페터 심믈러(Peter Simmler)의 절대적인 지원 속에서 카펠수도원을 빠르게 개혁시켜 나갔다. 그리하여 즉각적으로 성상들과 성화들이 제거되고 미사도 폐지되었다. 그리고 1526년 3월 29일에 처음으로 성찬식이 개혁주의 예전에 따라서 시행되었고, 모든 수도사들은 특이한 복장을 벗게 되었다. 이후 1527년 초, 카펠수도원은 취리히 의회의 관할 아래 들어갔다.

새로운 소명 – 목사의 길

18세부터 시작된 6년 동안의 수도원 교사 기간은 불링거의 인생에서 종교개혁자로 첫걸음을 내딛는 중요한 시간이었다. 내면적으로 로마 가톨릭교회의 신앙적 색채를 완전히 제거하는 시간이었으며, 신학적으로 종교개혁 사상을 더 깊이 체계적으로 정립하는 시간이었다. 1523년 11월 30일에 불링거가 루돌프 아스퍼(Rudolf Asper)에게 보낸 서신에서 독서와 연구를 통해 새롭게 깨달은 신학적 입장을 언급한 것에 주목할 필요가 있다.

> "하나님의 말씀은 그 자체로 스스로 해석되며, 예수 그리스도에 대한 지식으로 인도한다. 이 지식은 기독교의 믿음을 위해 필요한 모든 내용을 포함하고 있다. 이 때문에 기독교 진리의 척도인 하나님의 말씀에 붙잡혀 있어야 한다. 교부들과 스콜라주의자들의 구전적인 전통과 교훈을 통한 보충은 거절되어야 한다."[32]

더욱이 불링거는 카펠에서 활동하는 시기에 공식화된 취리히 종교개혁을 통해서 로마 가톨릭교회를 넘어선 새롭게

---

32) Müller, *Heinrich Bullinger*, 24.

개혁된 교회를 온몸으로 경험할 수 있었다. 이는 남은 일생 동안 이 개혁된 교회를 위해서 헌신하는 삶이 자신에게 주어진 새로운 소명임을 확신하는 계기가 되었다.

특별히 요너의 권유로 불링거는 1527년 6월 23일부터 11월 14일까지 5개월 동안 취리히 교회의 목회자 교육기관인 '예언회'(Proptezei)에서 신학 공부를 할 수 있었다. 나이 든 수도원 원장의 눈에는 젊은 교사가 새로운 소명을 위해서 좀 더 준비되어야 할 것이 있음이 보였기 때문이다. 불링거는 매우 기뻐하며 새롭게 신학을 배울 수 있는 기회를 마다하지 않았다. 츠빙글리, 레오 유트(Leo Jud), 콘라트 펠리칸(Conrad Pellikan) 등의 성경 해설과 강의를 집중적으로 청강했으며, 히브리어와 그리스어를 학습했다. 그리고 이때 취리히의 다양한 명사들과 새롭게 친분을 쌓을 수 있었고, 이미 오래 사귄 친구들과 더 깊은 관계를 맺을 수 있었다. 불링거가 새롭게 교류하게 된 인물 중에는 앞으로 함께 가정을 이루게 될 반려자도 포함되어 있었다.

취리히에서 불링거의 이름은 더 이상 낯설지 않게 되었다. 츠빙글리가 카펠 전쟁에서 사망했을 때, 취리히 의회가 불링거를 취리히 교회의 대표 목사로 선출한 것은 결코 이상하지 않았다. 불링거는 이미 자신에게 정립되어 있던 신학을 점검하고, 앞으로 펼쳐질 인생의 길을 설계하며, 취리히 종교개혁을 통해서 발생된 변화를 받아들이고, 삶의 주변을 정리하는 시간을 가졌다. 개인적으로 성장, 희망, 고뇌가 뒤섞여 흐르는 강을 건넌 것이다. 취리히 체류를 통해서 불링거는 개혁된 교회의 목사로 부르심을 받는 데 필요한 모든 요건을 완벽하게 갖추었다. 불링거에게 이 5개월은 자신의 인생 중에서 가장 여유롭고 행복한 시간이었다.

청년 불링거가 취리히에서 신학 공부를 끝내고 다시 카펠수도원학교로 돌아왔을 때 이전과 다른 상황이 전개되었다. 취리히 교회의 총회가 불링거에게 목사 서약을 할 것을 강력하게 권면한 것이다. 물론 이는 당연히 예상되는 일이었고, 매우 자연스러운 것이었다. 카펠수도원 원장 요너도 이 중대한 일을 적극적으로 지지했다. 이미 취리히 교회에 귀속되어 종교개혁의 대열에 참여하고 있는 카펠수도원이 첫 번째로 배출한 목사가 되기 때문이었다. 불링거의 가족도 소망하던 일이 이루어진 것에 진심으로 기뻐했다.

1528년 4월 21일에 개최된 취리히 교회의 총회 때 불링거는 스위스 개혁파 교회의 목사 선서를 했다.[33] 어릴 때 로마 가톨릭교회의 수도사가 되겠다는 결심을 포기한 이후에 결코 돌이킬 수 없는 새로운 소명을 받아들인 것이다. 카펠수도원학교를 사임한 이후 불링거는 1528년 6월 21일에 알비스 하우젠(Hausen am Albis)에 있는 교회에서 첫 설

---

33) Büsser, *Heinrich Bullinger: Leben, Werk und Wirkung*, 50.

교를 시작으로 목회의 길에 공식적으로 들어섰다. 이 시점으로부터 그의 설교사역은 무려 47년 동안 지속되었다.

알비스 하우젠에서 목사의 직무를 성실하게 감당하고 있는 불링거의 활동은 브렘가르텐 교회에도 알려졌다. 하지만 아버지 장자 불링거는 로마 가톨릭교회의 사제로 활동하고, 아들 불링거는 개신교의 목사로 활동하는 것이 그곳 사람들에게는 어색하게 여겨졌다. 1529년 초, 불링거의 아버지는 강단에서 미사에 참석하고 있는 신자들을 향해 종교개혁 사상이 유일한 진리임을 고백했다. 로마 가톨릭교회의 사제로서 23년 동안 사역하며 가르친 모든 교리가 거짓된 것이었음을 밝혔다.[34] 이미 사제로서 가정을 이루고 자녀를 둔 상태에서 로마 가톨릭교회의 신앙은 이율배반으로 느껴졌기 때문이다. 그리고 두 아들이 이미 개신교 목사로 활동하고 있는 현실도 외면할 수 없었다. 두 아들의 설득과 온 가족이 한 신앙 안에 머무는 것을 옳게 여기고 60세 아버지가 개종을 결심한 것이다. 이 갑작스러운 선언으로 온 도시가 떠들썩거렸다. 하지만 브렘가르텐 의회는 수석 사제의 선언을 받아들일 준비가 아직 되지 않았고, 그곳의 시장 한스 호넥거(Hans Honegger)와 일부 의원들은 수석

---

34) Leuschner Blanke, *Heinrich Bullinger–Vater der reformierten Kirche*, Zürich: TVZ 1990, 95.

사제를 곧바로 해임해야 한다고 의견을 모았다. 이에 장자 불링거는 합법적으로 저항했지만 아무런 성과 없이 1529년 2월 15일에 수석 사제의 직무에서 물러나야 했다.[35] 그럼에도 불구하고 브렘가르텐의 많은 시민들은 의회의 결정에 불만을 가졌다. 결국 긴 논의를 거쳐서 같은 해 4월 말, 전체 시민의 열망 속에서 브렘가르텐 의회는 종교개혁을 결의했다. 하지만 그곳에는 아직 종교개혁 사상에 근거하여 교회를 섬길 수 있는 목사가 없었기에 브렘가르텐 의회는 취리히 의회에 잘 준비된 목사를 보내줄 것을 요청했다. 그리하여 1529년 5월 초에 브렘가르텐 교회의 첫 번째 개신교 목사로 게르바시우스 슐러(Gervasius Schuler, 1495-1563)가 파송되었다.

종교개혁을 받아들인 브렘가르텐의 시민들은 얼마 전까지 그곳 교회에서 수석사제로 섬기던 장자 불링거의 아들이 목사 안수를 받고 알비스 하우젠의 교회에서 사역한다는 것을 들었다. 이 때문에 그들은 공식적으로 불링거를 초청하여 설교 듣기를 원했다. 1529년 5월 16일 오순절 주일에 불링거는 브렘가르텐 교회에 초청되어 하나님의 말씀을 선포했다.[36] 그의 설교는 아직까지 정리되지 않고 있던

---

35) Fritz Blanke & Immanuel Leuschner, *Heinrich Bullinger-Vater reformierten Kirche*, 93.
36) Blanke, *Der junge Bullinger*, 96.

미사 드리는 제단을 철거하고, 성화들을 불태우며, 종교개혁 사상에 근거한 생활 규범이 아무런 저항 없이 시행될 수 있도록 할 만큼 깊은 감명을 주었다. 그 당시 브렘가르텐은 로마 가톨릭교회의 미사와 성상을 거부하고, 개신교 예배를 새롭게 도입하는 것이 결정되어 슐러에 의해서 종교개혁이 처음으로 시행되는 과정 가운데 있었기 때문이다. 며칠 되지 않아서 브렘가르텐 의회는 그곳 교회의 더욱 효과적인 개혁을 위해 불링거가 사역하는 것을 공식적으로 요청했다. 그곳 시민들도 열렬히 환영했다. 불링거는 자신이 태어난 곳이자 여전히 부모님이 머물고 있는 브렘가르텐에서 사역하는 것을 기쁨으로 받아들였다. 그리하여 1529년 6월 1일에 협력 목사로 부임했다.[37]

그곳 교회의 수석 목사 슐러와 함께 불링거는 곧바로 종교개혁을 정착시키기 위해서 많은 노력을 했다. 그리고 모든 시민들이 인정할 정도로 큰 성과를 거두었다. 불링거는 슐러와 사역을 분담하며 주일 오후 설교, 평일 오전 설교, 성경공부 등을 감당했다.[38] 두 사람은 츠빙글리와 지속적으로 교류하며 브렘가르텐 교회를 안정시켜 나갔다.

---

[37] Müller, *Heinrich Bullinger*, 32.
[38] Büsser, *Heinrich Bullinger: Leben, Werk und Wirkung*, 62.

가정

종교개혁이 시작되면서 여성은 어느 정도 근대적인 시각 속에서 이해되었다. 새로운 신학은 창조, 타락, 구속이라는 전제 속에서 여성의 본래적 지위를 회복하는 데 이론적으로만이 아니라 현실적으로도 많은 기여를 했기 때문이다. 특별히 종교개혁자들은 가정에 관한 신학사상을 발전시킴으로써 가정과 교회에서 여성의 인식에 대해 큰 변화를 이끌었으며, 당시 유럽 사회에서 여성의 권리를 신장시키는 데도 큰 역할을 감당했다.[39] 한 대표적인 실례로, 인문주의 배경 속에서 글을 읽고 쓸 줄 아는 여성 배우자에게 '박사 아내'(uxor docta)라는 칭호가 주어진 것을 들 수 있다.[40] 1523년 독일 잉골슈타트(Ingolstadt) 대학교에서 종교개혁 신앙을 받아들인 알사키우스 제호퍼(Arsacius Seehofer)에 대한 로마 가톨릭교회의 종교재판 때, 모든 위험을 감수하고 유일하게 변호를 해준 아굴라 폰 그룹바흐(Argula von

---

39) Sunanna Burghartz, Jungfräulichkeit oder Reinheit?–Zur Änderung von Argumentationsmustern vor dem Baseler Ehegericht im 16. und 17. Jahrhundert, in: *Dynamik der Tradition*, von Richard van Dülmen, Fischer 1992, 13.

40) Ursula Hess, Lateinischer Dialog und gelehrte Partnerschaft: Frauen als humanistische Leitbilder in Deutschland (1500-1550), in: *Deutsche Litertur von Frauen*, Bd. 1, hg. von Gisela Brinker-Gabler, München 1988, 113-148.

Grumbach)[41]와 '교회의 어머니'라는 별명을 가지고 모든 사람들의 위로자로 산 카타리나 슈츠 첼(Katharina Schütz Zell)[42]을 여기서 떠올릴 수 있다. 당시 여성에 대해 아직도 여러 면에서 극복되어야 할 수많은 현실적인 과제가 눈앞에 놓여 있었음에도 불구하고, 종교개혁은 중세 시대와 다른, 여성과 가정에 대한 근대적 이론과 실천을 제공했

아굴라 폰 그룸바흐

---

[41] 아굴라 폰 그룸바흐(1490-1564)는 독일의 명문가인 슈타우프(Stauff) 귀족 가문에 속한 여성이었다. 그녀는 좋은 교육을 받았으며 평신도 신학자로서 당시 시대적인 문제에 자신의 신학적 입장을 적극적으로 표명했다. 네 자녀의 어머니이기도 했던 아굴라는 종교개혁이 시작된 이래로 뷔르츠부르크(Würzburg)와 뉘른베르크(Nürnberg) 지역에서 확산되고 있던 종교개혁 활동가들과 연관되어 있었으며, 비텐베르크 신학자들과 서신을 통해 교류하였다. 아굴라 폰 그룸바흐와 관련하여 다음의 저술을 주목할 필요가 있다. Silke Halbach, *Argula von Grumbach als Verfasserin reformatorischer Flugschriften*, Europäische Hochschulschriften Rihe XXIII Theologie, Vol. 486, Frankfurter am Main 1992.

[42] 카타리나 슈츠 첼(1498-1562)은 스트라스부르(Strassburg)에서 부유한 수업공의 딸로 태어났다. 라틴어를 배울 수는 없었지만 자국어로 교육을 받았다. 그녀는 열 살이 되던 해 '교회의 어머니'가 되겠다고 하나님께 헌신한 것으로 알려져 있다. 당시 독일어권의 거의 모든 종교개혁자들과 교류했으며, 많은 저술을 남겼다. 카타리나는 스트라스부르 종교개혁자인 마테우스 첼(Mathäus Zell)의 아내로 살았을 때뿐만 아니라 남편의 죽음(1548년) 이후에도 종교개혁의 이상을 실현한 여인이었다. 카타리나 슈츠 첼에 관하여 다음의 저술을 참고할 수 있다. Elsie Anne McKee, *Katharina Schütz Zell*, Von 1, The Life Thought of a Sixteenth-Century Reformer, Leiden 1999.

다고 볼 수 있다. 의심의 여지없이 불링거의 결혼과 가정은 이 사실에 대한 전형이라고 할 수 있을 것이다.

결혼

취리히에서 5개월 동안 체류할 때 불링거는 이미 결혼에 대해 깊이 생각하고 있었다. 이미 스무 살을 넘기면서 자연스럽게 생겨난 마음이다. 종교개혁 1세대인 루터와 츠빙글리와 다르게 불링거에게 로마 가톨릭교회의 독신서약에 대한 강요는 아무런 장애요인이 되지 않았다. 비록 합법적인 혼인증서는 가지고 있지 않았지만, 불링거는 자신의 부모로부터 가정의 중요성을 깊이 인식하고 있었다. 과거 수도사가 되겠다는 꿈을 포기한 이래로, 가정을 이루지 않은 삶은 상상해본 적이 없었다. 취리히 종교개혁 이래로 카펠수도원의 수도사들도 이미 가정을 이루었고, 수도원 원장 요너도 1527년 2월 25일에 결혼을 했다.[43] 당연히 그는 23세의 불링거에게도 빨리 가정을 이룰 것을 권면했다.

1527년 여름에 불링거는 취리히에서 안나 아들리슈빌러(Anna Adlischwyler)를 알게 되었다. 그녀는 취리히 외텐바흐(Oetenbach)에 있는 도미니카 수녀회(Kloster der Dominikanerinnen)의 수녀였는데, 취리히 종교개혁의 여파

---

[43] Blanke, *Der junge Bullinger*, 93.

속에서 1525년에 그 수녀원이 폐쇄되면서 수녀 서약을 파기했다. 불링거와 같은 나이로 추측되며, 취리히 종교개혁을 매우 호의적으로 받아들였다. 안나는 당장 갈 곳이 없는 다른 여성들과 그 수녀원에 머물고 있었지만, 더 이상 수녀로서의 삶이 의미 없다는 것을 분명하게 알고 있었다. 새로운 신앙을 받아들이면서 자신의 앞길에 대해서 진지하게 고민하는 중이었다. 이러한 시기에 안나 앞에 불링거가 나타난 것이다.

불링거는 1527년 9월 30일, 당시 일반적으로 중매쟁이를 통해서 결혼의 여부를 묻던 관행을 깨뜨리고, 매우 용기 있게 직접 무려 30여 장이나 되는 장문의 서신을 썼다. 단순한 연애편지가 아니라 한 여인에게 배우자가 되어 줄 것을 정중하게 밝힌 청원서와 같았다. 불링거는 편지에서 결혼의 의미와 필요성을 성경의 가르침에 따라서 세밀하게 밝혔다. 주님 앞에서 결혼은 신자의 참된 경건이 훈련될 수 있는 수단임을 강조했다. 그리고 며칠이 지난 후에 곧바로 안나에게 온 마음을 담아서 직접적으로 청혼 고백을 했다. "영혼과 마음을 담아서 … 당신은 내가 (결혼하기로) 결심한 유일한 여성입니다. 내가 왜 당신을 지정했는지는 오직 하나님만 아시며, 오직 나의 선택은 당신의 언행에 근거하고 있습니다. 그래서 나는 이 시간에 당신이 하나님을 경외하는 여인이기를, 내가 당신과 함께 사랑과 고난에 동참하며,

모든 하나님의 뜻 가운데서 살고 싶다는 것을 마음에 그려 봅니다."[44]

안나는 불링거가 누구인가에 대해 유심히 살폈다. 카펠 수도원학교의 교사이며, 많은 사람들에게 신망을 받고 있다는 것을 알았다. 불링거가 학문적으로 매우 잘 준비된 인물이라는 것도 확인했고, 그가 인격적이며, 성숙한 믿음의 소유자라는 것도 의심되지 않았다. 결국 안나는 1527년 10월 27일에 불링거에게 결혼을 약속했다.[45] 그리고 이틀 후에 취리히 그로스뮌스터교회에서 두 사람 사이에 약혼 서약이 이루어졌다. 하지만 결혼은 2년 후에나 할 수 있었다. 안나의 홀어머니가 결혼을 반대했기 때문이다.[46] 불링거가 협력 목사로 청빙되어 브렘가르텐에서 사역하고 있을 때인 1929년 7월 20일에 안나의 홀어머니가 사망하자[47] 두 사람은 긴 약혼 생활을 끝내고 1529년 8월 17일에 많은 사람

---

[44] *Heinrich Bullinger Werke*, 2. Abt.: Briefwechsel 1, bearb. von Ulrich Gäbler u. a., Zürich 1973-5, Nr. 24, 13214-12: "Herz und Gemüt gesetzt … Du allein bist die einzige, die ich mir vorgenommen habe. Gott weiss allein, ob du mir verordnet bist, und meine Wahl stützt sich auf dein Reden und Benehmen. So habe ich mir mit der Zeit vorgestellt, du seiest eine solche [Frau], in der Gottesfurcht und Zucht sei, mit dir ich in Liebe und Leid und in allem, was Gottes Willen ist, leben möchte."

[45] Büsser, *Heinrich Bullinger: Leben, Werk und Wirkung*, 70.

[46] Büsser, *Heinrich Bullinger: Leben, Werk und Wirkung*, 85. 불링거는 안나의 홀어머니가 결혼을 매우 강하게 반대했다고 밝힌다.

[47] Blanke, *Heinrich Bullinger*, 87.

들의 축하 속에서 결혼을 했다. 이 기쁜 날에 불링거는 안나를 위해서 직접 지은 한 편의 시를 낭송했다.[48]

> 진심으로 환영합니다.
> 당신은 나의 고귀한 미덕이며
> 탐스러운 열매입니다.
> 나의 가장 사랑스러운 여인
> 나의 여왕이여!
> 당신이 보여준 온전한 사랑은
> 나의 마음을 진심으로 위로해 주는
> 너무도 소중한 것입니다.
>
> 당신은 나의 위로이자
> 나의 친구요 방패이며
> 내 마음의 항구입니다.
> 나는 오직 당신만을 사랑하며
> 이제 나는 오직 당신의 것입니다.
> 당신은 어느 누구도 의식하지 말며
> 우리의 사랑이 항상 생동할 수 있도록
> 오직 나만을 바라보아야 합니다.

---

48) Müller, *Heinrich Bullinger*, 32.

나는 지금 당신의 가장 사랑스러운 분신입니다.
내가 당신 곁에 있을 때
나는 평화를 누리며
나의 행복은 가장 충만합니다.
나는 지금 어떤 후회함도 없으며
어떤 다른 요구나 소망도 없습니다.
내가 그토록 소망했던
가장 사랑스러운 보물인
당신을 소유했기 때문입니다.

 16세기 초에 불링거와 안나는 자신들의 의지와 상관없이 오랜 연애 기간을 보냈으며, 현대와 비교해서도 단연 돋보이는 낭만적인 결혼을 했다.
 불링거는 1540년에 『기독교 가정생활』을 저술했다.[49] 결혼의 성경적 근거를 제시하면서, 특별히 배우자 선택, 결혼식, 성관계, 가정을 돌보는 일, 자녀교육, 이혼 등에 관한 많은 실천적인 조언을 제시한 것이다. 불링거는 결혼을 하나님의 뜻에 근거한 것으로, 남녀가 사랑과 공동체 삶을 실현할 수 있는 현장으로 간주했다. 그리고 자녀를 결혼이 맺

---

49) Heinrich Bullinger, "Der christliche Ehestand", in *Heinrich Bullinger Schriften*, ed. Emidio Campi, Detlef Roth & Peter Stotz, Bd. I, Zürich 2004, 417-575.

은 열매로 인식하면서 부모는 하나님의 뜻에 따라서 자녀를 양육해야 한다고 밝혔다. 불링거에게 안나는 이러한 가정을 함께 만들어갈 수 있는 이상적인 배우자였다.

가족의 신실한 수호자, 안나 아드리슈빌러

안나는 1541년 흑사병과 다른 병으로 세 자녀를 잃고 큰 슬픔에 잠기기도 하였다. 하지만 그녀는 1564년 흑사병으로 생을 마감할 때까지 종교개혁 시대에 가장 이상적인 가정생활을 경험한 행복한 여인 중 하나였다. 불링거가 평생 동안 사랑한 안나는 어떤 사람이었을까?

태어난 날짜는 정확히 확인되지 않지만, 안나는 1504년 스위스 취리히에서 출생한 것으로 알려져 있다. 요리사로 식당을 경영했던 아버지 한스 아드리슈빌러(Hans Adlischwyler)는 안나가 8세 때 사망했고, 그녀의 병약한 어머니는 독실한 로마 가톨릭교회의 신자였다. 어머니는 외동딸이 수녀가 되는 것을 소원했다. 따라서 안나는 어머니의 뜻에 따라 취리히 외텐바흐에 있는 도미니카 수녀원의 수녀가 되었다.

취리히 종교개혁 이래 1525년 의회의 결정으로 도미니카 수녀원은 폐쇄되었지만, 안나는 그곳에서 여전히 생활하고 있었다.[50] 왜 그 폐쇄된 수녀원에서 계속 머물러야 했는지는 정확히 확인되지 않는다. 그녀가 불링거를 처음 만난 시점은 1527년 7월 중으로 알려져 있는데, 두 사람이 누구를 통해서 혹은 어떤 경로로 만났는가도 전혀 확인되지 않는다. 불링거도 일기장에 서로의 만남에 대해 아무런 기록을 남기지 않았기 때문이다. 16세기 당시 중매인을 통해서 만남과 결혼이 성사되던 관행에 비추어 볼 때 두 사람의 관계는 매우 파격적인 사건이었다.[50] 불링거와 안나는 제1차 카펠 전쟁이 끝난 직후인 1529년 8월 17일에 브렘가르텐에서 결혼식을 올렸다.

안나는 17년 동안 다섯 명의 딸(Anna, Margarita, Elisabeth, Veritas, Dorothea)과 여섯 명의 아들(Heinrich, Rudolph, Christoph, Johannes, Diethelm, Felix)을 출산했다. 앞서 언급된 것처럼, 안나가 살아 있는 동안 이 가운데 세 자녀가 어린 나이에 목숨을 잃었다. 하지만 그녀의 헌신 속에서 가정은 안정적이었고, 남편은 근심 없이 교회 사역에 전념할 수 있었으며, 자녀들은 행복하게 성장할 수 있었다. 불링거가 취리히 대표 목사로 사역할 때, 남편을 방문한 수많은 손님들로 인하여 그녀는 늘 분주했고, 또 취리히에 살고 있는 가난한 사람들을 돌보느라 바빴지만, 안나는 그 일들을 기쁨으로 감당했다. 한 실례로, 불링거의 집은 자신의 가족들만 머무는 공간이 아니었다. 유럽 전역에서 찾아온 방문객들

---

50) Blanke, *Heinrich Bullinger*, 73-74.
51) Müller, *Heinrich Bullinger*, 75.

이 짧게는 며칠 혹 길게는 몇 달씩 머물렀다. 여행객, 친척, 학생, 목회자, 신학자, 정치인, 신앙망명자 등이 끊임없이 찾아왔다. 특별히 츠빙글리 사후에 그의 미망인 안나 라인하르트(Anna Reinhart)52)와 자녀들은 이 집에서 가장 오랫동안 머문 사람들이다. 물론 그들은 손님이 아니라 한 가족이었다. 안나는 집에 찾아온 모든 손님을 정성껏 섬겼다. 경제적으로 넉넉한 살림은 아니었지만 모든 가족과 방문자에게 불편이 없도록 최선을 다했다. 과거 수녀로서의 삶이 안나에게 부족한 가운데서도 지혜를 발휘할 수 있도록 하는 데 큰 도움이 되었다.

불링거에게 안나 없는 삶은 상상할 수 없었다. 취리히 교회의 의장이었던 불링거의 과도한 사역도 안나의 후원 없이는 감당할 수 없는 것이었다. 결혼한 순간부터 죽는 순간까지 안나는 불링거의 '돕는 배필'로서 늘 함께했다. 다른 어떤 여인도 안나의 역할을 대신할 수 없었다. 그녀가 죽은 이후에도 불링거의 마음 안에는 여전히 그녀가 살아 있었고, 그녀에 대한 많은 추억들이 간직되어 있었다. 따라서 그는 죽는 날까지 다른 여성을 생각할 수 없었다.53) 이것이

---

52) 첫 번째 결혼에서 세 자녀를 둔 안나 라인하르트는 1524년 4월 2일에 츠빙글리와 두 번째 결혼을 했다. 두 사람 사이에 네 자녀가 태어났다. 츠빙글리가 죽은 이후에 7년을 더 산 그녀는 1538년 12월 24일에 불링거의 가족과 그녀의 자녀들이 지켜보는 가운데 눈을 감았다.(Edward J. Furcha, "Women in Zwingli's World", in: *Zwingliana* XIX, Zürich 1992, 131-142.)

불링거가 주변 사람들의 권면에도 불구하고 재혼을 하지 않고 혼자 산 이유이기도 하다.

안나는 16세기 종교개혁자의 아내로서 한 모범을 보여준다. 가정을 위한 그녀의 헌신적인 삶과 관련하여 셋째 사위 요시아 심러(Josias Simler)는 자신의 장모를 '가족의 신실한 수호자'(fida custos familiae)로 칭송했다.54) 안나의 헌신은 단순히 가정주부와 어머니로서 자연적인 역할에만 근거한 것이 아니었다. 무엇보다도 그녀의 신앙 동기에 근거한 '개혁주의 성도의 가정'이라는 새로운 가치 속에서 발현된 것이었다.55) 안나의 삶은 종교개혁 당시 개혁주의 가정 안에서 여성의 역할이 얼마나 중요했는가를 그려주고 있다.

가족의 비극

취리히 교회에서 불링거가 사역하는 동안에 1541, 1549, 1564-1565, 1569년에 흑사병이 창궐했다. 그중 1564-1565년에 창궐한 흑사병이 가장 참혹했는데, 취리히 인구의 1/3이 죽음의 그림자를 피하지 못했다. 불링거와 그의 가족 역시 이때 흑사병에 감염되었고, 그의 동료들도 피할 수 없었다. 대표적으로 취리히 학교의 구약 교수

---

53) Büsser, *Heinrich Bullinger (1504-1575), Leben, Werk und Wirkung*, 77-78.
54) Büsser, *Heinrich Bullinger (1504-1575), Leben, Werk und Wirkung*, 77.
55) Müller, *Heinrich Bullinger*, 42.

테오도르 비블리안더(Theodor Bibliander)가 흑사병으로 죽음에 이르렀다.[56] 불링거는 죽음 직전에 구사일생으로 회복되었는데, 그의 일기장에서 1564년 취리히 흑사병의 공포를 생생히 확인할 수 있다.

"1564년 9월 15일 저녁, 그날은 금요일이었다. 나는 식사 후에 흑사병으로 인하여 생명의 위협을 느꼈다. 이 죽음의 병은 이미 취리히에 만연하고 있었다. 나는 세 곳에 흑사병 종기가 나서 고통을 받고 있었다. 하나는 왼쪽 허벅지 앞면, 가장 근육이 많은 부위 중간에 생겼다. 무릎 아래 오른쪽 종아리에 있는 것은 바깥쪽 근육 위에서 곪았는데 상태가 매우 좋지 않았다. 또 오른쪽 허벅지 위쪽에도 동일한 종류의 종기가 있었다. 이 종기들 때문에 나는 낮과 밤에 잠을 거의 이룰 수 없었다. 말로 표현할 수 없는 강렬한 통증을 머리와 옆구리 쪽에서 느꼈다. 의사들이 규칙적으로 나를 방문하여 치료했고, 요한네스 무랄토(Johannes Muralto)는 무릎 아래에 있는 종기를 불로 태우는 소독을 했다. 그러나 오직 하나님만이 유일한 치료자이시다. 나는 9월 17일에 교회의 사역자들을 모두 불러 모아 그들에게 감사의 말을

---

56) Christine C. Wedel (Hg.), *Theodor Bibliander in seiner Zeit*, in: *Theodor Bilbliander 1505-1564*, Zürich: Verlag Neue Zürcher Zeitung 2005, 32-35.

전했으며, 그들이 의연하고 충성스럽게 주님의 일을 감당하고 결속했다는 것을 상기시켰다. … 11월 16일에 나는 간신히 병상에서 다시 일어날 수 있었다. 12월 4일, 거의 6주가 지난 후에 완치된 종기를 절개하였는데 … 특별히 나는 매우 궁휼함을 입은 것이다. 그때 대부분의 사람들이 '내가 하나님께로 돌아가며, 다른 가족들처럼 교회에서 다시금 환송될 것이다'라고 생각하면서 나의 생명을 위해 하나님께 솔직하게 기도하였다. 의사들과 다른 모든 동료도 나의 생명을 장담하지 못했으며 … 내가 죽을 것이라는 소문이 이미 널리 퍼져 있었다. 나의 대적들은 기뻐했고, 신자들은 슬퍼했다. 하지만 하나님은 나에게 놀라운 은혜를 선물해 주셨다."[57]

불링거는 겨우 살아났으나 그의 가족은 하나님의 치료하시는 은혜를 누리지 못했다. 취리히를 공포로 몰아넣은 흑사병은 그의 가족에게 큰 비극을 안겨주었다. 1564-1565년은 불링거의 생애에서 가장 비극적인 해였다. 1564년 말에 그의 아내 안나뿐만 아니라 둘째 딸 마가레타 그리고 태어난 지 4일 된 마가레타의 아들 베른하르트가 이 죽음의 사

---

57) Müller, *Heinrich Bullinger*, 44-45.

신을 피할 수 없었기 때문이다. 또 1565년에는 큰딸 안나와 셋째 딸 엘리자베스와도 영원히 이별해야만 했다. 불링거는 1564년 9-10월에 발생한 자신의 아내와 둘째 딸과 손자의 죽음을 자신의 일기장에 매우 상세하게 기록으로 남겼다.

"다음 날 밤에 흑사병은 내가 진심으로 사랑하는 아내인 안나 아들리슈빌러를 불러갔다. 그녀가 9일 동안 병으로 누워 있을 때 나는 깊은 신뢰로 하나님께 간구했지만, 9일째 되던 날 그녀는 병상 위에서 숨을 거두었다. 그때가 (1564년) 9월 25일 월요일 정오였다. 그녀는 다음 날(26일) 낮 12시에 전국에서 온 많은 일반 사람들과 명망 있고 존경받는 인사들의 화려한 환송 가운데 엄숙하게 묘지에 안장되었다. … 10월 27일 새벽 4시에 흑사병은 나의 사랑하는 딸 마가레타 라바터(Margareta Lavater)를 엄습했다. 그녀는 다음 날인 10월 28일에 아들 베른하르트(Bernhard)를 출산했는데, 그는 겨우 이틀이 지난 10월 30일에 유아세례를 받았다. … 그 아이는 다음 날 밤에 죽었고, 그의 엄마는 이미 10월 30일 밤 11시경에 세상을 떠났다. 그녀는 31일 오후 4시에 흙 속에 묻혔다. 많은 사람들이 교회 입구에서 그녀를 마지막으로 환송했고, 그녀는 칼스투엄(Karlsturm) 묘지에 안장되었다."[58]

불링거보다 오래 생존한 자녀는 11명 중에 겨우 4명이었다. 이 비극적인 가족사는 그에게 큰 슬픔과 상실감을 갖게 했을 것이다. 하지만 불링거는 가족에 대한 아픔을 밖으로 표출하지 않고 하나님의 뜻을 붙들고 묵묵히 견뎌냈다. 그가 목회자와 위로자로서 모든 사람들에게 칭송이 된 것은 이러한 가족사와도 관련이 있다. 불링거는 자신의 다양한 경험으로 인해 고난에 처한 성도들을 위해서 무엇을 실천해야 하는가를 분명히 알고 있었다.

이미 1535년에 불링거는 『병자들의 보고서』[59]라는 목회 저술을 통해서 신자들이 질병, 고통, 죽음에 대해 어떻게 신앙적으로 대처해야 하는가를 제시했다. 1564-1565년에 흑사병으로 가족을 잃었을 때, 그는 이 저술에서 밝힌 대로 모든 슬픔을 가슴에 품고 신앙적으로 반응했다. 하나님을 향한 신뢰 속에서 삶의 고난을 묵묵히 감당하며 천국의 소망을 더욱 힘 있게 붙들었다. 참된 위로는 오직 예수 그리스도 안에 있는 영원한 생명에 있다는 것을 온몸으로 모범을 보였다. 당시 함께 가족을 잃은 많은 신자들이 불링거의 신앙적 자세를 보면서 위로를 얻고 인내할 수 있었다.

---

58) Müller, *Heinrich Bullinger*, 44.
59) Heinrich Bullinger, *Bricht der Krancken*. Wie man by den krancken vnd sterbenden menschen handlen …… M. D. XXXV.

취리히 교회의 대표 목사

츠빙글리의 죽음

종교개혁 당시 성곽으로 둘러싸인 취리히 시는 정치적으로 1351년 스위스 연방에 가입한 자치적인 국가도시(Staatstadt)였다. 그 안에 사는 사람들은 대략 5,000명 정도 되었고, 취리히 주(州/Canton)에 속해 있는 농업지역에는 열 배 이상이 되는 사람들이 거주한 것으로 알려져 있다. 이미 중세 시대로부터 취리히 교회는 콘스탄츠(Konstanz) 주교회의 감독 아래 놓여 있었지만, 취리히의 모든 정치적 사안은 독립성이 보장되었다. 취리히는 도시를 대표하는 시장(Bürgermeister)을 중심으로 대부분 경제적으로 부유한 수공업자들과 상인들로 구성된 대·소 의회의 의원들(대의회 162명, 소의회 50명)에 의해서 통치되었다. 그들의 논의와 결의에 따라 취리히 안에서 발생되는 모든 정치적·사회적·종교적 사안들이 처리된 것이다.[60] 이러한 정치구조 속에서 츠빙글리가 이끈 종교개혁은 취리히 의회의 협력뿐만 아니라 시민들의 지지 없이는 불가능했다. 이 때문에 그의 정치적 관심은 종교개혁을 발생시키고 진전시키는 데 피할 수 없는

---

60) 게블러, 츠빙글리, 20. 취리히 대·소 의회는 동맹 체결과 해체, 예외적 세금부과, 전쟁과 평화, 영토 구입과 매각, 중요 직위 임명, 대사들의 제정장 수여와 훈령, 항소 사건 등을 처리했다.

조건이었다.61) 츠빙글리가 교회와 국가 사이에서 종교개혁을 통한 교회 갱신과 사회 변화를 유리한 방향으로 이끌기 위해서는 그의 정치적 재능이 절대적으로 요구되었다.

츠빙글리

츠빙글리는 취리히 교회를 대표하는 국민 목사로서 정부의 일에 깊이 관여했다. 그는 교회와 정부를 계급적 서열관계로 보지 않았고, 그렇다고 그 둘을 완전히 구별되어 있는 관계로도 규정하지 않았다. 교회와 국가는 각 역할에서 서로 분명하게 구별되면서도, 한 운명공동체 안에서 함께 협력해야 할 일원이었다. 그래서 츠빙글리는 취리히 종교개혁을 주도한 인물로서 그것의 방향성에 대한 구체적인 조언을 필요로 여긴 그곳 상·하 의회 의원들의 요청 속에 고문의 자격으로 현실 정치에 깊이 관여했다. 그는 취리히에서 열리는 모든 회의에 참석하여 그곳 교회의 의장으로서 종교개혁과 관련된 자신의 생각과 입장을 분명하게 전달했다. 취리히의 모든 내부 문제는 교회와 직접적으로 관련된

---

61) Hermann Escher, *Zwingli als Staatsman*, in: *Zwingliana* V/5-1, Zürich 1931, 301.

16세기 취리히

것들이었기 때문이다. 게다가 그 도시 밖의 외부 문제들도 여러 지역에서 활동하는 츠빙글리의 동료 신학자들이나 정치인들과 서신교환을 통해 얻은 많은 외교정보에 의존하고 있었기 때문이다. 당시 분위기는 지역 간 혹은 국가 간의 갈등도 종교개혁과 관련된 로마 가톨릭교회와 개신교 사이의 주도권 싸움(Hegemonie)과 직접적으로 연계되어 있었다. 따라서 종교개혁의 선두에 있던 츠빙글리의 지위와 관련하여 그의 영향력은 당연히 클 수밖에 없었다.

이러한 현실 속에서 취리히 교회와 정부가 주변 지역들의 종교개혁을 지원하고 이끄는 과정에서 로마 가톨릭교회를 지지하는 지역들[62]의 반발로 카펠 전쟁이 발생하게 되었다. 이때 책임 있는 위치에 있던 츠빙글리와 동료 목사들은 자신들의 교회 신자들인 시민들과 함께 칼을 들고 싸워야만 했다. 그것은 피할 수 없는 일이었다. 종교개혁을 스위스 전체로 확산시키려 한 계획과 관련하여 예상치 않은 전쟁이 발생했을 때 츠빙글리는 자신의 책임을 회피하지 않았다. 전쟁에 참여한 군인들은 취리히 교회의 신자들이자 그 도시의 시민들이었다. 츠빙글리는 취리히의 국민 목사로서 자신의 양들을 결코 외면할 수 없었고, 그래서 가장 선두에서 군기를 들고 전쟁터로 향했다. "선한 목자는 양들을 위하여 목숨을 버리거니와"(요 10:11)라는 주님의 말씀을 따라서 자신의 목양적 의무를 피가 흐르는 전쟁터에서도 감당한 것이다.

1531년 11월 11일에 발생한 카펠 전쟁은 한 시간도 되지 않아 끝난 것으로 알려져 있다. 취리히 진영에서는 25명의 목사를 포함한 400여 명의 사람들이 목숨을 잃었는데, 이 가운데 츠빙글리도 속해 있었다. 반대 진영에서는 100여 명의 병사가 사망했다. 이 전쟁에서 목숨을 잃은 취리히 목사들은 전쟁에 참전한 군종 목사들이 아니었다. 카펠 전쟁이 발생하게 된 책임을 직접 감당하며 자신들의 설교를 듣는 취리히 군인들을 목양적으로 돌보기 위해 참여한 자들이었다.

취리히 시내 중심을 흐르고 있는 리마트(Limmat) 강

---

62) 스위스 중남부 알프스 산맥 초입에 위치에 있는 다섯 카톤(Kanton)으로, 루첼른(Luzern), 우리(Uri), 슈비츠(Schwyz), 운터발덴(Unterwalden), 추크(Zug)이다.

이 취리히 호수에서 시작되는 관문의 오른편에 바써교회(Wasserkirche)가 있다. 그 교회의 뒤편에 거대한 청동으로 만든, 양손에 검과 성경을 쥐고 있는 츠빙글리 동상이 우뚝 서 있다. 이 동상을 볼 때 한 가지 인상적인 의문이 떠오른다. "왜 츠빙글리는 검을 쥐고 있을까?" 츠빙글리가 검을 든 것과 관련하여 어떤 사람들은 취리히 종교개혁자를 비난하거나 군목으로 이해하는 경우도 있다. 하지만 그의 검을 든 죽음은 전쟁을 추종하는 군인의 죽음이 아니다. 츠빙글리가 추구했던 취리히 종교개혁과 목회적 삶의 특징이 어떠한가를 단적으로 말해주는 상징이다. 그의 동상은 이 질문에 대한 직접적인 답변이라고 할 수 있다. 츠빙글리는 자신의 설교를 듣고 전쟁에 참여한 사람들과 운명을 함께한 것이다. 그 비극적인 전쟁에 참여하지 않았어도 어느 누구도 그에게 책임을 물을 수 없음에도 불구하고, 그들을 품기 위해 참여한 것이다. 목자의 설교를 듣고 따르는 양들에 대한 목회적 고려를 하지 않았다면, 그는 굳이 취리히 군사들과 함께하지 않았을 것이다. 츠빙글리가 비극적으로 죽은 이후에 바젤의 종교개혁자 요하네스 외콜람파디우스(Johannes Oecolampadius)가 스트라스부르의 부써에게 보낸 서신을 주목할 필요가 있다. "우리의 형제(츠빙글리)는 장수로서 참여했던 것이 아니라, 오히려 훌륭한 시민으로서, 자신의 사람들과 함께 죽기를 원하는 충성스러운 목자로서

츠빙글리의 살해(Karl Jauslin 작품)

참여했던 것이다. … 그리고 그는 자신의 욕망 때문에 전쟁터에 가지도 않았다."[63]

츠빙글리를 이단으로 정죄하던 로마 가톨릭교회는 그의 죽음을 기뻐했다.[64] 하지만 취리히에서 그의 권위와 정신은 죽음 이후에도 결코 사라지지 않았다. 그의 종교개혁은 포기되지 않았으며, 그의 신학적 유산도 계승되었다. 이렇

---

63) Jaques Courvoisier, *Zwinglis Tod im Urteil der Zeitgenossen*, in: *Zwingliana* XV/8, Zürich 1982, 609에서 재인용: "… Unser Bruder ist nicht als Heerführer ausgezogen, sondern als guter Bürger, als getreuer Hirt, der mit den Seinen sterben wollte … Auch ist er nicht aus eigenem Trieb ins Feld gezogen …"
64) Courvoisier, *Zwinglis Tod im Urteil der Zeitgenossen*, 611.

게 된 이유 중에는 츠빙글리가 죽기 전까지 보여준 종교개혁을 향한 열정, 교회를 위한 헌신 그리고 신자를 향한 사랑이 놓여 있다. 취리히 시민들에게 츠빙글리는, 오스발트 미코니우스(Oswald Myconius)의 표현대로 '높은 가르침의 신학자'(theologus doctissimus)[65]이기 전에 그들의 신실한 목자였다. 츠빙글리는 교황주의자들이 규정한 '이단'으로 죽은 것이 아니다. 오히려 "말로 가르친 것을 행동하며 살았던", 주님의 사명을 헌신적으로 감당한 '순교자'로서 죽은 것이다.[66]

츠빙글리의 후계자

카펠 전쟁에서 취리히 군대의 패배는 불링거가 사역하고 있던 브렘가르텐을 위급한 상황으로 몰아갔다. 그곳 교회가 로마 가톨릭교회로 회귀되었기 때문이다. 1531년 11월 21일에 불링거는 다른 세 명의 목사와 함께 고향 브렘가르텐에서 쫓겨나 취리히로 피신할 수밖에 없었다. 그리고 이틀 후인 11월 23일에 불링거는 처음으로 그로스뮌스터(Grossmünster)교회에서 설교하도록 초청을 받았다. 그는 모든 청중에게 무덤에 있는 츠빙글리가 불사조가 되어 다시

---

[65] Courvoisier, *Zwinglis Tod im Urteil der Zeitgenossen*, 611.
[66] Huldrych Zwingli Schriften I, Der Hirt (1524), Im Auftrag des Zwinglivereins herausgegeben von Thomas Brunnschweiler und Samuel Lutz, Zürich: TVZ 1995, 262.

살아나서 설교하는 것처럼 생각이 들 정도로 감명 깊은 설교를 담대하게 선포했다.[67]

1531년 12월 9일에 불링거의 인생에서 가장 결정적인 사건이 발생했다. 27세의 나이에 츠빙글리의 후계자로 취리히 상·하 의회의 결의를 통해 취리히 교회의 대표 목사로 선출된 것이다. 100여 개의 교회와 130여 명의 목사를 대표하는 취리히 교회의 의장(Antistes)이 된 것이다. 젊은 불링거가 취리히 교회의 대표 목사로 뽑힌 이유는 무엇일까? 정확한 이유는 확인되지 않는다. 다만 모두가 공통적으로 확신하는 점은 츠빙글리의 의중이 반영되었다는 사실이다. 츠빙글리가 2차 카펠 전쟁에 참여하기 전에, 만약 자신의 신상에 문제가 있을 경우에 불링거를 자신의 후계자로 임명해 줄 것을 요청한 것으로 추측된다. 이미 앞서 불링거는 베른(Bern), 바젤(Basel), 아펜젤(Appenzell)로부터 청빙을 받았지만, 츠빙글리의 동역자로서 취리히 교회에 깊은 의무감을 가지고 있었다. 그곳 예언회에서 신학교육을 받고, 그곳 총회에서 목사 안수를 받은 책임을 그는 결코 외면할 수 없었다.

젊은 나이에 취리히 교회를 대표하게 된 불링거는 종교개혁의 지속성을 유지하기 위해 먼저 교회의 새로운 재편

---

67) Müller, *Heinrich Bullinger*, 9.

과 사회적 안정에 관심을 두어야 했다. 카펠 전쟁 이후에 로마 가톨릭교회를 지지하는 다섯 삼림 주들과 패배한 취리히 사이에 마일렌 협정(Meilener Vorkommnisses)[68]이 체결되었다. 그 핵심 내용은 취리히 교회의 목사들에게 정부를 향하여 권리를 행사하는 세속적 용무들을 전면적으로 금지시키는 것이었다. 물론 이미 츠빙글리에 의해 추구되어 온 교회와 정부의 협력 속에서 진행된 종교개혁의 근본 구조가 완전히 바뀌지는 않았다. 여러 어려운 상황이 전개되었음에도 불구하고 취리히 정치인들이나 시민들은 전쟁의 패배와 상관없이 교회와 사회의 개혁을 열망하였기 때문이다. 더욱이 카펠 전쟁이 끝나고 위기에 처한 교회를 정부의 도움 없이는 회복시킬 수 없었기 때문에 불링거 역시 교회와 정부 사이의 협력을 지속적으로 유지하기 위해 노력해야만 했다. 종교개혁의 지속성과 그것을 통한 교회와 사회의 개혁을 위해서 불링거는 두 기관의 관계를 신학적이고 제도적으로 합법화해 나간 것이다.

물론 불링거에 의해 이해된 교회와 정부의 협력 사역은 츠빙글리와 구별되는 분명한 차이가 있었다. 불링거는 하나님으로부터 위임된 두 기관이 서로 혼합되거나 영역에

---

[68] Heinrich Bullingers Reformationsgeschichte, nach dem Autographon hrsg. v. Johann Jakop Hottinger und Hans Heinrich Voegeli, 3 Bde., Frauenfeld 1838-1840, den vierten Artikel, 287.

대한 침범 없이 각자에게 주어진 역할과 책임 아래서 종교적이고 사회적인 중요한 일들을 서로 협력하여 해결하는 데 초점을 두었다. 교회와 국가 사이에서 분명하게 구별되는 질서와 역할을 상호 존중하면서 하나님으로부터 위임받은 각자의 일들을 서로의 후원과 도움 속에서 수행해 간 것이다. 교회의 사역자들과 정부의 관리들은 자신에게 위임된 일을 임의적인 생각과 판단에 따라서 처리하지 않았다. 오히려 하나님의 말씀과 믿음 아래서 그 일의 극대화를 위해 상호협력을 도모했다. 『스위스 제2 신앙고백서』 30항 '행정관리'(De Magistratu) 조항에 언급된 내용을 통해서 불링거가 이러한 입장을 추구한 이유를 분명하게 확인할 수 있다. "만일 행정관리가 교회를 적대시하면 그는 교회를 심히 괴롭힐 수 있을 뿐만 아니라 방해할 수도 있다. 그러나 행정관리가 교회와 가깝거나 교인일 경우, 그는 가장 유용하고 뛰어난 교회의 성도로서 교회에 매우 많은 유익을 제공할 수 있으며, 또한 결정적으로 가장 크게 교회를 도울 수 있다."[69] 물론 불링거의 입장은 당시 모든 정치인이 교회를 출석하는 교인들이었고, 정부가 개혁주의 교회를 국교로

---

[69] Confessio Helvetica Posterior, Art. 30, De Magistratu: "Si hic sit adversaries ecclesiae, et impedire et obturbare potest plurimmum. Si autem sit amicus, adeoque membrum ecclesiae, utilissimum exellentissimumque membrum est ecclesiae, quod ei permultum prodesse, eam denique peroptime juvare potest."

표명한 시대적이고 지역적인 상황과 관련되어 있었다. 취리히 목사들과 정치인들의 협력 속에서 교회와 정부 사이에 문제가 될 수 있는 혼합의 위험성으로부터 실제적인 보호는 츠빙글리보다 불링거가 이론과 실천 가운데 훨씬 나은 성과를 거두었다.[70] 이렇게 볼 때 불링거는 한편으로 츠빙글리의 종교개혁의 과제를 죽는 날까지 유지했을 뿐만 아니라, 다른 한편으로 더욱 발전적으로 수행해 나간 것이다.

좀 더 구체적으로 불링거는 카펠 전쟁에서 불행하게 죽은 츠빙글리가 남겨 놓은 종교개혁의 유산을 계승했다. 그렇다고 해도 불링거의 고유성이 발견되지 않는다는 의미는 아니다. 불링거는 한편으로 츠빙글리를 계승하면서도, 다른 한편으로 츠빙글리를 넘어섰다. 특징적으로 츠빙글리는 종교개혁을 처음 시작할 당시의 상황 속에서 로마 가톨릭 교회의 문제들을 반박하는 신학적 내용에 온 마음을 쓸 수밖에 없었다. 종교개혁의 안정적인 정착을 위해서 정치적인 면에도 많은 신경을 써야 했기 때문이다. 따라서 츠빙글리의 관심은 취리히 종교개혁의 시작과 정착에 그 초점이 맞추어져 있었다. 하지만 불링거는 츠빙글리의 종교개혁 사상의 기반 위에서 취리히 종교개혁의 안정과 유지에 힘을 쏟았다. 취리히 종교개혁이 그 교회와 사회에 제도적으

---

70) Emidio Campi, *Bullingers Rechts-und Staatsdenken*, in: *Evangelische Theologie*, 64 Jahrgang, Deutschland 2004, 126.

로 정착될 수 있도록 역량을 발휘한 것이다. 그는 취리히와 스위스를 넘어서 유럽 전역에 종교개혁을 확산시키는 데 열심을 냈을 뿐만 아니라 취리히 종교개혁의 대외적 역할에도 관심을 가졌다. 취리히와 스위스를 넘어서 온 유럽 교회를 상대하여 공적 책임을 다했다.

그로스뮌스터교회의 불링거 부조

불링거는 1528년에 처음 목사 선서를 한 이후에 47년 동안 목회사역에 임하였다. 이 중에서 44년 동안 취리히 그로스뮌스터교회의 대표 목사와 취리히 교회(총회)의 의장으로 활동했는데, 이 직무들은 그가 죽은 1575년 9월 17일까지 유지되었다. 그리고 불링거는 죽는 날까지 7,000회가 넘는 설교를 수행했다. 평균적으로 일주일에 세 번 정도의 설교를 수행했는데, 주일과 화요일, 금요일에 성경을 '연속 강해'(Lectio Continua) 방식으로 선포했다.[71] 불링거의 역사적 등장과 함께 취리히 교회는 칼빈이 사역한 제네바 교회와 함께 온 유럽에 흩어져 있는 로마

---

71) Büsser, *Heinrich Bullinger: Leben, Werk und Wirkung*, 166.

가톨릭교회로부터 분리된 보편교회를 위한 신학적·교회적·교회정치적 중심지로서 그 역할을 충성스럽게 감당했다.[72]

저술 활동

대표 저술

불링거는 카펠수도원의 교사로 활동하던 1526년에 처음 『고대와 우리 시대의 이단들에 대한 비교』(*Vergleich der uralten und unserer Zeiten Ketzereien*)[73]를 출판한 이후로 1575년에 죽을 때까지 대략 49년 동안 124권의 다양한 분야의 글을 출판했다. 신구약 성경의 주해 외에 로마 가톨릭교회, 재세례파, 루터파 교회에 반대하는 다양한 논쟁의 글, 설교집, 목양에 관한 글, 신학 논문, 신앙교육서, 신앙고백서, 역사서 등을 떠올릴 수 있다. 불링거의 대표 저술들을 소개하면 다음과 같다.

---

72) A. Mühling, *Bullingers Bedeutung fuer die europaeische Reformationsgeschichte*, in: Evangelische Theologie 64, 2004, 105.
73) VErglichung der vralten vnd vnser zyten kaetzeryen. ··· Es muessend vnder üch spaltungen vnnd kaetzeryen sin damit die so bewert sind offenbar vnder üch werdint. 이 저술에는 저자, 인쇄업자, 출판된 지역과 날짜가 기록되어 있지 않다. 다만 당시 자료들을 통해서 1526년에 취리히에서 한스 하거(Hans Hager)에 의해 인쇄된 것이 확인된다.

- 논쟁의 글 : 『오래된 믿음에 관하여』(*Der alte Glauben*, 1539),[74] 『취리히 교회 목회자들의 참된 신앙고백서』(*Wahrhaftes Deknntnis der Diener der Kirchen zu Zürich*, 1545),[75] 『재세례파의 기원』(*Der Wiedertäufer Ursprung*, 1560)[76]
- 설교집 : 『50편의 설교집』(*Dekaden*, 1549-51),[77] 『100편의 요한계시록 설교집』(*In Apocalypsim concione centum*, 1557),[78] 『170편의 예레미야서 설교집』(*In Jeremiae prophetae conciones*, 1561),[79] 『66편의 다니엘서 설교집』(*Conciones in*

---

[74] Das der Christen gloub von anfang der waelt gewaeret habe der recht vnd vngezwyflet glouben sye … D.M.XXXVI.

[75] Warhaffte Bekanntnuß der dieneren der kilchen zu Zürych … Mit zugethoner Kurtzer bekenntniß D. Mart. Luthers vom heiligen Sacrament. Getruckt zu Zürych by Christoffel Froschouer im Mertzen als man zalt nach der geburt Christi 1545.

[76] Der Widertoeufferen vrsprung fuergang Secten waesen fuernemen vnd gemeine irer leer Artickel … Getruckt zu Zuerych by Christoffel Froschower im Mertzen Anno M.D.LX.

[77] 라틴어 원문: Sermonum Decades quinque, de potissimis christianae religionis capitibus, in tres tomos digestae, authore Heinrycho Bullingero, ecclesiae Tigurinae ministro, Zürich, Christoph Froschauer 1552. (이하, SERMONUM DECADES QUINQUE.) 현대 독일어 편집본: Heinrich Bullinger, *Dekaden*, in *Heinrich Bullinger Schriften*, hg. von Emidio Campi, Detlef Roth & Peter Stotz, Bd. III-VI, Zürich: TVZ 2004. 영어 편집본: Henry Bullinger, *The Decades*, Tran. by H. I., Ed. Thomas Harding, Cambridge [Eng.]: Printed at the University Press 1851.

[78] IN APOCALYPSIM Iesu Christi, reuelatam quiddem per angelum Domini, uisam uero uel EX-CEPTAM ATQVE CONSCRIPTAM A IOANNE apostolo & euangelista, Conciones centum: authore HEIN-RYCHO BVLLINGERO … BASILEAE, PER IOANNEM Oporinum 1557.

[79] IN IEREMIE PROPHETAE SERMONEM VEL ORATIONEM PRIMAM, SEX

Danielem, 1565),[80] 『190편의 이사야서 설교집』(*Conciones in Esaiam*, 1567)[81]

- 목양에 관한 글 : 『병자들의 보고서』(*Die Bericht der Kranken*, 1535),[82] 『기독교 가정생활』(*Der Christliche Ehestand*, 1540),[83] 『교회의 핍박에 관하여』(*Von der schweren Verfolgung der christlichen Kirchen*, 1573)[84]

- 신학 논문 : 『선지자 직무에 관하여』(*De Prophetae Officio*, 1532),[85] 『하나님의 언약에 관하여』(*De Testamento*, 1533),[86]

PRImis capitibus conprehensam, Heinrychi Bullingeri Conciones XXVI. nunc primum aeditae. ⋯ TIGVRI excudebad Froschou. mense Octob. Ann M. D. LVII.

80) DANIEL SAPIENTISSIMVS DIE PROPHETA, QVI A VETVSTIS POLYHISTOR, ID EST, MVLTISCVS EST DICTVS, EXPOSITVS Homilijs LXVI, ⋯ TIGVRI EXCUDEBAT C. FROSCHOVERVS Mense Augusto, M. D. LXV.

81) ISAIAS EXCELLENTISSIMVS DEI PROPHETA, CVIVS TESTIMONIS CHRISTVS IPSE DOMINVS ET EIVS APOSTOLI creberrime usi leguntur, expositus Homilijs cxc. ⋯ TIGVRI EXCVDEBAT CHRISTIPHORVS FROSCHOVERVS Mense Februario, M.D.LXVII.

82) Bricht der Krancken. Wie man by den krancken vnd sterbenden menschen handlen ⋯ M.D.XXXV.

83) Der Christlich Eestand. Von der heiligen Ee harkummen / wenn / wo / wie / und von wåm sy vfgesetzt ⋯ durch Heinrychen Bullingern beschriben, Zürich: Christoff Froschauer 1540.

84) Veruolgung. Von der schweren langwirigen veruolgung der Heinrigen Christlichen Kirchen: ⋯ Gertruckt zu Zuerich by Christoffel Froschouer M.D.LXXIII.

85) De prophetae officio, et quomodo digne administrari possit, oratio, Heinrycho Bullingero Authore, Zürich: Christoph Froschauer 1532.

86) DE TESTAMENTO SEV FOEDERE DEI unico & aeterno Heinrychi Bullingeri breuis EXPOSITIO. ⋯ TIGVRI, IN AEDIBVS CHRISTOPH.

『거룩한 성경의 권위에 관하여』(De scripturae sanctae authoritate, 1538)[87]

- 신앙교육서 : 『기독교 신앙 요해』(Summa christlicher Religion, 1556),[88] 『성인을 위한 신앙교육서』(Catechesis pro Adultioribus, 1559),[89] 『헝가리 교회와 목사들에게 보내는 서신』(Brevis ac pia Institutio Christinanae Religionis ad dispersos in Hungarina Ecclesiarum Christi Ministros, 1559),[90] 『박해받는 사람들의 답변을 위한 보고서』[91]

- 신앙고백서 : 『취리히 합의서』(Consensus Tigurinus,

FROSCH. MENSE Septemb. An. M.D.XXXIIII.
[87] DE SCRIPTVRAE SANCTAE AVTHORITATE, ⋯ ad Sereniss. Angliae Regem HEINRYCHVM VIII. Heinrychi Bullingeri Liberi duo. TIGVRI IN OFFICINA FROSCHOVIANA MENSE MARTUO, ANNO M.D.XXXVIII.
[88] Summa Christenlicher Religion. Darin vß dem wort Gottes / one alles zancken vnd schaelten / richtig vnd Kurtz / anzeigt wirt / was einem yetlichen Christen notwendig sye zů wüssen / zů glouben / zů thzůn / vnd zů lassen / ouch zů lyden / vnd saeligklich abzůsterben: in x. Artickel gestelt / durch Heinrychen Bullingern ⋯ Zů Zürych by Christoffel Froschouer / M. D. LVI.
[89] CATECHESIS PRO ADULTRIBUS SCRIPTURA, DE his potifsimum capitibus. ⋯ De Inuocatione dei & Oratione dominica, & De Sacramentis ecclesię Christi, authore Heinrycho Bullingero. ⋯ TIGURI APVD FROSCH. M.D.LIX.
[90] Brevis ac pia institutio Christianae religionis ad dispersos in Hungaria Ecclesiarum Christi Ministros ⋯ Ovarini M.D.LIX.
[91] Bericht, Wie die / fo von waegen vnser Herren Jefu Chrifti vn fines heiligen Euangeliums / ires glaubens erfůcht / vnnd mit allerley fragen verfůcht werdend / antworten vnd fich halten moegind: befchribē durch Heinrychē Bullingern. Getruckt zů Zürych by Chriftoffel Frofchower / M.D.LIX.

1549),[92] 『스위스 제2 신앙고백서』(*Confessio Helvetica Posterior*, 1566)[93]

- 역사서 : 『종교개혁사』(*Die Reromationsgeschichte*, hg. von J. J. Hottinger, 1838),[94] 『공의회들에 관하여』(*De Consiliis*, 1561),[95] 『터키』(*Der Türke*, 1566)[96]

불링거의 방대한 저술 활동은 취리히 교회와 신자들, 취리히 사회 그리고 전 유럽에 흩어져 있는 개혁된 교회들의 유익을 위한 것이었다. 무엇보다도 여러 지역에서 고통 받고 있는 많은 신자들을 위한 헌신과 무관하지 않았다. 불링거는 모든 사역 속에서 신자들의 유익을 생각하며, 자신이 하나님으로부터 소명을 받은 목회자임을 단 한 번도 망각하지 않았다. 현재 남아 있는 불링거의 모든 문헌 유산은

---

92) CONSEN / SIO MVTVA IN RE / SACRAMENTARIA MINI- / strorum Tigurinae ecclesiae, & D. Io- / annis Caluinis ministri Geneven- / sis ecclesiae, … TIGVRI EX OFFICINA / Rodolphi Vuissenbachij. / M.D.L.I.
93) CONFESSIO ET ESPOSITIO SIMPLEX ORTHODOXAE FIDEI, … TIGVRI Excudebat Christophorus Froschouerus, Mensse Martio, M.D.LXVI.
94) Heinrich Bullingers Reformationsgeschichte, nach dem Autographon hrsg. v. Johann Jakop Hottinger und Hans Heinrich Voegeli, 3 Bde., Frauenfeld 1838-1840.
95) HBBibl I, 402-415: DE CONSILIIS. … TIGVRI Excudebat Christophorus Froschouerus, Mense Ianuario. M.D.LXI.
96) HBBibl, 557: Heinrich Bullinger; Matthias Erb, Der Türgg. Von anfang und ursprung desz Türggischen Gloubens / der Türggen / ouch jrer Königen Und Keyseren [⋯], Zürich 1567.

하나님이 세우신 목자가 교회와 신자 그리고 세상 속에서 고난 받는 사람들의 신앙적 유익을 위해 어떤 삶의 자세를 가져야 하는가를 분명하게 확인시켜 준다.

『50편 설교집』, 『취리히 합의서』, 『스위스 제2 신앙고백서』

불링거의 저술 중 유럽 전역에서 가장 많이 소개된 세 권을 간략하게 살펴보는 것은 의미가 있을 것이다. 그것은 50가지의 신학적 주제를 설명한 설교집 『50편 설교집』과 종교개혁 사상을 공적으로 고백한 신앙고백서 『취리히 합의서』와 『스위스 제2 신앙고백서』이다. 이 저술들 안에서 확인되는 신학적 내용은 불링거의 고유한 사상을 의미하지 않는다. 구성과 논리적인 표현에서 불링거가 추구한 독특한 면이 확인되지만, 이 저술들 안에서 표명된 모든 내용은 불링거가 의도적으로 강조한 것처럼, 한편으로 로마 가톨릭교회의 전통에 대한 경계 속에서 사도적 가르침에 근거한 정통신학을 표명한 것이다. 그리고 다른 한편으로는 루터와 츠빙글리의 신학적 갈등과 관련하여 논쟁적이고, 개혁주의 신학의 독특성에 근거하여 모든 개혁주의 교회가 공유하고 있는 교회연합 사상을 확인시켜 준다.

『50편 설교집』

불링거는 1549-1551년 사이에 네 편의 개별적인 서문과 함께 네 부분(1-12편, 1549년 3월/13-32편, 1550년 3월/33-40편, 1550년 8월/41-50편, 1551년 3월)으로 나누어져 인쇄된 설교들을 종합해서 1552년에 방대한 목록이 첨부된 『50편 설교집』을 출판했다. 취리히 교회 안에서 실제로 선포된 50편의 설교가 신학적 주제에 따라서 정리되어 묶인 것이다. 물론 설교를 듣는 대상은 일반 신자들이 아니라 목회자들과 목회자가 되기 위해서 신학교육을 받는 신학생들이었다. 이 설교는 그들에게 로마 가톨릭교회의 전통과 구별된 성경적이고 사도적인 정통신앙을 제시하기 위한 목적으로 이루어진 것으로, 설교 방식을 교육하고, 설교 내용을 제시하기 위해 시도되었다. 츠빙글리에 의해서 세워진 '예언회'(Prophezei), 즉 취리히 라틴어학교의 상급과정(Letorium)에서 교육을 받는 목회자들과 신학생들에게 라틴어로 설교된 것이다.

특별히 『50편 설교집』의 내용이 매우 길고, 교리적 주제가 매우 논리적으로 쓰인 것은 불링거가 처음부터 완전히 정리된 원고로 설교한 것은 아님을 말해준다. 그의 설교를 어떤 사람이 받아 쓴 이후에 불링거가 출판을 위해서 성경구절과 초대교회 교부들의 글을 정확히 인용하여 다시 정리했거나, 혹은 요약적인 설교문으로 선포한 것을 추후에 그가 완전한 문장으로 확장시킨 것으로 추측된다.

불링거의 『50편 설교집』은 기독교 신앙의 종합일 뿐 아니라 잘못된 가르침과 이단을 방어하고, 정통신앙의 확신을 위해서 출판된 것이다. 조직신학적 저술은 아니지만 개혁주의 신앙의 중심주제들을 논리적이고 선명하게 설명한 내용이다. 따라서 교리설교의 한 장르로서 중요한 위치를 차지하고 있다. 이 설교집을 통해서 불링거는 목회자, 주석가, 교사, 논쟁자 그리고 변증가로서 면모가 그려진다.

『50편 설교집』은 처음 라틴어로 출판된 후 독일어, 네덜란드어, 프랑스어, 영어로 출판되었다.[97] 독일어 번역은 『가정 도서』(*Hausbuch*)라는 제목으로 지상에 공개되었다. 이 설교집은 개혁주의 교회의 영역 안에서 교리설교의 모범이 되는 필독서로서 당시 모든 목회자들이 읽은, 불링거의 가장 대표적인 저술에 속한다.

『취리히 합의서』

1529년에 열린 마르부르크 종교회의(Marburger Religionsgespräche)에서 루터와 츠빙글리는 성만찬 이해에서 일치를 보지 못했다. 결과적으로 종교개혁 사상에 근거하여 세워진 개신교는 한 교회로서 존립할 수 있는 기회를 잃어버렸다. 그리하여 독일 중북부 지역을 중심으로 한 루터주의 교회와 독일 남부 지역과 스위스를 중심으로 한 개혁주의 교

---

97) Müller, *Heinrich Bullinger*, 41.

회로 양분되었다. 물론 성만찬 이해는 개혁주의 교회 안에서 츠빙글리가 대표성을 가지고 있었으나, 그럼에도 불구하고 당시 종교개혁자들 사이에 미묘한 차이가 있었다는 것을 인정해야 한다. 그러다가 1549년에 비로소 츠빙글리, 외콜람파디우스, 부써, 불링거, 무스쿨루스, 파렐 그리고 칼빈 각각의 입장은 신학적이고 정치적인 배경 속에서 변화된 사고의 집약과 함께 새롭게 정리될 수 있었다. 즉 성만찬 논쟁과 관련하여 불링거와 칼빈 사이에 합의된 문서인 『취리히 합의서』를 통해 개혁주의 교회의 완전한 신앙일치가 이루어진 것이다.[98] 불링거가 자신의 고유한 입장과 함께 츠빙글리의 사상을 완전히 포기한 것은 아니었지만, 그럼에도 칼빈이 주장한 '신비스러운 연합' 안에 있는 거룩한 성령의 현존과 효과를 인정함으로써 개혁주의 성만찬 교리에 대한 일치를 이뤄낼 수 있었다. 이 일을 위해서 불링거와 칼빈은 1547년과 1549년 사이에 왕성한 서신 교환을 통해 성만찬에 대한 서로의 입장 차이를 좁혀 갔을 뿐만 아니라 칼빈은 취리히를 세 번이나 방문하였다. 칼빈의 마지막 방문은 1549년 여름에 취리히 일치의 최종 가결에 서명하기 위한 것이었다. 『취리히 합의서』는 1551년에 처음

---

98) Emidio Campi (Hrsg.), *Heinrich Bullinger und seine Zeit*, in: *Zwinliana* XXXI, Zürich 2004, 11.

출판되었고, 그 이후에 곧바로 유럽의 모든 개혁주의 교회에 전파되었다.

『스위스 제2 신앙고백서』

『스위스 제2 신앙고백서』는 불링거의 저술 가운데 한국에 가장 먼저 소개된 것이다. 지금까지 구체적으로 소개되지는 않았지만 『스위스 제2 신앙고백서』의 초안은 이미 1561년에 쓰인 것으로 알려져 있다.[99] 그리고 불링거가 1564년 흑사병에 걸렸을 때, 이 초안이 최종적으로 수정·보완된 것으로 보인다. 그가 일기장에서 밝힌 기록에 따르면, 내용적으로 많은 부분이 새롭게 첨삭되었다는 것을 알 수 있다. 1564년 9월 15일에 감염된 흑사병으로 인한 죽음의 위협 속에서 불링거는 이렇게 밝혔다. "…1564년 흑사병이 만연했을 때, 나는 이 신앙고백서를 작성했다. 그 병으로 인해 나는 거의 죽은 것이나 다름없었다. 그래서 나는 이 신앙고백서를 작성하여 내 믿음의 유언장과 내 가르침의 신앙고백서로 남기기 위해 취리히 의회에 넘겨주었다."[100]

---

99) Heinrich Bullinger, Das Zweite Helvetische Bekenntnis, Ins Deutsch uebertragen von Walter Hildebrandt und Rudolf Zimmermann mit einer Darstellung von Entstehung und Geltung sowie einem Namen-Verzeichnis, 5. Aufl, Zuerich 1998, 142 (Anhang: Entstehung und Geltung des Zweiten Helvetischen Bekenntnisses).

100) Müller, *Heinrich Bullinger*, 58: "…Ich hatte diese anno 1564 geschrieben, als die Pest um sich griff, um sie nach mir (das heisst nach meinem Hinschied)

이 개인적 유언장이 공적 신앙고백서로 출판될 수 있었던 것은 다급했던 역사적 배경을 가지고 있다. 1566년 1월 14일 아우크스부르크(Augsburg)에서 제국회의가 개최될 때, 지역 참석자 명단 위에는 루터주의를 따르던 다른 지역의 선제후들과 달리 개혁주의를 추구한 팔츠(Pfalz)의 선제후 프리드리히 3세(Friedrich III.)를 깊이 불안하게 하는 두 가지 질문이 놓여 있었다. 하나는 "어떻게 기독교를 정확하게 이해하고 있는가?"였고, 다른 하나는 "어떻게 만연된 미혹적인 교파들을 예방할 수 있는가?"였다. 두 번째 질문은 1555년 아우크스부르크 종교평화협정(Augsburger Religionsfrieden)에서 인정되지 않은 개혁주의 교회와 관련된 것이었다. 즉 개혁주의자들은 분파주의자들로서 루터주의자들의 반대자로 간주되었을 뿐만 아니라 그로 인해 박해의 위협이 항상 그들 곁에 놓여 있었다. 이러한 위급한 상황 속에서 선제후 프리드리히 3세는 스위스에 있는 신앙적 입장이 동일한 교회들에게 도움을 청하면서 이 질문들에 대한 신학적 논거를 요청했다.[101]

---

zurueckzulassen und dem Rat als Testament meines Glaubens und Bekenntnis meiner Lehre zu uebergeben." 불링거는 1564년 12월 일기에서 『스위스 제2 신앙고백서』를 작성하게 된 배경과 함께 팔츠 선제후의 요청 속에서 이 신앙문서를 제공했다는 것을 밝히고 있다.

101) 선제후 프리드리히 3세와 관련된 자세한 역사적 배경은 다음을 참조하라. J. F. G. Goeters, *Die Rolle der Confessio Helvetica Posterior in Deutschland*, in: *Glauben und Bekennen*, Hg., Joachim Staedtke, Zürich 1966, 81-98.

불링거는 지체하지 않고 1565년 12월 18일에 하이델베르크에 있는 프리드리히 3세에게 "우리 믿음의 해설"이라는 제목의 라틴어 신앙문서를 첨부했다. 팔츠의 선제후는 불링거의 신앙고백서에 매우 큰 만족을 표명했고, 이 신앙고백서가 곧바로 출판될 뿐만 아니라 독일어로 번역되면 좋겠다는 것을 밝혔다. 결과적으로 프리드리히 3세는 불링거의 신앙고백서를 통해 정치적 위협이 있었음에도 불구하고 아우크스부르크 제국회의에서 위기를 극복할 수 있었다. 독일에서 개혁주의 교회가 루터주의 교회와 동등하게 인정받을 수 있는 계기를 마련한 것이다.[102] 무엇보다도 불링거의 신앙고백서는 프리드리히 3세의 조언 아래 취리히, 베른, 제네바 교회의 신학자들에 의해서 상세하게 검토된 이후에 1566년 3월 12일에 취리히에서 라틴어와 독일어로 동시에 출판되었다.[103] 1536년에 작성된 『스위스 제1 신앙고백서』를 끝까지 고수한 바젤[104]을 제외하고, 위의 세 도시와 함께 스위스 연방 안의 다른 모든 개혁주의 도시들, 즉 샤프하우젠(Schaffhausen), 뮬하우젠(Muelhausen), 쿠

---

102) Bullinger, *Das Zweite Helvetische Bekenntnis*, 141 (Anhang).
103) Buesser, *Heinrich Bullinger: Leben, Werk und Wirkung*, I, 167.
104) 『스위스 제1 신앙고백서』가 바젤에서는 『제2 바젤 신앙고백서』(*Confessio Basileensis posterior*)라는 명칭으로 사용되었다. (Ernst Saxon, *Bullinger, Calvin und der 《Consensus Tigurinus》*, in: Der Nachfolger. Heinrich Bullinger (1504-1575). Katalog zur Ausstellung im Grossmünster Zürich 2004, hg. Emidio Campi u.a., Zürich: TVZ 2004, 91.)

어(Chur), 비엘(Biel), 샹 갈렌(St. Gallen) 등은 곧바로 『스위스 제2 신앙고백서』를 개혁주의 교회의 공적 신앙고백문서로 승인했다. 그리고 이 신앙고백서는 프랑스, 스코틀랜드, 독일, 네덜란드, 오스트리아, 폴란드, 헝가리 등의 개혁주의 교회에도 수용되었다. 특별히 헝가리 개혁주의 교회는 1567년에 『스위스 제2 신앙고백서』를 신앙과 삶에 대한 표준문서로 받아들인 이래로 지금까지 존중하고 있다.

생애의 끝

취리히 교회의 대표 목사의 삶은 결코 단순하지 않았다. 온 종일 집, 교회, 취리히 의회 이외의 공간을 벗어나지 못할 정도로 분주했다. 독서, 설교, 기도, 저술, 서신교환, 심방, 방문자 면담, 교회 업무와 회의, 정부 업무 등으로 대부분의 시간을 보내야 했다. 당연히 가족과 함께 보내는 시간은 많이 가질 수 없었다. 이러한 불링거의 일상생활은 표면적으로 44년 동안 거의 변화가 없었다. 몇 번의 여행과 교회 업무를 위한 짧은 출장을 제외하고 불링거는 거의 취리히 성곽 밖을 벗어나지 않았다. 그럼에도 불구하고 불링거는 시간의 흐름 속에서 서신교환과 인적 교류를 통해 유럽의 수많은 부류의 사람들과 소통하고 교류했다. 그리고 다양한 저술을 통해 스위스와 유럽 전역에 개혁주의 신학을 널리 알렸다. 유럽의 여러 지역 안에서 발생한 수많은 신학적 분쟁에도 관여하며 교회정치적으로 해결점을 찾을 수 있도록 도왔고, 영국 헨리 8세(Henry VIII.)의 박해와 메리 튜더(Mary Tudor)의 공포 정치를 피해서 온 종교 망명자들,[105] 서유럽에서 교황주의자들의 종교재판 때문에 두려움에 떨고 있는 개신교도들, 동유럽의 오스만 터키의 압제 아래서 박해받는 신자들을 돌보는 일에도 헌신했다.

불링거의 삶은 쉼이 없었다. 하나님이 주시는 안식이 아니면 이 땅에서 여유 있는 일상을 기대하기 힘들었다. 실제로 불링거는 자신의 몇몇 서신에서 모든 힘이 소진되어 글을 쓰는 것조차 어렵다고 밝히기도 했다.[106]

불링거는 죽기 전 1년 동안 방광염과 신장염으로 통증에 시달리며 점점 여위어 갔다. 그러나 이 병이 그의 설교와 사역을 멈추게 하지 못했다. 불링거의 사위 루드비히 라바터(Ludwig Lavater)는 당시 장인의 모습을 이렇게 기록했다.

> "나는 온 종일 그(불링거)의 곁을 지키고 있지만, 단 한 번도 그가 불평하는 말을 듣지 못했다. 나는 종종 하

---

105) Müller, *Heinrich Bullinger*, 51.
106) Branke, *Heinrich Bullinger*, 280-281.

나님이 자신의 교회를 위해 그를 인내의 모범으로 세우셨다고 생각했다. 그의 강함은 언제나, 또한 가장 심각한 고난 속에서도 끊임없이 기도하는 것에 있었다."107)

루드비히 라바트(1527-1586)

많은 사람들이 병든 불링거를 위로하기 위해서 방문했지만, 오히려 그들이 큰 위로를 얻고 돌아갔다. 그 고통 속에서도 불링거는 이미 다 나은 것처럼 손님들을 맞이했기 때문이다.108) 1575년 8월 26일에 불링거는 마지막 작별인사를 하기 위해 취리히 교회의 목회자들과 취리히 학교의 교수들을 모두 불러 모았다. 그는 가장 먼저 그들에게 감사를 표시했다. 그리고 사도들의 가르침에 근거한 바른 신학을 절대 포기하지 말고, 모두가 예수 그리스도의 영 안에서 하나가 되기를 당부했다. 취리히 의회에는 서면으로 자신의 유언을 남겼다. 그 내용은 취리히 정부와 국민에게 절대로 분열하지 말고 한 교회를 끝까지 유지할 뿐만 아니라 종교개혁의 유산을 지속해서 보존할

---

107) Branke, *Heinrich Bullinger*, 285-286.
108) Branke, *Heinrich Bullinger*, 286.

것을 호소한 것이다.[109] 그리고 거기에는 다음과 같은 간곡한 부탁도 쓰여 있었다.

"…잘 알려진 진리에 머물며 또 너희 스스로 오직 하나님의 말씀을 의지하며…모든 사람이 선하게 공의와 정의를 행하며, 가난한 사람과 나그네(외국 망명자들), 과부와 고아를 돌보며…병원과 양로원…교사와 학교에 대한 직무를 충성스럽게 수행하며…외국의 영주들과 군주들과 함께한 동맹군을 경계하며, 완고한 사람들에게 너희의 피를 팔지 말며, 안팎으로 안정과 평화를 위해 노력하라."[110]

불링거는 1575년 9월 17일에 가족과 동료들이 지켜보는 가운데 영원한 안식에 들어갔다. 그의 시신은 안나의 무덤 옆에 안장되었다. 불링거의 희망에 따라서 취리히 의회

---

109) Campi, *Heinrich Bullinger und seine Zeit*, 35.
110) Carl Pestalozzi, Heinrich Bullinger: Leben und ausgewählte Schriften, Elberfeld: R. L. Friderichs 1858, 618-622: "… bleibet bei der erkannten Wahrheit und verlasset Euch allein auf die biblischen Schriften … haltet jedermann gut Gericht und Recht; helfet den Armen, dem Fremdling, den Witwen und Waisen … Den Spital und Siechenhäuser versehet getreu … auch die Lehrer, die Schule … hütet Euch vor Bündnissen mit fremden Fürsten und Herren, und verkaufet nicht das Blut Euerer biedern Leute; trachtet nach Frieden und Ruhe daheim und draussen …"

는 몇 주 후에 루돌프 그발터(Ludolf Gwalther)를 그곳 교회의 대표 목사로 선출했다. 하지만 불링거의 죽음 이후로 그를 필적할 만한 후계자는 다시 나타나지 않았다. 취리히 교회는 유럽의 개혁주의 교회 안에서 주도적 권위를 잃었다.

2

하인리히 불링거의 사역

불링거가 미코니우스에게 보낸 서신(1535년 8월 31일)

Chapter 02

하인리히 불링거의 사역

불링거는 『취리히 합의서』를 통해서 스위스에서 '츠빙글리주의' 혹은 '칼빈주의'로 인식되는 교회적 다양성을 극복하고, 하나님의 말씀에 따라서 개혁된 교회를 확고히 세우기 위해 노력했다.

기독교 공화국을 꿈꾸며

불링거는 눈에 보이는 지상의 보편교회(Ecclesia Catholica)를 개별 교회와 모든 가시적인 지체로부터 형성된 것으로 이해했다.[1] 개별 교회와 가시적인 지체는 각 나라와 도시 안에 흩어져서 고유한 이름과 함께, 한 목사와 어떤 특정한 숫자의 신자들로 구성된 각기 독립된 교회들을 의미한다. 즉 이 세상의 셀 수 없는 많은 장소 위에 세워진 교회들인 것이다. 한 실례로 취리히에 교회가 세워지면, 그 교회는

---

1) *SERMONUM DECADES QUINQUE*, 743: "Porro universalis ecclesia ex omnibus colligitur particularibus in universo mundo ecclesiis omnibusque membris suis visibilibus."

한 개별 교회로서 '취리히 교회'로 간주된다. 이렇게 볼 때, 보편교회는 개별 교회들의 집합이며, 개별 교회는 모두 보편교회의 한 일원이다. 개별 교회는 보편교회와 결코 분리될 수 없을 뿐만 아니라 보편교회에 속하지 않은 개별 교회는 없는 것이다. 보편교회와 개별 교회의 관계는 그리스도를 통해서 서로 연결되어 있다. 개별 교회는 파편적으로 흩어져 있지만, 동시에 그리스도의 한 지체로 묶여 있는 것이다. 그래서 불링거는 한 유일한 주권자이신 예수 그리스도에 의해서 통치되는 "오직 하나님의 보편교회가 존재할 뿐 여러 교회가 존재하지 않는다"라고 했다.[2]

불링거는 모든 개별 교회가 주님이 오실 때까지 보편교회의 일원임을 확인시켜 주는 외적 표지에 관심을 가졌다. 그리고 신학적 갈등 속에서 초래된 교회분열을 다시 회복하기 위해 많은 노력을 기울였다. 특별히 불링거는 보편교회의 지속성을 위해서 교회의 개혁뿐 아니라 교회와 관련된 모든 영역의 개혁에도 집중했다. 그리하여 실천적으로 종교개혁 사상 위에 세워진 보편교회의 한 일원으로서 취리히 교회의 지속성을 위해 교회와 관련된 모든 영역의 개혁을 이끌었다. 그리고 취리히 교회와 국가의 유기적인 관

---

2) *SERMONUM DECADES QUINQUE*, 769: "Proinde certissimum est unam esse duntaxat ecclesiam dei, non plures, cui unicus monarcha pre,sidet: Iesus Christus."

계 속에서 새로운 종말론적 규범을 실현시키는 것에 궁극적인 관심을 가졌다.[3] 즉 교회 공동체와 시민 공동체가 분리되어 있지 않은 하나님의 통치를 받는 백성으로서 삶의 모든 영역에서 하나님의 뜻에 따라 살아가는 완전한 '기독교 공화국'(Respublica Christiana)의 구현을 꿈꾼 것이다. 이렇게 볼 때 불링거에게 교회개혁은 내부적인 일(res interna)일 뿐만 아니라 외부적인 일(res externa)이기도 했다. 교회는 내적으로 모든 신자에게 유익을 주어야 하며, 이와 동시에 외적으로 그들이 살아가고 있는 사회에 유익을 줄 수 있어야 하기 때문이다. 이러한 이해 속에서 불링거가 츠빙글리 사후에 취리히에서 단행한 교회, 교육 그리고 사회 전반의 개혁을 살펴보는 것은 큰 의미가 있다.

교회개혁

교회규범(Kirchenordnung)의 제정

불링거는 새로운 취리히 교회 의장으로 선출된 다음 해인 1532년 10월 22일에 츠빙글리의 친구이자 동역자였던 레오 유트(Leo Jud)와 함께 작성한 "취리히 설교자와 총회 규범"(Züricher Prediger und Synodalordnung)을 공포했다.[4] 이

---

3) Müller, *Heinrich Bullinger*, 36.

교회규범은 총회, 직분 그리고 교회와 정부 사이의 관계를 선명하게 제도화한 것이다. 의심의 여지없이 이것은 독립적인 교회의 규범이지만, 취리히 풍속단속법원에 의해서 시행되던 치리와 관련된 교회의 역할이 정부에 이양된 정부 참여적인 교회규범이기도 하다. 따라서 취리히 종교개혁의 특성과 관련하여 교회의 일정한 업무(치리)에 대한 정부의 역할이 상호협력 속에서 존중되었다. 물론 17세기 영국에서 장로회주의자들과 논쟁의 중심에 있었던 에라스투스주의자들이 말하는, 정부가 교회를 다스리는 입장은 결코 아니다.5) 당시 사무엘 러더포드(Samuel Rederford)는 『교회 권세의 거룩한 빛』(*Divine Right of Church Govermemt*, 1645)

---

4) 제네바에서 교회규범은 처음 1541년과 1561년에 공포되었다. 1561년에 공포된 교회규범은 내용적으로 처음 제정된 것과 다르지 않은데, 이전 것과 비교할 때 교회의 역할이 강화되면서 몇 가지 사안이 조금 바뀌었을 뿐이다. 즉 취리히의 입장과 다르지만 제네바 교회의 위치를 합법적이고 엄숙하게 표현하였다. 제네바 교회 역시 취리히 교회처럼 국가교회였다. 사실 외형적으로 보이는 교회와 국가의 관계는 제네바나 취리히나 차이가 없었다. 그 시대적인 상황과 관련하여 칼빈도 불링거처럼 정부와의 협력 속에서 교회의 중대한 일들을 결정하고 시행할 수밖에 없었기 때문이다. 다만 제네바 교회와 취리히 교회가 다른 점은 정부의 간섭이 법적으로 교회 영역에서 실행되는가, 실행되지 않는가에 있었다. 제네바 교회의 규범 안에는 교회와 관련하여 정부의 역할이 삽입되어 있지 않다. [Paul Muench, Zucht und Ordnung: Reformierte Kirchenverfassungen im 16. und 17. Jahrhundert (Nassau-Dillenburg, Kurzpfalz, Hessen-Kassel), Stuttgart 1978, 30.]

5) Andries Raath and Shaun De Freitas, From Heinrich Bullinger to Samuel Rutherford: The Impact of Reformation Zurich on Seventeenth-Century Scottish Political Theory, in: *Heinrich Bullinger Life–Thougt–Influence*. Zurich, Aug. 25-29, 2004 International Congress Heinrich Bullinger (1504-1575), Hg. von Emidio Campi & Perter Opitz, Vol. II, Zuerich: TVZ 2007.

사무엘 러더포드(1600-1661)

에서, 조지 길레스피(George Gillespie)는 『아론의 싹 난 지팡이』(*Aaron's Rod Blossoming*, 1646)에서 불링거의 입장이 에라스투스와 구별될 뿐만 아니라 에라스투스주의자들과도 구별된다는 것을 분명히 밝혔다. 당연히 이러한 교회규범의 성격은 츠빙글리의 죽음 이후에 발생된 정치상황과 무관하게 이해될 수는 없다. 정부의 도움 없이 종교개혁을 완성할 수 없었던 취리히 교회의 현실과 고민이 그 안에 녹아 있었다는 것을 알아야 한다.

취리히 교회규범은 크게 세 가지 항목으로 구성되어 있다. 그 세 가지는 첫째, 설교자들의 선택과 파송, 부양에 관하여, 둘째, 설교자들의 가르침과 삶에 관하여, 셋째, 총회의 구성과 모임, 목사의 직무와 사역 그리고 교회와 정부에 대한 목사의 의무에 관한 것이다. 여기서 우리가 특별히 주목해야 할 점은 제네바 교회규범과 비교할 때 목회자의 치리가 조금은 소극적이었다는 사실이다. 왜냐하면 취리히 교회의 치리는 교회와 정부의 관계 속에서 취리히 의회와 치리회의 역할을 했던 시험감독기관을 통하여 협력적으로 수행되었기 때문이다. 예를 들어 목사가 잘못을 했을 경우에 그는 형제적 권고로부터 공적인 문책을 넘어서 다른 교회로 전출되기도 했다. 만약 회복되는 기미가 보이지 않으면 그 목사는 가장 높은 처벌로써 면직되었다.[6] 이 시험감독기관은 취리히 대·소 의회의 두 명의 위원, 세 명의 지역 목사, 두 명의 신학교수, 두 명의 그로스뮌스터 교회의 협력 목사로 구성되었다. 모든 교회에 대한 감독권을 가지고 있었던 시험감독기관은 목회자 후보생을 위한 시험과 안수, 취리히 총회에 속해 있는 모든 목사와 교회를 관리, 감독했다. 불링거는 시험관독기관의 의장으로서 취리히 교회의 신학적 건전성과 목회자들의 모범적 삶을 위해서 최선을 다했다. 이 교회규범을 통하여 불링거는 로마 가톨릭교회의 색채를 완전히 극복하고 오직 종교개혁에 기반을 둔 취리히 교회의 정체성을 확고히 세웠다.

이 교회규범은 불링거의 사역기간뿐만 아니라 프랑스 혁명(1789) 이후에 나폴레옹이 집권한 구체제(Ancien regime)에까지 유지되었으며, 몇 가지 사안은 지금까지도 효력을 가지고 있다.

예배모범의 제정

취리히 교회의 안정과 신앙의 일치를 위해서 1535년에

---

6) 에미디오 캄피, 『스위스 종교개혁』, 김병훈 외 4인 공역, 수원: 합신대학원출판부 2016, 165.

예배모범이 새롭게 제정되었다. 개혁주의 교회의 한 전통적인 예배모범을 세운 것이다.[7] 이는 츠빙글리의 예전적 입장을 계승한 것이지만, 여기에는 다양한 예전적 자유 형식도 담겨 있다. 흥미로운 점은 취리히 예배모범은 이때부터 거의 100년 동안 큰 변함없이 유지되었다는 사실이다. 취리히 교회의 관습과 제도에 관한 짧은 책을 출판한 루드비히 라바터(Ludwig Lavater)는 이렇게 강조했다. "취리히 교회는 일반적으로 사도시대로부터 교회 안에 존재해온 것들을 항상 유지해 왔다. 즉 이 교회는 교리, 기도, 성례 그리고 교회의 좋은 질서를 세우는 모든 다른 요소들을 가지고 있었다."[8]

취리히 교회의 예배모범은 크게 여섯 가지 특징적인 내용으로 정리될 수 있다.[9] 첫째로 설교와 기도 중심의 예배로 구성되어 있다. 주일 예배 때 설교 전에는 하나님의 은혜와 말씀의 깨달음에 대한 기도, 설교 후에는 공적 회개, 죄 용서에 대한 간구, 주기도문 순서로 이루어진 기도가 드

---

7) Büsser, *Heinrich Bullinger: Leben, Werk und Wirkung*, I, 142-161.
8) Ludwig Lavater, *De ritibus et institutis ecclesiae Tigurinae opusculum*, Zürich: Froschauer, 1559, 3b-4a: "der Zürcher Kirche im allgemeinen nichts fehlt, was zu Zeiten der Apostel in den Kirchen Brauch gewesen ist. Sie besitzt nämlich eine Lehre, Gebete, Sakramente und alles andere, was zur guten Ordnung der Kirche gefunden und eingesetzt worden ist."
9) *Zürcher Kirchenordnungen 1520-1675*, ed. Emidio Campi und Philipp Wälchli, 2 Bde, Zurich: TVZ 2011, Bd.I, No. 59, 137-138.

려졌고, 십계명 낭송과 사도신경이 고백되었으며, 끝으로 축도가 이루어졌다. 성례와 함께 드려진 예배 때는 설교 후에 참회, 세례와 성만찬이 이루어졌고, 전통적인 교회 절기를 기념하는 것을 거부하고 성경이 지속적으로 강해되었다. 리듬이 강조되는 음악은 하나님의 말씀을 왜곡시킬 수 있다는 츠빙글리의 주장 아래 교회찬송은 허락되지 않았다. 하지만 불링거와 그의 후계자들은 츠빙글리의 입장을 효율적으로 변화시켰는데, 결과적으로 1598년부터 취리히 교회 안에서 찬송가가 불리기 시작했다. 물론 교회 안에서의 오르간 사용은 19세기까지 금지되었다.[10] 예배는 주일에 취리히 성벽 안에 있는 네 곳의 교회에서 두 번의 오전 예배(겨울에는 오전 8시, 여름에는 오전 7시와 11시)와 신앙교육 설교로 구성된 한 번의 오후 예배(12시)가 드려졌고, 농촌에서는 아침 예배와 오후 신앙교육 예배로 드려졌다.

둘째로 금요일에는 시장이 서는 것 때문에 월요일부터 목요일까지 드려지던 아침 예배는 취리히에 사는 전체 국민들을 위한 성경공부로 간주되었다. 이 예배는 새벽 5시와 오전 8시에 드려졌다. 농촌에서는 주중에 각 지역의 상황에 따라 세 번에서 네 번 정도 예배가 드려졌다.

---

10) Markus Jenny, "Reformierte Kirchenmusik? Zwingli, Bullinger und die Folgen," in *Das reformierte Erbe*, FS Gottfried W. Locher, 2 Bde, ed. Heiko A. Oberman et al. Zürich: Theologischer Verlag 1992, 1:187-205.

셋째로 절기 예배는 1년에 세 번, 즉 성탄절, 부활절, 성령강림절에 드려졌다. 넷째로 성찬식은 예배 때 단순히 실행하는 것이 목적이 아니었다. 성찬식을 행하기 전에 그 성찬식의 의미와 사용을 정확히 설명해 주는 설교가 반드시 선포되어야 했다. 다섯째로 어린이와 청소년, 새신자들을 위해서 토요일과 주일에 신앙교육 예배가 드려졌다. 여섯째로 화요일에는 정기 기도회가 개최되었다. 이 기도회는 16세기 동안에는 항상 열렸고, 특별한 시대적 사건이 발생했을 때에는 참회 예배로 드려졌다. 그 밖에 교회의 장례식은 허용되지 않았다. 오직 죽은 자들에 대한 공고만 이루어졌다. 교회의 결혼식은 유지되었지만 더 이상 성례로 시행되지 않았다. 주일에 예배 안에서 거행된 결혼식은 하나님의 축복 아래 교회 공동체의 기도와 함께 짧게 진행되었다. 불링거는 그로스뮌스터 교회에서 1532-1538년까지는 매일, 그 이후로 죽을 때까지 주일과 주중에 한두 번 설교했다.

목회자들의 부양

종교개혁 이후 취리히에서 수도원이 폐지되고 로마 가톨릭교회가 개신교로 전환되면서 많은 수도사들과 사제들이 새롭게 개신교 목사의 신분을 갖게 되었다. 이때 목사들은 가정을 새롭게 이루었는데, 그로 인하여 경제적 부양에 대한 문제가 심각하게 대두되었다. 목회자들의 덕목으로 경건, 성실, 청빈이 강조되기는 했지만, 당시 어려운 현실 속에서 많은 목회자들이 빈곤 가운데 살아야 했기 때문이다. 목회자들의 안정되지 않은 생활이 교회나 성도들에게 유익이 되지 않는 것은 당연했다. 실제로 16세기 초반 취리히 교회의 재산은 모든 목회자를 먹여 살리기에는 충분하지 않았다. 이미 취리히 정부가 종교개혁이 시작되는 때부터 목회자 부양에 대해 보증을 했음에도 불구하고, 그것은 현실적인 문제로 인하여 잘 지켜지지 않았다. 취리히 정부가 국유화된 교회재산을 츠빙글리의 목숨을 잃게 한 카펠 전쟁에 대한 전쟁차관으로 지출하고, 심지어 정부청사를 구입하는 일로 허비하는 등 교회와 관련이 없는 일들에 사용한 것이다.[11] 이 때문에 당시 부모들은 자녀들이 목회자로 부름을 받는 것에 현실적인 부담을 가지고 있었다.[12] 우수한 학생들이 거의 8년간 라틴어학교(Lateinschule)와 전문학교(Hohe Schule) 안에서 엄격한 학문과정을 밟고 어려운 시험을 통과하여 교회의 봉사자가 되었지만, 그 현실은 너무도 열악했기 때문이다.

이러한 상황 속에서 불링거는 1536년에 목회자 부양문

---

11) Hans U. Bächtold, Bullinger und die Obrigkeit, *Vorträge, gehalten aus Anlass von Heinrich Bullingers 400. Todestag*, hg. Ulrich Gräbler & Endre Zsindely, Zürich: TVZ 1977, 79.

12) K. J. *Rueetschi, Bullinger, der Schulpolitiker, Der Nachfolger Heinrich Bullinger (1504-1575)*, Zürich: TVZ 2004, 69.

제를 개선하기 위한 조치를 단행할 수밖에 없었다. 그는 먼저 취리히에서 활동하는 모든 목사의 가정형편과 경제상태, 급료여건을 철저하게 조사했다. 그리고 취리히 정부를 설득해서 목회자 부양과 관련하여 부족한 경제지원을 받고자 하였다. 물론 불링거가 원하는 만큼 성과를 얻는 것은 쉽지 않았고, 완전히 관철될 때까지는 긴 시간이 걸렸다. 이와 관련하여 주목되는 한 사건은 1546년에 취리히 정부가 시위원들의 봉급을 도입했을 때, 그 재정을 수도원 농지의 수익으로 충당하고자 한 것과 관련하여 불링거가 강하게 비난한 것이다 "취리히 정부 관리들은 교회의 재산 안에서 뒹굴기 위해 오직 복음을 받아들인다."[13] 이러한 과정을 지나면서 몇몇 사안이 개선되고, 교회재산에 관한 불링거의 제안이 존중되었다. 그럼에도 불구하고 교회재산의 사용과 관련하여 교회와 정부 사이에 분쟁이 될 수 있는 잠재적인 문제들은 여전히 남아 있었다. 결과적으로 교회재산은 취리히 정부가 운영하지만, 그 사용은 오직 교회와 관련된 일에만 국한된다는 것이 약속되었다. 이를 통해서 목사들의 급료가 정부에 의해 보장됨으로써 목회자 부양문제가 해결될 수 있었다.[14]

---

13) Bächtold, *Bullinger und die Obrigkeit*, 82.
14) Müller, *Heinrich Bullinger*, 38.

교육개혁

목사들을 위한 신학교육

16세기 당시 개신교 신학교는 종교개혁 이상을 현실로 만들어줄 가장 좋은 수단 중 하나였다. 하나님의 영광을 위해 교회의 봉사자와 사회의 지도자를 길러내는 것을 목적으로, 중세 후반까지 지대한 영향을 준 스콜라적인 교육을 지양하고, 오직 교회와 성도들에게 실제적이고 실천적인 유익이 될 수 있는 지식을 쌓도록 했다. 하나님의 교회를 바로 세우고, 바른 신앙정신 위에서 세대와 세대를 넘어 교회를 유지시킬 수 있는 기관으로 이해된 것이다. 이와 관련하여 이미 존재하고 있던 신학교나 대학교 옆에서 16세기 초중반부터 유럽의 개혁주의 도시들 안에 세워진 예언회(Prophezei)에서 발전한 취리히 학교(Schola Tigurina)나 제네바 학교(Geneva Academie) 같은 목회자 교육을 위한 전문학교(Hohe Schulen)들이 개신교 목사들을 길러내는 데 중심적인 기여를 했다. 특별히 취리히에서 종교개혁을 온전히 하고, 그 지속성을 유지하기 위해서 신앙 정체성을 확고히 하는 일은 매우 급박한 사안이었다. 여기에는 필수적으로 목회자 신학교육이 요청되었다.

츠빙글리는 학교를, 교회를 새롭게 하기 위한 수단일 뿐만 아니라 하나님과 인간 사이를 중재하는 사제계급이 교회 안에 더 이상 필요하지 않다는 것에 대한 종교개혁적인 이해의 결과로 생각했다. 교육을 사제와 평신도의 지식 또는 계급 차이를 극복하는 수단으로 여긴 것이다. 이러한 전제 아래 츠빙글리는 목회자들이 교회의 교사로서 신적 말씀의 선포를 통해 성도들을 복음의 진리로 인도하는 것과 관련하여, 학교를 통해서 전문 신학교육에 대한 연마가 필요함을 직시했다. 이 때문에 1525년 7월 19일에 츠빙글리가 '예언회'를 설립한 것이다. 츠빙글리 사후로 취리히 교회에는 130여 명의 목회자 교육과 목회자의 지속적인 수급을 위해 더욱 효율적이고 체계적인 학교의 필요성이 요구되었다. 이러한 배경 속에서 1532년 2월 17일에 불링거는 취리히 의회로부터 그로스뮌스터 교회의 부속기관인 라틴어학교를 전문 신학교로 개편해도 좋다는 답변을 받아냈다.

취리히 교회의 의장인 불링거는 1532년 10월에 테오도르 비블리안더와 함께 새로운 "취리히 학교규범"을 작성했다. 하나님의 영광을 위한 교육과 훈련된 삶을 목적으로 한 학교규범은 그로스뮌스터의 라틴어학교를 새롭게 재편하고, 지속적으로 발전할 수 있는 기초를 닦았다.[15] 이 학교

---

15) 취리히 그로스뮌스터 학교는 1532년에 3단계로 구성된 기본과정(Lateinschule)과 이미 츠빙글리에 의해서 '예언회'로 명칭된 상급과정(Loktorium)으로 구분된 전문학교(Hochschule)로 재편되었다. 그 이후로 1546년에 기본과정이 5년으로 확대되었고, 1548년에는 상급과정과 관련하여 초급 목사들이 지속적으로 참여할 수 있는 강좌에 관한 규정이 마련되었다. 오랜 시간 동안 존속된 종합적인 학교

규범에 근거하여 목회자들에 대한 더욱 효율적이고 체계적인 교육을 위해 취리히 학교의 개혁이 단행된 것이다. 예언회는 1532년 말에 라틴어학교를 졸업한 이후에 오직 시험에 합격한 학생들이 갈 수 있는 더욱 전문화된 상급학교 과정(Lectorium)으로 발전되었다. 이곳에서 학생들은 명망 있는 신학자들과 성경인문주의 인식을 가진 교수들에게서 고전어(히브리어, 헬라어, 라틴어)와 함께 성경의 해석과 번역, 신학(교리), 철학, 과학 등을 배우며, 앞으로 개혁주의 목사가 될 사람으로서 전문지식과 소양을 갖출 수 있었다.

처음에는 카펠 전쟁의 패전으로 취리히 정부가 막대한 전쟁 배상금을 지불하는 것과 관련하여 교회와 정부 사이에 교회재산의 사용에 관한 논쟁이 있었다. 하지만 그 이후로 그로스뮌스터 교회의 자선기금과 다른 모든 교회재산은 오직 학교와 가난한 사람들을 돌보는 일에 쓰여야 한다는 취리히 의회의 결정으로, 교수들이 충원되었고, 학교 공간이 넓혀졌으며, 공부 여건이 개선되었다. 그뿐만 아니라 학생들이 경제적 어려움 없이 학문에 집중할 수 있도록 장학금이 지급되었고, 재능이 있고 성실한 학생에게는 취리히 정부와 교회의 후원 아래 신학과 의학 관련 분야를 외국에

규정은 1559년에 새롭게 공포되었다. (Hans U. Bächtold, Heinrich Bullinger und die Entwicklung des Schulwesens in Zuerich, *Schola Tigurina*, Zuerich & Freiburg: Pano Verlag 1999, 49.)

서 공부할 수 있는 기회가 주어졌다.

결과적으로 종교개혁 이전과 달리 당시 전문적인 교육을 받은 목회자들은 바른 신앙의 전제 아래서 신학적으로나 윤리적으로 잘 준비되었다. 그들의 협력과 수고 속에서 취리히 교회는 더욱 든든히 서 갔다.

신자들을 위한 신앙교육

취리히 교회는 목회자들의 신학교육과 함께 학생들과 평신도들의 신앙교육에도 관심을 가졌다. 이 신앙교육은 기독교 신앙의 인식과 교리적 무지를 극복할 뿐만 아니라 신앙의 변질 없이 세대와 세대를 넘어 교회를 보존시키기 위한 의도 속에서 이루어졌다. 불링거가 신앙교육을 통해서 의도한 것은 믿음과 삶이 결코 신앙지식이나 경건과 서로 분리되지 않는 것이었다.[16] 그에게 신앙교육은 어느 특정 세대를 위한 것이 아니라 모든 세대를 위한 것이었다. 먼저 어린이들(청소년 포함)은 교회와 학교, 가정의 신앙교육을 통해서 경건한 삶의 변화를 이룰 수 있기를 기대했고, 다음으로 성인들은 구교와 신교의 분리 이래로 새로운 믿음의 질문들에 대해서 바른 인식을 갖길 원했다. 이 신앙교육을 통해 불링거가 강조한 점은 기독교 교리에 대한 바른

---

16) Sang-Bong Park, *Heinrich Bullingers kateketische Werke*, Dissertation zur Erlangung der Doktorwürde an der Universität Zürich (2011), 1.

이해를 돕고, 경건의 삶을 강화시키며, 신앙공동체적인 삶에 관심을 갖게 하는 것이었다. 모든 연령층을 위한 신앙교육은 종교적이고, 사회·공동체적인 책임으로서 반드시 필요한 교회 프로그램으로 간주된 것이다.[17] 또한 그는 모든 교회와 모든 신자 사이의 신앙적 일치도 제공한다는 것을 분명히 했다. 특별히 새롭게 개종한 신자들이나 초신자들이 있을 경우 신앙교육을 통해서 기존 신자들과 신앙일치를 갖도록 했다. 취리히 교회의 신앙교육은 모든 신자가 무엇을 배워야 하는가를 확정해주고, 동시에 다양한 생각을 가진 개별 신자들을 하나의 신앙정신으로 묶는 역할을 한 것이다.[18]

불링거는 신앙교육의 가시적인 실효성을 끌어내기 위해 신앙교육서(Katechismus)를 작성하는 것에도 큰 열심을 보였다. 츠빙글리의 사망 이후 취리히에서 공적으로 어린 세대의 신앙교육을 위한 새로운 길이 열렸다. 불링거와 유트가 작성하여 1532년 10월 22일에 공포된 "취리히 설교자와 총회 규범"에서 취리히 의회는 어린 세대를 위한 신앙교육에 관한 입장을 표명했다.[19] 무엇보다도 신앙교육 수업

---

17) Park, *Heinrich Bullingers kateketische Werke*, 2.
18) Park, *Heinrich Bullingers kateketische Werke*, 16-17.
19) 취리히 문서 보관서, E II 372. 2v. (H. U. Baechtold, Heinrich Bullinger vor dem Rat, Bern und Frankfurt am Main 1982, 63.)

(Katechismusunterricht)의 틀 안에서 어린이 설교가 행해져야 한다는 것이 강조되었다. 즉 사도신경, 기도, 십계명, 성만찬에 대한 이해가 담긴 신앙교육서를 해설하는 것이다. 하지만 당시에는 취리히 학교에서 사용할 수 있는 적합한 신앙교육서가 존재하지 않았다. 그리하여 1533년 취리히 총회는 다음 해 모임 때까지 신앙교육서를 집필할 것을 유트에게 위임했다.

유트는 1534년과 1539년 사이에 교회, 학교, 가정에서 사용된 세 권의 공적 신앙교육서를 집필했다. 1534년에 독일어로 청소년을 위해서 쓴 『대요리문답서』[20]와 어린이들을 위해서 쓴 『소요리문답서』[21]가 출판되었으며, 1535년에 라틴어학교의 학생들을 위해서 라틴어로 쓴 『짧은 신앙문답서』[22]가 출판되었다. 유트는 개인적으로 지금의 유치원

---

20) Catechismus. Christliche, klare vnd einfalte ynleitung in den Willen vnnd in die Gnade Gottes, darinn nit nur die Jugendt sunder ouch die Eltern vnderricht, wie sy jre kind in den gebotten Gottes, inn Christlichen glouben, vnd rechtem gebätt vnderwysen mögind. Geschriben durch Leonem Jude, diener des worts der kilchen Zürych, 1534.
21) Ein kurtze Christenliche vnderwysung der jugend in erkanntnusz vnd gebotten Gottes, im glouben, im gebaett, vnd anderen notwendigen dingen, von den dieneren des worts zu Zürych gestelt in fragens wysz, 1535.
22) Catechismus. Brevissima christianae religionis formula, instituendae juventuti Tigurinae cate-chizandisque rudibus aptata, adeoque in communem omnium piorum utilitatem excusa a Leo Jud ad Lectorem, M.D.XXXIX.

생에 해당하는 아이들을 위해서 『아주 작은 어린이들을 위한 신앙문답서』[23]도 쓴 것으로 알려져 있다.

특별히 불링거는 종교적 혼란이 가장 극심했던 1550년대에 다양한 역사적·신학적 특징 아래서 네 권의 신앙교육서를 집필했다. 이 저서들과 관련하여 불링거의 절대적 관심은 당시 종교개혁 이후의 세대(Volksschichte nach der Reformation)를 위한 신앙교육에서 믿음과 삶(Glaube und Leben)이 신앙지식과 경건(Glaubenwissen und Froemmigkeit)으로부터 결코 분리되지 않아야 한다는 전제 아래 놓여 있었다. 앞서 언급된 불링거의 대표 저술들 안에서 확인되는 네 권의 신앙교육서는 『헝가리 교회들과 목사들에게 쓴 서신』(1551), 『기독교 신앙 요해』(1556), 『박해받는 사람들의 답변을 위한 보고서』(1559), 『성인들을 위한 신앙교육서』(1599)이다. 이 신앙교육서들은 저술동기에 따라 두 종류로 구별된다. 먼저 『헝가리 교회들과 목사들에게 쓴 서신』과 『박해받는 사람들의 답변을 위한 보고서』는 핍박 아래 있는 절박한 신자들의 신앙교육을 위해 쓰인 것이다. 여기에는 로마 가톨릭교회를 반대하는 비판적이고 논쟁적인 특징이 매우 강하게 표명되어 있을 뿐만 아니라 기독교의 핵심 교리가 짧고 분명하게 설명되어 있다. 다음으로 『기독교 신앙

---

[23] Der kuertzer Catechismus. ⋯ Getrucht zu Zuerych by Christoffel froschouer / im Jar ⋯ M.D.XXXVIII.

요해』와 『성인들을 위한 신앙교육서』는 선명한 기독교 진리의 인식을 위한 수업교재로 활용된 것들이다. 여기에는 어린이, 학생, 평신도가 교회와 학교, 가정에서 반드시 학습해야 하는 기독교의 교리가 체계적이며 요약적으로 기술되어 있다.

취리히 신앙교육서들은 교회 안에서 설교되고, 학교에서 가르쳐지며, 가정에서 읽혀졌다.[24] 신앙지식이 없는 성인들과 어린이들로 하여금 체계적인 기독교 신앙을 이해하게 하는 데 중요한 역할을 감당한 것이다.[25] 불링거가 신앙교육에 관심을 가진 것은 한 세대로 끝나는 교회가 아니라 세대와 세대를 넘어 굳건히 서 있는 교회를 지향하기 위해 가장 실천적인 청사진을 그려낸 것이었다. 물론 이러한 안목은 성경을 통해 16세기 당시 교회 앞에 놓인 신앙적이고 시대적인 문제들을 극복하기 위한 방식과 맞물려 있었다는 사실을 잊지 않아야 한다. 신앙교육을 통해서 교회가 세워지고, 또 신자들이 활동하는 모든 영역에서 종교개혁이 그 당시와 그 이후 시대에도 역동적 힘을 잃지 않도록 지지기반의 역할을 충실하게 감당하는 장구한 역사성을 고려했기 때문이다.

---

24) 이남규, 팔츠(하이델베르크) 교회와 신앙교육, 『노르마 노르마타』, 김병훈 편집, 수원: 합동대학원출판부 2015, 216.
25) 안상혁, 제네바 교회와 신앙교육, 『노르마 노르마타』, 46.

사회개혁

가난한 사람들에 대한 부양

취리히 교회개혁은 자연스럽게 사회개혁을 이끌었다. 츠빙글리 당시 사회개혁의 성과 중 한 가지는 가난한 사람들의 부양과 관련되어 있다. 취리히 종교개혁자는 거리에서 구걸하는 것을 중지시킨 대신에 취리히 여러 지역에 무료급식소를 설치하였다. 이곳에서 어쩔 수 없는 사건으로 인해 가난해지거나 수입이 없어서 가족을 부양하지 못하는 현지인들과 타지인들에게 빵, 곡식가루, 보리나 야채수프 등이 제공되었다. 그리고 취리히 정부는 빈민복지사들을 채용하여 도움이 필요한 사람들에게 생활에 필요한 후원금이나 구호물자를 지급하였다. 가난한 가정의 우수한 성적을 가진 자녀들을 위해 학교에서는 무료로 공부할 수 있는 기회를 주었고, 그 외 아이들에게는 수공기술을 무상으로 배울 수 있도록 조처하였다. 하지만 이러한 구제가 모든 사람에게 주어진 것은 아니다. 행실이 나쁜 사람, 자신의 잘못(도박이나 게으름)으로 가난해진 사람, 가난함에도 불구하고 외형적으로 화려한 장식을 하거나 옷을 입고 있는 사람, 포주나 매춘녀로 일한 사람, 욕설을 하거나 술집에 앉아 주정을 하는 사람에게 긍휼은 베풀어지지 않았다.

이러한 츠빙글리의 사회개혁 기조 아래서 불링거는 더욱

발전적으로 소외계층을 위한 구조개선과 윤리의식 확대를 위한 노력에 힘을 쏟았다. 불링거는 교회와 수도원 자선기금을 오직 목회자들을 위한 학교의 개선과 함께 일반 어린 학생들을 위한 독일어 학교(Deutsche Schule)와 라틴어학교를 개선·확대시키는 데 사용했다. 그뿐만 아니라 가난한 사람들과 환자들을 돌보는 데에도 사용했다.[26] 취리히 학교의 새로운 정비는 그 사회의 개혁주의 신앙정신에 부합된 윤리 수준을 향상시키고, 시민들의 권위와 인권의식을 발전시키는 다양한 유효적 결과를 가져왔다.

이러한 국민의식의 신장 속에서 불링거는 가난한 사람들에 대한 보살핌을 단순히 먹을 것과 필요한 것을 일시적으로 공급해 주는 차원을 넘어서 직접적인 제도개선으로 확장시켰다.[27] 그리고 돈을 빌려주는 사람은 막대한 이익을 취하지만, 돈을 빌리는 사람은 아무리 열심히 일을 해도 굶주리게 만드는 고리대금업을 취리히 안에서 금지시켰다. 그 대신 오직 빌린 돈의 5%를 연이자의 개념으로 금전이나 자연생산물로 지불하는 것이 권고되었다.[28] 또한 노예 신

---

[26] Elsa D. Zodel, *Bullingers Einfluß auf das züricherische Staatswesen von 1531-1575*, Zürich: Reutimanm & Co. 1921, 25.

[27] Zodel, *Bullingers Einfluss auf das zuercherische Staatswesen von 1531-1575*, 26.

[28] Zodel, *Bullingers Einfluss auf das zuercherische Staatswesen von 1531-1575*, 44. 5% 이자 규정은 1523년에 츠빙글리에 의해서 처음 규정된 것이다.

분으로 농노 일을 하는 농민들에 대해서는 합법적인 돈을 지불하고 신분적 자유를 누리도록 장려했다. 그들이 경제적으로 자립을 할 수 있는 길을 열어준 것이다. 이뿐만 아니라 부유한 사람들에게 그들의 가난한 친척을 돌보는 것을 의무화하였고, 취리히 정부를 설득하여 도로개설공사 같은 일자리 창출이나 수공업 관련 직업을 갖도록 지원함으로써 가난한 사람들에게 수익이 있도록 도왔다.[29] 그 밖에 공공기금을 통해서 가난한 사람들에게 땔감, 옷, 집세가 보조되도록 하였다. 불링거는 기회가 주어질 때마다 모든 시민으로 하여금 자선에 관심을 가지며, 가난과 재난을 극복하는 일에 모두가 참여하도록 공동체 의식을 고무시켰다. 가난은 사회 전체의 안전을 위협할 수 있기 때문이었다. 당연히 교회가 앞장서지 않으면 안 될 중대한 문제였다.

불링거는 사회 문제들의 개선을 위해서 평생을 두고 고민했는데, 이와 관련된 다양한 단편 글들을 기록했다. 그것은 『새로운 이자법』(*Eine neue Zinsordnung*, 1534), 『가난한 사람들의 돌봄을 위해서』(*Zur Armenfürsorge*, 1558), 『고리대금을 반대한 조치』(*Massnahme gegen den Wucher*, 1568), 『가난 극복을 위한 제안』(*Vorschlag zur Bekämpfung von Armut*, 1572) 등이다. 이 글들은 불링거가 사회문제에 대해 얼마나 큰 관

---

[29] Zodel, *Bullingers Einfluss auf das zuercherische Staatswesen von 1531-1575*, 27.

심을 가지고 있었는가를 짐작하게 한다.

풍속단속법원

구조적인 면에서 츠빙글리는 취리히에 개혁된 신학과 교회를 유지시킬 수 있는 기관들을 정비하거나 세우고, 교회에서 선포되는 하나님의 말씀이 사회적으로 구현될 수 있는 체계를 갖추었다. 그리하여 1525년에 교회권징을 효율적으로 집행하기 위해 가정법원이 설립되었다. 이 가정법원은 처음에는 결혼과 가정불화에 대한 문제만 다루었지만, 점차 풍속을 단속하는 기관(풍속단속법원)으로 발전되었다.[30] 이러한 배경 속에서 불링거는 정규적으로 열린 취리히 총회를 통해 지속적으로 경제적·사회적 문제들에 관심을 가졌다.[31] 그리하여 비성경적이고 비윤리적인 내용에 대한 감시와 제도개선을 강화했다. 교회는 정부의 협력 아래 목회자, 신자, 국민의 사회윤리에 대한 의식적인 확대를 위해서 앞서 언급한 고리대금업뿐만 아니라 알코올중독, 도박, 오락(춤), 복장불량, 매춘, 이단 등을 금지시켰다. 한

---

30) 가정법원이 확대되어 재편된 풍기단속법원(1526)에서는 가정문제, 매춘, 도박, 음주, 춤, 비방, 고리대금업 등 일반 사람들에 대한 문제뿐만 아니라 목회자들과 관련된 문제 역시 다루어졌는데, 특별히 성직 임명에 대한 자격과 성직 임무의 책임성에 대한 심사가 이루어졌다. 이를 통해서 목회자들의 활동과 생활이 규칙적으로 점검(Visitation)되었다.

31) Zodel, *Bullingers Einfluss auf das zuercherische Staatswesen von 1531-1575*, 37-45.

가지 실례로, 당시 춤은 오락으로서 금지되었다. 춤은 결혼식 때를 제외하고 모든 시민에게 금지되었는데, 만약 이를 어길 경우 10실링(Schilling)의 벌금이 부과되었다. 춤을 출 때 연주를 해준 사람에게는 은화 1마르크(Mark)가 부과되거나 감옥 생활을 해야 하는 형벌이 주어졌다. 취리히 사회의 건전한 생활풍속 유지를 위해서 먼저는 사회의 지도층인 목회자들과 위정자들이 모범을 보였으며, 실제로 그들에 대한 감시가 더욱 엄격하게 시행되었다. 풍속단속법원은 단계적인 징계를 실시했는데, 즉 권고, 수찬정지, 벌금, 감금, 출교, 사형으로 처벌이 이루어졌다. 이러한 전제 아래서 당시 취리히 교회는 사회윤리 의식의 인식과 그 사회의 건전한 생활풍속 유지를 위한 파수꾼 역할을 감당했다.

한 국가적인 신앙공동체 안에서 필요한 것은 로마 가톨릭교회를 분명하게 경계할 수 있도록 해주는 신앙 정체성만이 아니었다. 이 신앙 정체성에 근거하여 개혁된 교회를 지속·보존하기 위한 여러 가지 제도적 장치도 필요했다. 즉 교회와 목회자의 관리·관독을 위한 교회규범, 목회자의 신학교육을 위한 신학교, 평신도들의 신앙교육, 교회의 안정을 위해 필수적인 목회자 부양, 가난한 사람들을 위한 구제, 사회의 건전성 유지를 위한 풍속단속 등은 매우 중요한 제도적 장치들이었다.

개혁된 교회는 개혁된 신학만으로 세대와 세대를 넘어

서 지속될 수 없다. 개혁된 신학에 근거하여 바르게 세워진 교회가 지속되기 위해서는 그 상태를 유지·보존해 갈 수 있는 구조적인 장치들이 필요하다. 이 장치들이 유기적으로 작동할 때 세대와 세대를 넘어서 지속될 수 있는 교회가 견고하게 세워진다. 다른 지역에서뿐만 아니라 취리히에서도 종교개혁 초기에서부터 교회규범, 신학교육, 신앙교육, 목회자 부양, 가난 구제, 풍속단속 등에 대한 관심이 구조적으로 이루어진 것은 종교개혁자들이 단순히 로마 가톨릭교회로부터 분리되어 새롭게 세워진 개혁된 교회만 생각했기 때문이 아니다. 이와 함께 더 근본적으로 이 개혁된 교회가 어떻게 다시 타락하지 않고 장구한 역사 속에서 존속할 수 있을 것인가를 깊이 숙고했다는 사실을 알려준다.

불링거는 보편교회의 개념 속에서 종교개혁을 통해 새롭게 세워진 교회의 장구한 역사성을 담보할 수 있는 분명한 조망을 가지고 있었다. 오늘날 많은 위기를 겪고 있음에도 불구하고, 종교개혁 이래로 지금까지 500년 동안 취리히에서 개혁된 교회가 유지되어온 것은 결코 우연이 아니다.

서신 교환으로 온 유럽과 연결되다

불링거의 문헌유산은 취리히 주립 문서보관서(das Staats-archiv)와 중앙도서관에 보관되어 있고, 부분적으로 전 유럽에 셀 수 없을 정도로 산재해 있다. 그중에서 빼놓을 수 없는 것은 많은 사람들과 주고받은 서신들이다. 유럽 전역에 지금까지 존속되어 있는 불링거의 서신은 모두 1만 2,000통이다. 이렇게 많은 서신은 그 시대 속에서 불링거가 어떤 인물이었으며, 그의 권위와 영향력이 어떠했는가를 증언해 주는 중요한 역사적 단서이다. 그리고 불링거의 서신들은 16세기를 살았던 다양한 인물들의 생생한 증언으로 종교개혁사를 이해하게 하는 데 중요한 가치를 제공한다. 1만 2,000통의 서신은 불링거 스스로 간직하고 있던 것과 함께 17-18세기에 요한 야콥 브라이팅어(Johan Jakob Breitinger, 1575-1645), 요한 하인리히 호팅어(Johan Heinrich Hottinger,

요한 하인리히 호팅어

1620-1667), 요한 야콥 심러(Johan Jakob Simler, 1716-1788)에 의해서 수집된 것들이다. 이 세 사람의 수고가 없었다면 종교개혁사의 한 보물인 불링거의 서신들은 빛을 보지 못했을 것이다.[32] 이 서신들 중에서 1만 통은 불링거에게 온 것이고, 나

---

32) Rainer Henrich, *Bullingers Briefwechsel und die 《Bullinger-Zeitungen》*, in: *Der Nachfolger Heinrich Bullinger (1504-1575)*, Katalog zur Ausstellung im Grossmünster Zürich 2004, Hg. von Emidio Campi u.a., Zürich: TVZ 2004, 74.

머지 2,000통은 그가 쓴 것이다. 당시 루터(4,200통), 츠빙글리(1,200통), 칼빈(4,200통)의 서신을 모두 합한 것보다 많다. 1만 통의 서신교환을 행한 멜란히톤과 비교해 보아 월등히 많다.

이렇게 놀라울 정도로 많이 수행된 불링거의 서신교환은 16세기의 시대상을 생각해 볼 때 결코 일반적이지 않다. 읽고 쓰는 것이 보편화되어 있지 않은 시대에 불링거의 예술적인 서신 작성은 당시 인문주의 교육을 통해서 연마된 중요한 능력이었다.[33] 그럼 불링거는 어떤 방식으로 서신교환을 수행했을까? 교통이 발달하지 않은 시대에 스위스 내의 도시이든, 유럽대륙의 도시이든, 혹은 바다 건너 영국 내의 도시이든 서신으로 교류한다는 것은 결코 단순한 일이 아니었다. 이러한 현실과 관련하여 불링거는 자신의 서신을 당시 이미 세워진 우편제도[34]를 활용하기보다는 국가

---

33) *Bullingers Briefwechsel und die 《Bullinger-Zeitungen》*, 71.
34) 13세기 중엽에 이르러 독일 기사단이 시도한 통신제도를 통합하여 모든 사람이 이용할 수 있는 제도를 처음 고안한 사람은 '근대 우편의 아버지'로 불리는 이탈리아의 야네토 폰 탁시스(Janetto von Taxis, 1440-1517)이다. 그가 자신의 형제 프란츠 폰 탁시스(Franz von Taxis)와 함께 1516년에 신성로마제국의 황제 막시밀리안 1세로부터 제국 내 우편사업의 독점과 세습에 대한 특권을 부여받은 이래로, 그의 가문에 의해서 유럽의 우편제도는 모든 사람들이 이용할 수 있는 체계를 갖추게 된다. 특별히 그의 동생 프란츠는 말이나 마차로 하루 평균 166km를 달리는 우편 길을 위해 우편 정거장을 만들었다. 종교개혁 당시에 이러한 근대적 우편제도를 통하여 개인 서신들이 멀리까지 전달될 수 있었다. 하지만 불링거가 이러한 우편제도를 사용하지 않는 것은 아마도 비용 때문일 것이다. 당시 정해진 가격표가 없었지만, 개인 우편 이용을 위해 결코 적지 않은 금액이 지불되었다. 한

의 전령이나 심부름꾼, 혹은 신뢰할 수 있는 여행자, 때로 학생이나 상인을 통하여 유럽 곳곳으로 전달하였다.[35]

종교개혁 당시 지식인들의 소통 언어는 원칙적으로 라틴어였다. 불링거는 전 유럽의 다양한 인물들과 아무런 어려움 없이 서신을 주고받을 수 있었다. 그의 서신의 80%가 라틴어로 쓰였고, 오직 20%만이 당시 독일어로 쓰였다.[36] 이 외에 극히 일부이지만 프랑스어, 이탈리아어, 고대 그리스어(das klassische Griechisch)로 쓰인 서신들도 확인된다. 불링거는 간혹 라틴어 편지에 독일어 단어를 삽입하기도 했다. 독일과 스위스, 독일어권 지역에 있는 정치인들이나 일반사람(평신도)들에게는 대부분 독일어로 서신이 쓰였다. 또한 불링거는 직접 서신을 쓰기도 하였지만, 일반적으로 바쁜 일상 때문에 서기관으로서 학생들이나 돕는 사람들을 통해 작성하기도 했다. 불링거의 자필 문장은 읽는 데 피곤하지 않았지만, 그에게 서신을 쓴 사람들, 특히 시몬 그리네우스(Simon Grynaeus)처럼, 판독할 수 없을 정도로 악필

실례로, 벨기에 메헬렌(Mechelen)에서 오스트리아 인스부르크(Innsbruck)까지 우편요금은 당시 금화(혹은 16세기 이래로 은화) 화폐인 굴덴(Gulden) 몇 개(mehrere Gulden)가 지불되어야 했다.(Wolfgang Behringer, Im Zeichen des Merkur, Reichspost und Kommunikations-revolution in der Frühen Neuzeit, Göttingen: Vandenhoeck & Ruprecht 2000).

35) *Bullingers Briefwechsel und die 《Bullinger-Zeitungen》*, 72.
36) *Bullingers Briefwechsel und die 《Bullinger-Zeitungen》*, 72.

문장들도(Kakographen) 간혹 있었다.37) 불링거는 1569년에 쓴 일기에서 자신이 이제까지 사용한 종이량에 스스로 놀랐다고 기록했다.38) 그가 쓴 서신은 2,000통이 훨씬 넘는다는 것을 짐작케 한다.

불링거가 16세기 종교개혁사에서 차지하고 있던 영향력은 다양한 언어로 출판된 그의 저술들과 함께 유럽 전역과 연결된 그의 서신들 없이 이해될 수 없다.39) 불링거는 서신교환을, 정서적 경계 없이 사람과 사람을 성공적으로 이어 주는 수단으로 인식했다. 취리히 의장이 된 이래로 서신을 받고 쓰는 일은 불링거의 일상 가운데서 중요한 하나의 업무였다. 다양한 동기를 가지고 많은 사람들과 주고받으며 성실하게 모아진 서신들은 불링거를 당시 시대의 중요한 정보를 제공하는 한 사람으로 만들었다. 불링거의 서신교환은 스위스와 독일 중남부, 라인강 상류의 개혁주의 도시들에 집중되어 있었지만, 이와 동시에 독일, 영국, 폴란드를 중심으로 한 거의 모든 유럽의 도시들과도 이루어졌다. 불링거는 스위스가 포함된 17개 국가에 속한 438개 도시와 1,174명의 인물들과 서신을 교환했으며,40) 종교개혁 당시

---

37) *Bullingers Briefwechsel und die《Bullinger-Zeitungen》*, 72.
38) *Bullingers Briefwechsel und die《Bullinger-Zeitungen》*, 71.
39) Muehling, *Heinrich Bullingers europaeische Kirchenpolitik*, 23 f.
40) 스위스를 제외하고 불링거의 서신왕래가 이루어진 16개 국가는 벨기에, 덴마크,

중심적인 개혁주의 도시였던 제네바, 바젤, 베른, 쿠어, 샹 갈렌, 콘스탄츠(Konstanz), 아우크스부르크, 하이델베르크와 스트라스부르에 머물고 있는 다양한 인물들과도 300통이 넘는 서신을 교환했다.

불링거와 서신을 교환하는 사람들 중에는 당시 널리 알려진 명사들이 많이 발견된다. 먼저 유럽 여러 지역의 군주들을 확인할 수 있다. 영국의 왕(여왕)인 헨리 8세(Henry VIII), 제인 그레이(Jane Gray), 에드워드 6세(Edward), 엘리자베스 1세(Elizabeth I), 덴마크의 왕 크리스티안 3세(Christian III, König von Dänemark), 폴란드의 왕 지그문트 2세(Sigismund II August, König von Polen), 뷔르템베르크 영주인 울리히(Ulrich Herzog von Württemberg)와 크리스토프(Christoph, Herzog von Württemberg), 쿠어 팔츠의 선제후인 프리드리히 3세(Friedrich III der Fromme, Kurfürst von der Pfalz), 팔츠의 선제후 오트하인리히 I세(Ottheinrich I von der Pfalz), 헤센의 영주인 필립 1세(Philipp I von Hessen)와 필립 2세(Philipp II von Hessen), 빌헬름 4세(Wilhelm IV [der Weise] von Hessen), 오스트리아의 선제후(왕)인 막시밀리안 2세(Maximilian II, Erzherzog von Österreich, späterer Kaiser), 프랑스의 왕 프란츠 2세(Franz II [Valois] von Frankreich)와 하인리히

독일, 프랑스, 영국, 이탈리아, 리투아니아, 네덜란드, 오스트리아, 폴란드, 루마니아, 러시아, 슬로바키, 체코, 헝가리, 백러시아이다.

2세(Heinrich II. [Valois] von Frankreich) 등이다.

지역적으로 불링거는 팔츠와 헤센의 영주들과 가장 많은 교류를 했다. 팔츠의 영주 프리드리히 3세와 21통(프리드리히 3세 8/불링거 13), 필립 1세와 59통(필립 1세 23/불링거 36), 필립 3세와 21통(필립 3세 8/불링거 13), 빌헬름 4세와 18통(빌헬름 4세 17/ 불링거 1)의 서신이 오갔다. 종교개혁 시대에 군주들이나 귀족들과 행한 서신교환은 거의 대부분 그들이 불링거에게 신앙적이고 교회정치적인 자문을 구하는 요청이거나, 불링거가 정치적 안정과 관용을 호소하는 것과 관련되어 있다. 불링거가 유럽 전역의 권력자들에게 정중한 글을 쓰거나 자신의 저술들을 헌사한 것은 대부분 종교개혁의 확산과 유지를 위해서 한편으로는 로마 가톨릭교회의 신학적 오류를 알리고, 다른 한편으로는 개신교의 신학적 정당성을 소개하면서 정치적 안정을 꾀하기 위해 시도된 것이다. 이는 종교개혁으로 인하여 유럽 곳곳에서 벌어지고 있는 정치적 불안의 해소와 핍박받는 개신교도들의 안녕을 위해서 반드시 필요한 노력이었다. 하지만 이때 서로 간에 왕래가 이루어진 것도 있지만, 간혹 아무런 답변이 없는 경우도 있었다.

다음으로 불링거의 서신에서 당대 널리 알려진 종교개혁자들, 개혁주의 교회의 지도자들과 신학자들을 확인할 수 있다. 그들과 불링거 사이에 오간 서신교환은 다음과 같다. 괄호 안의 뒤 숫자가 불링거가 보낸 서신 숫자이다. 시몬 그리네우스(Sinmon Grynaeus)와 59통(55/4), 요한 야콥 그레니우스(Johann Jakob Grynaeus)와 8통(6/2), 요하네스 아 라스코(Johannes a Lasco)와 25통(21/4), 볼프강 무스쿨루스(Wolfgang Muskulus)와 115통(111/4), 피터 마터 버미글리(Peter Martyr Vermigli)와 37통(34/3), 오스발트 미코니우스(Oswald Miconius)와 566통(354/212), 잔키 기롤라모(Zanchi Girolamo)와 69통(61/8), 존 칼빈((John Calvin)과 285통(116/169), 테오도르 베자(Theodore Beza)와 424통(253/171), 기욤 파렐(Gillaume Farel)과 25통(21/4), 피에레 빌레트(Pierre Vilet)와 18통(17/1), 마틴 루터와 6통(1/5), 필립 멜란히톤과 25통(11/14), 카스퍼 올레비아누스(Casper Olevianus)와 4통(3/1), 토마스 에라스투스(Thomas Erastus)와 146통(134/12), 토마스 크랜머(Thomas Cranmer)와 2통(2/0), 존 녹스(John

불링거가 미코니우스에게 보낸 서신
(1535년 8월 31일)

Knox)와 1통(1/0), 루돌프 그발터(Rudolf Gwalter)와 81통(65/16), 다니엘 토산누스(Daniel Thosanus)와 2통(2/0), 자카리아스 우르시누스(Zacharias Ursinus)와 28통(27/1), 마르틴 부써(Martin Bucer)와 76통(49/27), 존 후퍼(John Hooper)와 38통(37/1), 볼프강 카피토(Wolfgang Capito)와 26통(23/3), 베르흐톨드 할러(Berchtold Haller)와 141통(111/30), 안드레아스 히페리우스(Andreas Hyperius)와 25통(25/0), 요한 할러(Johann Haller)와 769통(712/57), 요하힘 바디안(Johachim Vadian)과 247통(152/95), 암브로시우스 브랄러(Ambrosius Braler)와 734통(572/162), 요한 파브리키우스(Johann Fabricius)와 704통(395/309) 등이다. 물론 이 사람들 외에도 당시 루터주의 교회 안에서 이름 있는 많은 인물들과 때로 호의적으로, 때로 논쟁적으로 서신교환이 이루어졌다.

앞서 언급된 교회지도자들과 관련하여 한 실례로 여기에서 불링거와 베자 사이에 오간 서신교류를 좀 더 자세히 확인하는 것은 매우 흥미로울 것이다. 취리히에 있는 불링거는 제네바에 있는 43명의 인물과 모두 780여 통이 넘는 서신을 교류했다. 이 서신들(베른, 스트라스부르, 레겐스부르크에서 왕래한 8통의 서신 포함) 중에서 불링거와 칼빈 사이에 오간 285통의 서신 외에, 1550년 2월 16일에 처음 시작되고 불링거가 죽은 2일 후인 1575년 9월 19일까지 지속된 (다른 12곳의 지역에서 교류된 57통을 포함하여) 불링거와 베자 사이에 오간 서신은 모두 424통이다. 베자는 불링거에게 253통의 서신을 보냈고, 불링거는 베자에게 171통의 서신을 보냈다. 이 서신교류는 베자가 12명과 주고받은 819통 중에 절반이 넘는 숫자이다.[41] 특별히 칼빈이 죽은 해인 1564년 이래로 취리히 교회의 의장과 새로운 제네바 교회의 의장 사이에 서신교환은 급격히 증가되었다. 1575년까지 한 해 평균 28통의 서신이 두 사람 사이에 오간 것이다.[42] 불링거와 베자 사이에 오간 전체 서신의 81%가 넘는 분량이다.

칼빈이 병들어 더 이상 활동하기 힘들어지자 모든 현안은 불링거와 베자 사이에 지속적으로 논의가 이루어졌다. 1546년 4월 6일 칼빈은 불링거에게 생의 마지막 서신을 보냈다. 제네바 교회의 의장은 당시 프랑스의 정치적 상황을 우려하면서 취리히 교회의 의장에게 오랫동안 침묵한 것에 대해 사과했다. 그리고 오랜 침묵의 이유는 자신이 병든 것과 관련이 있음을 밝혔다. 아픈 것 때문에 숨 쉬는 것

---

41) Emidio Campi, *Beza und Bullinger im Lichte ihrer Korrespondenz*, in: *Théodore De Bèze (1519-1605)*, Hg. von Irena Bachus, Genève: LIBRAIRIE DROZ S. A. 2007, 234-236. 불링거 이외에 베자가 서신을 왕래한 11명의 명단과 횟수는 다음과 같다. 괄호 안의 앞 숫자가 베자가 보낸 서신 숫자이다. 그발터(97/68), 칼빈(73/26), 할러(26/9), 파렐(23/1), 포이체르(8/17), 심러(6/6), 잔키(5/10), 페어미글(3/7), 올레비아누스(4/5), 아 라스코(1/6), 에라스투스(2/2).

42) Campi, *Beza und Bullinger im Lichte ihrer Korrespondenz*, 133. 1564-1575년 사이에 불링거와 베자가 왕래한 서신 숫자를 살펴보면, 1564년 41통, 1565년 23통, 1566년 22통, 1567년 26통, 1568년 37통, 1569년 48통, 1570년 30통, 1571년 22통, 1572년 19통, 1573년 28통, 1574년 24통, 1575년 16통이다.

칼빈(1509-1564)

과 호흡하는 것도 힘들 뿐만 아니라 자신을 게으르게 만든다는 것이다.[43] 칼빈은 앞으로 더 이상 글을 쓸 수 없을 것 같다는 여운을 남기면서 서신의 끝 문장을 마무리한다. 실제로 칼빈이 심각하게 아픈 이래로, 그의 요구에 따라 불링거는 베자와 당시 현안들을 논의했다. 1569년 불링거와 베자 사이에 주고받은 48통의 서신을 제외하면, 칼빈이 병들어 죽은 해인 1564년에 둘 사이에 가장 많은 서신(41통)이 왕래되었다. 칼빈이 죽은 지 7일 후인 1564년 5

---

43) Calvin Bullingero, Geneve 6. Aprilis 1564: "S. Diuturni silentii veniam non peto, observando frater, quia per alios tibi innotuit quam iusta foerit cessandi excusatio, quae hodie quoque magna ex parte durat. Quanquam enim sedatus est lateris dolor, sic tamen fi egmatibus obruti sunt pulmones ut difficilis et concisa sit respiratio. Calculus iam duodecim dies vesicam occupat, estque valde infestus. Accedit anxia dubitatio, quia nullis medicamentis hactenus abigi potuit. Optimum compendium esset equitatio: sed ulcus in venis hemorrhoicis sedentem quoque et in lecto iacentem acerbe cruciat, tantum abest ut equi agitatio mihi sit tolerabilis. Podagra quoque hoc triduo molesta mihi fuit. Non miraberis itaque si tot dolores me ignavum reddant. Ad cibum sumendum aegre compellor. Yini sapor amarus. Sed dum volo officio perfungi nihil aliud quam taedii materiam tibi adfero." Ioannis Calvini opera quae supersunt omnia, Ed. von W. Baum, E. Cunitz und E. Reuss, 19 Bd., Braunschweig 1863-1900, 282-284. (이하, CO.)

월 4일에 베자는 불링거에게 칼빈의 죽음을 알렸다.[44] 당시 불편한 교통 현실이나 서신왕래 방식을 고려한다면, 불링거는 베자의 서신을 받은 즉시 답변한 것으로 볼 수 있는데, 8일 후인 1564년 5월 12일에 취리히로부터 짧지만 인상적인 위로의 글이 제네바에 전달되었다. 이 서신에서 불링거는 베자에게 칼빈의 죽음 때문에 겪고 있을 갑작스러운 슬픔이 회복되기를 권면했다. 주님도 더 이상 칼빈이 사는 것을 원치 않으신다면, 우리는 영원한 생명 안에서 곧 서로를 만날 수 있으며, 또한 우리의 구원자 안에서 모든 성인들과 함께 기뻐할 수 있다고 위로했다.[45] 칼빈뿐만 아니라 베자 역시 신학적이고 교회정치적인 사안들에 대해서 어느 누구보다도 압도적으로 취리히에 있는 불링거와 많은 생각을 나누었다. 흥미롭게도 칼빈의 후계자는 많은 서신 안에서 불링거를 '나의 아버지'(mi pater) 혹은 '매우 존경하

---

[44] Beza Bullingero, Geneve 4. Maii 1564 (CO. 19, 303-304.). 불링거가 베자의 서신을 받기 전에 이미 칼빈의 죽음을 알고 있었는가에 대해서 알려진 것은 없다. 하지만 불링거가 이 서신의 답변으로 쓴 위로의 글을 볼 때, 아마도 다른 인물을 통해서 이미 칼빈의 죽음을 전해 들었을 수 있다는 추측도 하게 된다. 이 서신에서 불링거는 죽은 칼빈을 애도하기보다는, 오히려 살아 있는 베자의 상실감을 진심으로 염려하고 있기 때문이다.

[45] Bullinger Bezae, Tiguri 12. Maii 1564 (CO. 19, 306): "… subitum tamen dolorem renovant propter D. Calvini morbum desperatum quem deploras merito … Dominum Iesum ut si illum nolit amplius vivere hic, in aeterna vita mox mutuum videamus et in servitor nostro et cum omnibus sanctis exsultemus."

는 나의 아버지'(pater mihi plurimum observandum)로 호칭하면서 취리히에 있는 나이 든 목사의 권위를 존중했다.46) 칼빈이 죽은 이후로 불링거와 베자 사이에 교류된 많은 서신들이 말해주는 것은 무엇일까? 불링거가 베자와 함께 유럽 전역의 개혁주의 교회의 확산과 안정을 위해 힘을 쏟았다는 사실이다.47)

끝으로 종교개혁 당시에 많이 알려진 군주나 교회지도자 외에 불링거의 서신 안에서 다른 지역의 목사, 신앙망명자(유럽 여러 지역에 세워진 외국인 교회들), 신학생, 다양한 직업에 종사한 평신도, 친지, 여성 등으로 명칭되는, 유럽 전역에서 살던 수많은 이름 없는 인물들도 확인된다. 특별히 불링거와 여성들 사이에 오간 서신은 모두 24통이다. 여기에서 눈길을 끄는 것은 9일 만에 메리 튜더(Mary Tudor)에 의해 권좌에서 물러나 1554년 2월 12일에 16세의 나이로 참수형을 당한 영국의 여왕 제인 그레이(Jane Gray)와 행해진 서신교환이다. 성숙한 신앙인으로서 매우 학구적이었던 그레이는 불링거의 몇몇 저작들을 읽으면서 그가 쓴 『기독교인의 가정생활』을 헬라어로 번역하기도 했다. 지금까지 보존되어 있는 그레이가 쓴 3통의 서신에서는 그녀가 불링거에게 나타낸 존경과 감사를 확인할 수 있다.48) 여기에서 소

---

46) Campi, *Beza und Bullinger im Lichte ihrer Korrespondenz*, 135.
47) Campi, *Beza und Bullinger im Lichte ihrer Korrespondenz*, 143-144.

개될 수 있는 또 다른 인물로 불링거의 큰아들 하인리히 불링거(1534-1583)를 빠뜨릴 수 없다. 아버지 불링거와 아들 불링거 사이에 오간 서신은 모두 40통이다. 흥미로운 점은 아버지가 아들에게 더 많은 안부의 글을 썼다는 점이다. 아버지가 아들에게 28통의 서신을 보내는 동안 아들은 아버지에게 12통의 서신을 보냈다. 아버지 불링거는 아들 불링거가 1553-1555년에 스트라스부르에 머물고 있을 때 가장 많은 서신을 썼는데[49] 그 서신에는 먼 곳에 있는 아들을 그리워하고 염려하는 애틋한 마음이 표현되어 있다. 또한 한 목사인 아버지가 한 신자인 아들에게 신앙적으로 권면한 내용도 확인된다. 한 실례로, 1553년 9월 1일에 보낸 서신에서 불링거가 19세의 아들에게 어떤 신앙 권면을 했는지 살필 수 있는데, 특별히 아버지는 아들에게 낯선 땅에서도 기도하는 것을 게을리 하지 않기를 당부했다.

"언제나 하나님을 두려워하며 경외하라. 무엇보다도

---

48) Muehling, *Heinrich Bullingers europaeische Kirchenpolitik*, 168; M. Niehans, Die Krise der englischen Reformation und der Untergang der Lady Jane Gray in *Briefen an Heinrich Bullinger 1550-1554*, (Reformation 12, 1963), 204-212, 316-326.
49) 불링거는 1553-1555년에 학문 때문에 스트라스부르에 머물고 있는 아들을 위해 19통의 서신을 썼다. 하지만 아들 불링거는 취리히에 있는 아버지에게 2통의 서신만을 보냈다.

굳건한 믿음을 위해 기도해라. 또한 부지런히 조국과 사랑하는 부모를 위해 기도해라. 일어난 직후인 아침시간에, 식사를 마쳤을 때인 오후시간에, 잠자리에 들 때인 밤 시간에 기도하는 시간을 꼭 가져야 한다. 은밀하게 기도하는 기회를 갖지 못하는 같은 방의 동료들 앞에서 무릎 꿇고 기도하는 것을 부끄러워하지 마라."[50]

아들 불링거는 스트라스부르 이외에 비텐베르크와 빈에서도 신학 공부를 위해 잠깐 체류했다. 아버지 불링거는 그의 아들이 비텐베르크에 머물 때 멜란히톤에게 신앙지도를 부탁하기도 했다. 그 이후에 다시 스위스로 돌아온 아들 불링거는 츠빙글리의 손녀와 결혼을 해서 목사로서 취리히 근교 도시인 졸리콘(Zollikon)에 있는 교회와 취리히에 있는 성 베드로교회를 평생 동안 섬겼다.

---

50) Bullinger an seinen ältesten Sohn Heinrich, 1. September. 1553, in: Merkwürdige Züge aus dem Leben des Zürcherischen Antistes Heinrich Bullinger von Johann F. Franz, Bern: Verlag Peter Lang, 1828, 62-72: "Fürchte und ehre allezeit Gott. Bitte vor allen Dingen um einen festen Glauben. Bete auch eifrig für das Vaterland und deine lieben Eltern. Wähle dir zu deinen Gebetzeiten voraus die Morgenstunde, sobald du aufgestanden bist, die Mittagsstunde, wenn du gegessen hat, die Abendstunde, wenn du zu Bette gehst. Schäme dich nicht, vor deinen Stubengenossen mit gebogenen Knien zu beten, wo du nicht Gelegenheit hast, dies im Verborgenen zu tun." (Peter Walser, Bullingers Erklärung des Unservaters, in: Heinrich Bullinger 1504-1575, Bd. 1, 249-250.)

특별히 불링거의 서신에서 신학적 용무는 매우 중요했다. 그의 서신 안에서 다양한 신학적 주제들이 논의되었지만, 당시 신학적 이슈와 관련하여 가장 큰 관심사는 로마 가톨릭교회의 미신적 화체설과 구별되는 종교개혁적인 성만찬에 대한 이해를 구하는 것이었다.[51] 그리고 한때 예정론이 서신의 중심주제로 다루어지기도 했는데, 이는 칼빈과 히에로니무스 볼섹(Hieronymus Bolsec) 사이의 예정론 논쟁과 관련하여 1551-1555년 사이에 불링거와 칼빈 사이에 오간 서신들이다.[52] 물론 불링거의 서신 안에는 교회 안에서 신학적 갈등이 있을 때 조언을 요청하는 내용 역시 많이 발견된다. 하지만 누군가가 불링거의 신학적 입장을 분명하게 알기를 원한다면, 이미 출판된 그의 저술들을 통하

---

51) *Bullingers Briefwechsel und die 《Bullinger-Zeitungen》*, 72.
52) 1551-1555년에 볼섹 문제와 관련하여 불링거와 칼빈 사이에 왕래된 서신 중 현존하고 있는 것은 10통 정도이다. 1. Lettre des Ministres de Geneve à ceux de Bâle, de Berne et de Zürich, 14. November 1551 (CO VIII, 205-208), 2. Ministri Turicenses Genevensibus, 27. November 1551 (CO VIII, 299-231), 3. Bullinger an Calvin, 27. November 1551 (CO XIV, 207-209), 4. Aphorismi de Praedestinatione; de causis humanae salutis et damnationis aphorismi ex consensione re sacramentaria ministrorum ecclesiae Tigurinae et Genevensis, 27. November 1551 (CO XIV, 209-211), 5. Ministri Turicenses Genevensibus, 1. Dezember 1551 (CO VIII, 232-233), 6. Bullinger an Calvin, 1. Dezember 1551 (CO XIV, 214-215), 7. Calvin an Bullinger, 21. Januar 1552 (CO XIV, 251-254), 8. Bullinger an Calvin, 20. Dezember 1552 (CO XIV, 289-290), 9. Bullinger an Calvin, Ende Maerz 1553 (CO XIV, 510), 10. Bullinger an Calvin, 2. November 1555 (CO XV, 852-855).

여 더욱 선명하게 이해할 수 있었다.

이러한 신학적 관심사 외에도 불링거의 서신은 당시 정치, 사회, 경제뿐만 아니라 일상의 삶과도 깊게 연관되어 있었다. 특별히 유럽 곳곳에서 발생하고 있는 전쟁, 자연재해, 질병에 관한 소식 전달과 함께 그곳 신자들의 안부, 슬픔을 당한 사람들을 위한 위로 그리고 다양한 신앙 상담이 그의 서신을 빽빽이 장식했다. 따라서 그의 서신을 보면 그 시대의 사람들이 가지고 있는 현실적인 문제와 관심을 직접적으로 확인할 수 있다. 불링거의 서신에는 전쟁의 상황 속에서 군사적인 정세와 핍박으로 고통 받는 사람들에 대한 소식도 기록되어 있었다. 영국, 프랑스, 스위스 남부 등에서 행해지고 있는 로마 가톨릭교회의 개신교도들에 대한 박해와, 동유럽에서 일어나고 있는 오스만 터키의 만행도 상세히 전달되었다. 무엇보다도 이러한 현실적인 고난과 관련하여 신학적이고 목회적인 도움이 요청되기도 했다.

불링거의 서신 안에서 읽을 수 있는 당시 유럽에서 박해 받고 있던 신자들과 관련된 두 가지 실례를 살펴보는 것은 큰 의미가 있을 것이다. 먼저 헝가리에서 발생한 개신교들의 핍박과 관련된 서신교환이다. 1526년 8월 26일 오스만 투르크 왕국과의 싸움에서 헝가리가 패했을 때, 그곳에 살던 헝가리 개신교도들은 많은 고통을 받아야 했다. 그들은 한편으로 로마 가톨릭교회로부터 핍박을 받았고, 다른 한편으로 터키인들에게 온갖 수모를 당해야 했다. 이러한 비극적인 현실 속에서 당시 빈(Wien)에 있었던 헝가리 총리실의 서기, 요한네스 페제르토이(Johannes Fejerthoy)가 1551년 3월 26일에 불링거에게 염려 어린 장문의 서신을 썼다.[53] 헝가리에서 일어나고 있는 슬픈 현실을 알리면서, 개신교도들을 신앙적으로 독려하고 목회적으로 위로할 수 있는 글을 써줄 것을 부탁한 내용이다. 그리고 다양한 신앙문제에 관한 질문들과 함께 그 시대의 비극적인 사건들에 대해 조언을 부탁하는 요청도 담겨 있었다. 특별히 페제르토이는 당시 터키로 끌려갔다가 다시 돌아온 여인들의 기구한 사연과, 그 여인들이 터키에 있는 동안 남편들이 재혼을 해 버린 것과 관련하여 이중결혼(Doppelehe)의 문제, 그리고 교황주의자들과 이슬람교도들 아래서 개신교도들은 어떻게 살아야 하는가에 대해 조언해 주기를 부탁했다. 헝가리 목사들이 교회의 성도들에게 반드시 답변을 해주어야 하는 긴급한 문제들이었기 때문이다. 불링거는 페제르토이의 서신에 대한 답변으로 1551년 6월, 50여 장의 긴 신학적이고 위로적인 글을 보냈다.[54] 이 답변서신은 8년 후에 모든 이

---

53) 원문 편지: Fejerthoy an Bullinger, 26, Maerz 1551 (취리히 주립 문서보관소: E II 357. 39).
54) 원문 편지: Bullinger an Fejerthoy, Juni 1551 (취리히 주립 문서보관소: E II 367. 43-44).

들이 쉽게 읽을 수 있는 신앙교육서로 헝가리 두 지역에서 서로 다른 인물에 의해 출판되었다.[55]

다음으로 독일 바이에른(Bayern) 지역에서 발생한 로마 가톨릭교회의 박해와 관련된 서신교환이다. 1558년에 독일 바이에른 지역에서 로마 가톨릭교회의 종교재판(Inquisition)이 열렸는데, 이와 관련하여 아우크스부르크에 사는 의사 게오르그 프뢰리히(Georg Froelich)가 1551년 3월 26일에 불링거에게 서신을 보낸 것이다. 그는 당시 그곳 개신교도들이 핍박받고 있는 현실을 상세히 알리면서 종교재판 때 로마 가톨릭교회의 심문관들이 개신교도들에게 질문하게 될 31개 조항(Sequuntur Articuli impii Bavaricae inquisitionis)[56]에 대한 신앙답변서를 요청했다.[57] 사실 이 종교재판의 조항들과 관련하여 맨 먼저 반응한 인물은 멜

---

55) 1. Brevis ac pia institutio Christianae religionis ad dispersos in Hungaria Ecclesiarum Christi Ministros et alios Dei servos scripta, per Heinrycum Bullingerum Tigurinae Ecclesiae Ministrum. Ovarini M.D.LIX. 2. Libellus Epistolaris, a pio et doctissimo viro, Heynricho Bullingero, Tyguriae Ecclesiae in Helvetia pastore fidelissimo & vigilantissimo pressis & afflictiss. Ecclesijs in Hungaria, earumdemque Pastoribus & Ministris transmissus. ANNO. DOMINI. M.D.LIX.
56) 이 종교재판을 위한 질문들은 당시 독일 바이에른 주의 영주인 알브레흐트 5세(Albrecht V.)의 명령에 의하여 1558년 9월에 예수교 소속 수도사들이 작성한 것이다(Melanchthons Werke in Auswahl, hg. von Robert Stupperich, Bd. VI, Gütersloh: C. Bertelsmann 1955-1975, 278-284).
57) 원문 편지: Froelich an Bullinger, 11. November 1558 (취리히 주립 문서보관소: MsF. 62, 496a).

멜란히톤(1497-1560)

란히톤이었다. 하지만 그는 이 조항들에 관하여 답변하기보다는 자신의 서문과 함께 이 31개 조항들만 기록된 인쇄물을 찍어냈을 뿐이다.[58] 그곳 개신교도들은 이 소책자가 종교재판을 받을 때 아무런 도움이 되지 않는다고 판단했다. 그 대신에 31개 조항에 관하여 답변서가 필요하다고 인식했다. 이 때문에 프뢰리히가 불링거에게 31개 조항에 대한 답변서를 요청하기 위해서 서신을 쓴 것이다. 결과적으로 불링거는 1559년 2월에 바이에른 종교재판의 31개 조항에 대한 신앙교육 답변서인 『박해받는 사람들의 답변을 위한 보고서』[59]를 출판했다.

---

58) 원본의 표지제목: "Die Abgöttische Artikel, gestellt von einem Mönch in Bayern, darauff die Inquisition soll fürgenommen werden. Die Gott gnediglich abwenden wölle. Anno 1558. Mit einer kurzen Erinnerung Philippi Melanchthonis. Gedruckt zu Wittenberg, durch Georgen Rhawen Erben." Melanchthons Briefwechsel: kritische und kommentierte Gesamtausgabe im Auftrag der Heidelberger Akademie der Wissenschaften, Hg. von Heinz Scheible, Bd. 8, Stuttgart-Bad Cannstatt: Frommann-Holzboog, 1977-9, 275 (Nr. 8744).

59) Bericht, Wie die / fo von waegen vnser Herren Jefu Chrifti vn fines heiligen Euangeliums / ires glaubens erfůcht / vnnd mit allerley fragen verfůcht werdend / antworten vnd fich halten moegind: befchribē durch Heinrychē

불링거가 주고받은 많은 서신이 개인적인 신뢰 속에서 신학과 교회정치에 대한 매우 날카로운 주제들을 다루고 있지만, 다른 많은 서신은 공적인 목적으로 전달되기도 했다. 즉 당시 정보와 소식을 알려주는 신문으로서 기능을 한 것이다. 쓴 사람의 서명과 날짜가 기록된 서신 안에서 안부를 묻거나 여러 가지 사안들에 대한 질문 외에, 당시 그들 지역에서 발생하고 있는 정황들이 소상하게 소개되어 있기 때문이다. 신문, 방송 뉴스, 인터넷 같은 오늘날의 다양한 전달 매체가 없던 시대에 서신교환은 정보 공유와 소식 전달을 위해서 각 도시와 나라의 경계를 넘는 매우 중요한 매개수단이었다. 신학적으로나 교회정치적으로 영향력을 행사하고, 멀리 있는 신학자들이나 명사들과 대담하며, 세계 정세에 관한 소식을 알리고자 할 때, 그 모든 수고가 오직 새의 깃털과 종이를 통해서 이루어진 것이다. 유럽의 다양한 지역 안에서 발생하는 위급한 상황들과 관련하여 개신교도들을 변호해야 하는 신학자이자 교회청지기로서 불링거에게 서신교환은 매우 유용했다. 서신교환을 통해서 불링거는 유럽 전역에서 발생하는 일이나 사건에 대해서 직접 눈으로 보는 것처럼 알 수 있었다. 그는 이렇게 전달된 정보들을 직접 활용했을 뿐만 아니라 취리히 정부와 다른

Bullingern, Getruckt zů Zürych by Chriftoffel Frofchower / M.D.LIX.

개신교 지역들의 중요한 인물들과 공유하기도 했다. 불링거의 서신은 신문이 발생되기 전에 서로의 정보와 소식을 교환하는 매체로서 역할을 한 것이다. 이렇게 볼 때 불링거는 근대 뉴스매체의 대부 중의 한 사람으로 간주될 수 있다.[60]

전 유럽과 연결된 불링거의 거대한 서신교류망은 종교개혁사적으로 개혁주의 교회의 개념에 대하여 변화된 인식을 갖게 만든다. 아직 불링거를 포함한 동시대의 다른 종교개혁자들이 연구되지 않던 시대에 '칼빈주의' 개념은 개혁주의 개신교(der reformierte Protestantismus)를 위한 명칭과 동일시되어 온 것이 사실이다. 하지만 현대 종교개혁사의 연구 속에서 드러나고 있는 새로운 결과들은 스위스, 프랑스, 독일, 영국, 네덜란드, 이탈리아, 헝가리, 폴란드 등에 있는 개혁주의 교회들이 일방적으로 제네바에 의해서만 인도되지 않았다는 것이다. 오히려 항상 제네바와 취리히가 같이 인도하였다는 것을 알려주고 있다.[61] 즉 칼빈과 함께 불링거도 이 사역의 중심에 있었음을 확인시켜 준다. 비록 불링거 사후에 그 영향력을 잃었음에도 불구하고, 그가 생존한 시대에 취리히는 제네바와 함께 개혁주의 교회를 위한 신학적이고 교회정치적인 구심점이었다.

---

60) *Bullingers Briefwechsel und die 《Bullinger-Zeitungen》*, 73: "Der Historiker Leo Weiz hat Bulllinger gar als einen 《Erzvater des modernen Journalismus》 zu zeichen versucht."
61) Campi, *Beza und Bullinger im Lichte ihrer Korrespondenz*, 143.

개혁주의 교회의 일치 - 칼빈과의 교류

1517년 루터에 의해서 종교개혁의 열망이 공공의 논의로 표출된 이래로, 그 개혁에 뜻을 같이했던 종교개혁자들은 서로 협력하며 로마 가톨릭교회를 향한 신앙투쟁을 전개해 나갔다. 하지만 1529년 마르부르크 종교회의(Malburger Religionsdisputation)에서 합의되지 않은 성만찬론 때문에 루터와 츠빙글리가 분열된 이래로, 두 진영 사이의 갈등은 일치된 신앙고백 위에서 더 이상 한 교회를 이룰 수 없게 되었다. 두 사람의 분열은 1531년 10월 11일 두 번째 카펠(Kapel) 전투에서 츠빙글리가 죽었을 때 그의 죽음을 하나님의 심판으로 생각한 루터의 반응으로 표출되었다. 그리고 이는 1544년 8월 루터가 『성만찬에 대한 짧은 신앙고백서』[62]를 통해서 츠빙글리와 그의 동료들을 비방한 것으로 극대화되었다.

비텐베르크와 취리히 사이를 분열시킨 성만찬론은 칼빈이 1536년에 종교개혁에 참여하면서 더 복잡한 구도로 전개되었다. 그는 1541년에 쓴 『성만찬에 관한 짧은 글』에서 루터와 츠빙글리의 공통적 성만찬 오류만을 지적하지 않았

---

62) *D. Martin Luthers Werke, Kritische Gesamtausgabe*, Bd. 54, Weimar: Verlag Hermann Böhlaus Nochfolger 1906-61, 141-167. (이하, WA.)

다. 두 진영 사이에 서로의 입장을 진지하게 경청하는 인내가 부족했다는 것도 냉정하게 밝혔다.[63] 그리고 1544년 8월에 루터가 『성만찬에 대한 짧은 신앙고백서』를 통해서 취리히 교회를 자극시켰을 때, 칼빈은 두 진영 사이에 더 깊은 감정의 골이 생기지 않도록 중재적 역할을 감당하기도 했다. 1544년 11월 25일에 불링거에게 보낸 서신에서 종교개혁과 관련된 루터의 역할과 의미에 대한 중대함을 강조하며, 취리히 교회가 루터를 향한 분노를 자제할 것을 조심스럽게 권면한 것을 보면 이를 알 수 있다.[64] 물론 이 노력이 비텐베르크와 취리히 사이의 감정적인 갈등과 신학적 간격을 좁히는 데 전혀 도움이 되지 못했다는 것은 자명하다. 취리히 목사회의 요청 속에서 불링거는 1545년에 루터의 성만찬 저술에 대한 대응으로 『취리히 교회의 신앙고백서』[65]를 출판했다. 이 신앙고백서는 한편으로 루터와의 관

---

63) John Calvin, *Kleiner Abendmahlstraktat (1541)*, in Calvin-Studiengabe, Eberhard Busch u.a., ed., Bd. 1.2, Neukirchen-Vluyn: Neukirchener Verlag 2002, 491.1, 88,110-111(부써가 레나누스에게 보낸 1520년 1월 15일 자 편지).

64) CO., XII, 772-775.

65) 원제목: Warhaffte Bekanntnuß der dieneren der kilchen zu Zuerych / was sy vß Gottes wort / mit der heyligen allgemeinen Christenlichen Kilchen gloubind vnd leerind / in sonderheit aber von dem Nachtmal vnsers herren Jesu Christi: mit gebuerlicher Antwort vff das vnbegruendt ergerlich schaechen / verdammen vnd schelten D. Martin Luthers / besonders in sindem letsten buechlin / Kurtze bekenntniß von dem heiligen Sacrament / ganannt / vßgangen. ……. (Heinrich Bullinger Werke, 1. Abt.: Bibliographie,

계를 회복할 수 없을 정도로 멀어지게 만들었지만, 다른 한 편으로 1549년 취리히와 제네바 사이의 성만찬론 합의문인『취리히 합의서』66)를 도출시키는 문서로서 한 역할을 감당했다. 즉 불링거와 칼빈의 성만찬론에 대한 합의를 이끌 수 있는 동기를 부여한 것이다.67) 이『취리히 합의서』를 통해서 츠빙글리-칼빈적 신앙고백의 특성에 근거한 '개혁된(reformiert) 교회'가 세워졌다.

한국 교회 안에서 불링거와 칼빈 사이에 성만찬 논쟁의 합의를 통해서 세워진 '한 개혁주의 교회'(eine reformierte Kirche)의 가치에 대한 객관적인 평가는 아직 우리에게 낯설다. 두 사람이 종교개혁자로서 역사 전면에 등장한 시점에서부터 함께 공존한 시간은 대략 28년 정도가 된다. 불링거에게 이 기간은 츠빙글리 죽음 이래로 초기 개혁파 정통주의의 신학적 특징을 분명하게 보여주는『스위스 제2 신앙고백서』를 출판하기까지 취리히 종교개혁을 완성한 무게 있는 시간이며, 칼빈에게는 종교개혁자로서 그의 공생애와

Beschreibendes Verzeichnis der gedruckten Werke von Heinrich Bullinger, bearb. Joachim Staedtke, Bd. I, Zürich 1972, 161-163.)

66) 원제목: CONSEN / SIO MVTVA IN RE / SACRAMENTARIA MINI- / strorum Tigurinae ecclesiae, & D. Io- / annis Caluinis ministri Geneven- / sis ecclesiae, ······ TIGVRI EX OFFICINA / Rodolphi Vuissenbachij. / M.D.L.I. (취리히 중앙도서관: Sign. D 263 / III N 157 / Ms. S 71.)

67) Otto E. Strasser, "Der Consensus Tigurinus", in: *Zwingliana* IX (1949), 6.

흐름을 같이한 시간이다. 16세기 종교 대변혁의 시대를 살아가면서 불링거와 칼빈은 다양한 신학과 교회의 문제들에 대해서 교류협력하면서도, 때로 의견차이로 애증의 때를 보내기도 했다. 하지만 두 사람의 대망(大望)은 같았는데, 결과적으로 그들은 신학적 분열을 극복하고 사도적 가르침에 근거한 보편교회를 지향하며 가장 성경적으로 바른 교회로서 '한 개혁주의 교회'를 세웠다. 당연히 불링거와 칼빈의 사역적 관계를 이해할 때, 16세기 종교개혁 자체에 내재하고 있는 교회-교리사적인 흐름 속에서 초대교회로부터 뿌리내린 신학적 통일성이 존중되어야 한다. 그리고 각 인물의 생애 속에서 연마된 학문적 인식과 표명방식에 따른 고유성도 주목되어야 한다.

불링거와 칼빈의 교류협력

1536년 1월 31일부터 2월 4일까지 오스발트 미코니우스(Oswald Myconius)와 시몬 그레니우스(Symon Grynaeus)가 종교개혁자로 활동하고 있는 스위스 바젤(Basel)에서 매우 규모 있는 종교회의가 열렸다. 첫 번째 개혁주의 신앙고백서인 "스위스 제1 신앙고백서"의 검토와 서명을 위해서 스위스와 독일 남부 도시들의 종교개혁자들이 모인 것이다. 대표적으로 스트라스부르 종교개혁자인 마르틴 부써와 볼프강 카피토(Wolfgang Capito)가 이 회합에 참여했다. 당연히 취리히 교회의 대표로 불링거도 레오 유트와 함께 바젤에 모습을 드러냈다. 이때 취리히 교회의 대표 목사 불링거는 프랑스 도망자 칼빈을 처음 만났다.[68]

1534년 10월 18일에 발생한 소위 '벽보 사건'(Affaire des Placards)으로 연유된 박해와 관련하여 칼빈은 도망자의 신분으로 자신의 친구인 루이 뒤 틸레(Louis du Tilet)와 함께 1535년 1월에 스위스 바젤에 왔다.[69] 카타리나 클라인(Katharina Klein)의 집에 거주하면서 사람들에게 노출되는 것을 피하고 오직 신학적 관심[70]에만 몰두하며 지냈다. 당시 전혀 알려져 있지 않던 칼빈은 1536년 3월 말까지 이 도시에 체류하는 동안 스위스와 독일 남부 지역에서 활동하고 있는 다양한 종교개혁자들을 만날 수 있는 기회를 가졌다.[71] 그리고 1536년 3월에 『기독교 강요』를 바젤의 출판

---

68) 1557년 5월 22일 불링거가 칼빈에게 보낸 서신(CO. XVI, 490); 필립 샤프, 박경수 역, 『스위스 종교개혁』, 서울: 크리스챤다이제스트 2004, 282.
69) Ioannis Calvini epistolae, vol.I (1530-1538), Ioannis Calnini opera omnia denuo recognita, VI/1, C. Augustijn und F. P. van Stam ed., Genève: Droz 2005, 101-102.
70) 데오도르 베자, 김동현 역, 『존 칼빈의 생애와 사상』, 서울: 목회자료사 1999, 36. 베자는 칼빈이 바젤에 머무는 동안에 신학적 관심과 관련하여 특별히 성경을 이해하기 위해 히브리어를 배우는 데 집중했다고 기록하고 있다.
71) Ernst Saxon (ed.), Confessio Helvetica Prior von 1536, in *Reformierte Bekenntnisschriften* (1/2), Neukirchen-Vluyn: Neukirchener Verlag 2006, 33-68. 당시 바젤 이외에 종교개혁에 참여한 스위스 도시들은 대표적으로 다음과 같다. 취리히, 베른, 샹 갈렌, 샤프하우젠(Schaffhausen), 비엘(Biel), 뮬하우젠(Mühlhausen), 콘스탄츠.

업자인 토마스 프라터(Thomas Platter)와 발타르자 라시우스(Baltharsa Lasius)를 통해서 출판했다.[72] 이 책은 일반 신자들을 위한 것이 아니었기에 당시 큰 영향력은 행사하지 못했지만, 이단의 '코란'이자 '탈무드'로 칭하며 금기시할 정도로 로마 가톨릭교회를 긴장하게 만들었다. 흥미롭게도 칼빈은 『기독교 강요』 때문에 단번에 종교개혁의 중심인물로 부각되었다. 그의 이름은 곧바로 취리히에도 알려졌다. 취리히 학교(Schola Tigurinus)의 구약 교수인 콘라트 펠리칸(Konrad Pellikan)이 1536년 4월 21일에 샹 갈렌(St. Gallen)의 종교개혁자 요아킴 바디안(Johachim Vadian)에게 보낸 서신을 통해서 이를 확인할 수 있다. "프랑스인 칼빈이 프랑스 왕에게 무엇을 썼는지 보십시오. 그 안에 기록된 진리는 아무도 무시할 수 없을 정도로 명료하고 바릅니다."[73] 아직 칼빈과 안면도 없는 펠리칸이 『기독교 강요』에 대해 자세히 언급한 것을 볼 때, 이미 취리히에도 이 책이 존재했다는 것을 알 수 있다. 츠빙글리의 동역자이자 불링거의 동료인 유트도 칼빈의 『기독교 강요』를 극찬했다.[74] 아직까지 명확

---

72) Herman J. Selberhuis (ed.), 4. Instituio, in *Calvin Handbuch*, Tübingen: Mohr Siebeck 2008, 199.
73) Emil Arbenz & Hermann Wartmann (ed.), Die Vadianische Briefsammlung der Stadtbibliothek St. Gallen, V. II. Halfte. 1536-1540, 326.
74) Peter Opitz, *Leben und Werk Johannes Calvins*, Göttingen: Vandenhoeck & Ruprecht 2009, 41.

한 근거는 확인되지 않지만, 칼빈이 『기독교 강요』를 출판한 직후에 곧바로, 이미 두 달 전에 바젤에서 대면했던 불링거에게 이 책을 보낸 것으로 추측된다.[75]

제네바는 베른(Bern)과 프라이부르크(Freiburg)와 동맹을 맺고 1526년 2월 20일에 두 도시의 군사적 지원을 통해서 사보이 왕가(Saboyer Herrschaft)로부터 정치적 독립을 이루었다. 독립적인 자치권을 가진 도시국가로서 제네바가 처음 1528년에 종교개혁을 수용한 이래로, 파렐의 헌신 속에서 1535년 8월 27일에 제네바 의회는 종교개혁에 관한 첫 번째 칙령을 발효시켰고, 1536년 5월 21일에 두 번째 칙령을 통하여 공식적으로 제네바가 종교개혁 도시임을 공포했다. 이 결과로 제네바 교회에서 미사가 폐지되고, 성상들과 성물들이 완전히 제거되었다. 도시 중심에 있는 성 피에르 교회와 성 제르베교회에서는 매일 복음적 설교가 이루어졌으며, 1년에 네 번 수행되는 개신교(취리히 교회)적 성찬식이 도입되었다. 이러한 변화과정 속에서 파렐은 종교개혁의 지속성과 안정을 위해 그 도시를 방문한 칼빈을 설득하여 1536년 8월 중순부터 교회의 사역자로서 활동하게 했다.

칼빈이 처음 제네바에 정착한 비슷한 시점에 취리히

---

[75] F. P. van Satam, Das Verhältnis zwischen Bullinger und Calvin während Calvins erstem Aufenthalt in Genf, in *Calvin im Kontext der Schweizer Reformation*, Peter Opitz ed., Zürich: TVZ 2003, 25.

에 있는 불링거는 1536년 8월 19일 날짜가 적혀 있는 한 서신을 츠빙글리 종교개혁의 영향 아래 있는 콘스탄츠(Konstanz)의 요하네스 츠비크(Johnannes Zwick)로부터 받았다.[76] 그는 1536년 5월 21-28일에 루터와 부써 사이에 맺어진 비텐베르크 협약(Wittenberger Konkordie)[77]에 합류하였지만, 성만찬 때 그리스도의 피와 살이 빵과 포도주에 현존한다는 두 사람 사이의 합의조항(Formula Concordiae Lutheri et Buceri)에는 서명하지 않은 인물이다. 츠비크는 자신의 서신에서 이 성만찬의 합의조항을, 언약론 관점에서 성만찬을 이해한 칼빈의 『기독교 강요』에 비추어 비판했다. 이 평

---

76) *Heinrich Bullinger Werke*, 6. Abt.: Briefwechsel, Ulrich Gäbler u. a. ed., Zürich: TVZ 1973-1975, 396-739. (이하, HBBW. 6.)
77) 비텐베르크 협약에 다음의 인물들이 참여하였다. 비텐베르크에서 마틴 루터, 필립 멜란히톤, 요하네스 부겐하겐(Johannes Bugenhagen), 장자 카스파르 크루치거(Caspar Cruciger der Ältere), 마테우스 알버(Matthäus Alber), 로이틀링겐(Reutlingen)에서 요하네스 슐라딘(Johannes Schradin), 네카의 에슬링겐(Esslingen am Neckar)에서 야콥 오트너(Jacob Ottner), 마인의 프랑크푸르트(Frankfurt am Main)에서 요한 베른하르트(Johann Bernhard), 스트라스부르에서 마르틴 부써와 볼프강 카피토, 울름(Ulm)으로부터 마틴 프레히트(Martin Frecht), 아이제나흐(Eisenach)에서 유스투스 메니우스(Justus Menius), 고타(Gotha)로부터 프리드리히 미코니우스(Friedrich Myconius), 아우크스부르크에서 볼프강 무스쿨루스(Wolfgang Musculus)와 베니파키우스 볼하르(Bonifacius Wolfhar), 메밍겐(Memmingen)에서 게바시우스 슐러(Gervasius Schuler), 그리고 이들 외에 뒤늦게 합류했지만, 그 협약의 조항에 서명은 하지 않은 콘스탄츠의 요하네스 츠비크와, 근원적으로 루터주의를 표방하던 신학자들인 요하네스 브렌츠(Johannes Brenz), 에르하르트 슈네프(Erhard Schnepf), 장자 유스투스 요나스(Justus Jonas der Ältere), 안드레아스 오시안더(Andreas Osiander) 등이 있다. (참고: http://de.wikipedia.org/wiki/Wittenberger_Konkordie.)

가는 칼빈의 신학적 통찰을 높게 평가하고 있는 그의 의도가 담긴 것이다. 특별히 츠비크의 서신은 비텐베르크 협약이 가져올 파장에 온 관심을 쏟고 있는 불링거에게 별다른 자극을 주지 못했지만, 칼빈을 주목하게 하는 계기를 만들었다. 사실 칼빈이 제네바에서 첫 사역을 감당한 1538년까지 시대적인 영향력에서 제네바 종교개혁자는 취리히 종교개혁자와 비교될 수 없을 정도로 큰 차이가 있었다. 칼빈이 이제 막 종교개혁자로 입문했다면, 불링거는 이미 1531년 말 이래로 츠빙글리의 후계자로서 스위스 전역에 영향력을 행사할 수 있는 분명한 위치를 점유하고 있었기 때문이다. 그리고 불링거는 1538년 쓴 『거룩한 성경의 권위에 관하여』[78]를 영국의 헨리 8세(Henry VIII.)에게 헌정할 정도로 유럽 전역에도 널리 알려져 있었다. 이 시기에 불링거가 서신을 통해서 교류하고 있던 종교개혁자들과 목회자들, 정치인들의 이름이 칼빈의 서신에서는 발견되지 않는다는 점도 잊지 않아야 한다.[79] 하지만 이렇게 두 사람 사이에 현저한 차이가 있었음에도 불구하고, 츠비크의 서신은 불링거로 하여금 칼빈을 주목하도록 만들었다. 프랑스 개신교를 변

---

78) 원제목: DE SCRIPTVRAE SANCTAE AVTHORITATE, …… ad Sereniss. Angliae Regem HEINRYCHVM VIII. Heinrychi Bullingeri Liberi duo. TIGVRI IN OFFICINA FROSCHOVIANA MENSE MARTUO, ANNO M.D.XXXVIII.

79) van Satam, Das Verhältnis zwischen Bullinger und Calvin während Calvins erstem Aufenthalt in Genf, 37-38.

호하기 위해 프랑시스 1세에게 쓴 헌사문이 수록된 『기독교 강요』80)와, 당시 새롭게 전개되고 있는 지역적·신학적·교회정치적인 협력과 관련하여 불링거의 눈과 귀는 새롭게 등장한 제네바 종교개혁자에게로 향했다.81)

이러한 배경 속에서 칼빈은 1537년 8월 30일에 처음으로 제네바 목사회의 이름으로 취리히 목사회 앞으로 서신을 보냈다. 피에르 카롤리(Perter Caroli)에 의해 제기된 삼위일체에 대한 신앙고백 문제를 논의하기 위해서였다.82) 이 서신의 답변은 1537년 11월 1일에 취리히 목사회가 아닌 불링거의 이름으로 칼빈과 파렐 앞으로 전달되었다.83) 이때부터 불링거와 칼빈 사이에 지속적인 교류가 이루어졌다. 두 사람의 정서적 신뢰관계도 깊어졌다. 한 실례로, 칼빈의 첫 번째 제네바 사역 시기인 1538년 4월 중순까지, 앞서 언급된 서신교류 외에 3통의 서신이 제네바와 취리히 사이에 오갔다. 칼빈이 1538년 2월 21일에 불링거에게 사적으로 보낸 첫 번째 서신에는 매우 놀라운 내용이 쓰여 있었

---

80) 불링거는 프랑시스 1세를 유럽에서 가장 불경건한 군주로 비난하고 있었다. 이와 관련하여 칼빈이 『기독교 강요』에 수록한 프랑시스 1세를 위한 헌사문은 불링거에게 긍정적이든 부정적이든 강한 인상을 주었을 것이다(HBBW. 6, 303-304, 322-325.)
81) van Satam, Das Verhältnis zwischen Bullinger und Calvin während Calvins erstem Aufenthalt in Genf, 25-26.
82) 제네바 목사회가 취리히 목회자에게 보낸 서신(CO. X, 119-123).
83) CO. X, 127-128.

다. 두 사람 사이에 아직 정서적 신뢰관계가 형성되지 않았을 시기임에도 불구하고, 칼빈이 불링거에게 매우 간절하게 깊은 대화를 요구한 것이다. "우리가 실제로 하루 정도 자유로운 의논을 할 수만 있다면, 예상하건대 우리는 아무런 열매 없이 헤어지지 않을 것입니다. 왜냐하면 나는 지금 이 서신을 통해서 아무것도 확신시킬 수 없으며, 우리 사이에 충분하고 상호적인 숙고와 논의 없이 해결될 수 없는 사건들이 당면해 있기 때문입니다."[84] 하지만 칼빈의 표명에 관하여 불링거가 어떻게 반응했는지 알려진 것은 없다. 취리히 종교개혁자의 회신이 발견되지 않았기 때문이다.

불링거과 칼빈 사이에 친필문서를 통한 진지한 의견교환은 칼빈이 죽은 해인 1564년 4월 6일까지 이어졌다. 이 날짜가 적힌 칼빈의 마지막 글이 불링거에게 전달되었기 때문이다. 칼빈의 전집(Opera Calvini)에 수록되어 있는 것들과 최근까지 발견된 것들

파렐

---

84) CO. X, 154: "Utinam vero dies unus ad liberam commentationem nobis daretur. Inde enim, ut spero, non discederetur sine ingenti fructu. Habeo certe quae nec literis complecti nunc tuto posse video, nec a nobis nisi mature ultro citroque expensa et discussa transigi."

을 포함하여 그의 서신은 4,200여 통이 조금 넘는다. 물론 이 서신들은 순수하게 칼빈에게만 속한 것은 아니다. 내용적으로 칼빈의 사역과 관련되어 있는 많은 사람들의 서신도 상당수 포함되어 있다. 칼빈과 가장 많은 교류를 한 인물은 대표적으로 기욤 파렐, 피에르 빌레, 불링거이다. 파렐과 빌레는 칼빈처럼 프랑스어를 사용하면서 이미 제네바에서 함께 사역을 했고, 그 후에도 제네바와 가까운 동일한 언어권 지역에서 활동했기 때문에 그들의 교류는 그렇게 놀라운 일은 아니다. 하지만 제네바와 거리상 300km 정도 떨어져 있고, 전혀 다른 언어(독일어)를 사용하는 취리히의 불링거가 칼빈과 많은 서신[85]을 주고받았다는 것은 매우 흥미로운 사실이다. 불링거와 칼빈 사이에 오간 서신은 총 285통이다. 이 서신들 안에 표명되어 있는 개인적인 호감, 당시 시대 상황과 관련된 교회정치적 협력, 다양한 대내외적 교회의 문제들, 개혁주의 교회의 신앙정신과 관련된 신학적 교류와 긴장감 등은 불링거와 칼빈 사이의 고유한 관계성을 말해주고 있다.[86]

---

85) 베른, 스트라스부르, 레겐스부르크 지역에서 왕래한 8통의 서신을 포함하여 불링거와 칼빈 사이에 오간 서신은 모두 285통이다.

86) Alasdair I. C. Heron, Calvin an Bullinger 1536-1549, in Profile des reformierten Protestantismus aus vier Jahrhunderten, Emder Beiträge zum reformierten Protestantismus I, Matthias Freunenberg ed., Wippertal: foedus 1999, 49.

불링거는 칼빈 외에 42명의 제네바 사람들과 522통의 서신을 주고받았다. 그들 중에 대표적인 인물이 칼빈의 후계자인 베자이다. 1550년 2월 16일에 처음 시작된 불링거와 베자의 서신교류는 1575년 9월 19일까지 지속되었다. 불링거가 죽은 이틀 후까지 이루어진 것이다. 칼빈 사후에 불링거와 베자 사이에도 활발한 서신교류가 있었다는 것은 제네바 교회와 취리히 교회 사이의 협력관계가 얼마나 긴밀했는가를 단적으로 말해준다. 첫 만남과 서신교환 이래로 불링거와 칼빈 사이에 시시때때로 신학적이고 정치적인 긴장이 존재했음에도 불구하고, 두 사람의 교류와 협력이 칼빈의 죽음을 넘어서 베자를 통해서도 이어졌다는 것은 두 도시가 결코 외교 문제로만 치부될 수 없는 깊은 관계를 맺고 있었다는 사실을 확인시켜 준다. 주님의 교회를 향한 공통관심사가 서로를 깊이 신뢰할 수 있는 관계를 맺게 했는데, 결과적으로 불링거와 칼빈은 모든 신학적 문제를 함께 논의하는 동지로서 서로를 인정한 것이다.

불링거와 칼빈 사이의 교류와 협력은 문서 외에 인적 교류를 통해서도 이루어졌다. 1536년 초에 처음 두 사람이 바젤에서 만난 이후로 그들의 인적 교류는 취리히에서 다섯 번 더 이루어졌다. 칼빈은 먼 거리를 마다하지 않고 세 번은 파렐과 함께, 두 번은 홀로 취리히를 방문했다. 칼빈의 첫 번째 취리히 방문은 파렐과 함께 제네바에서 추방되었을 때 이루어졌다. 1537년에 시행된 제네바 교회의 엄격한 규율에 반대하여 1538년 4월 22-23일에 열린 200인 대의회는 시민들의 여론을 반영하여 재판도 없이 칼빈과 파렐을 그 도시에서 쫓아냈다. 이에 항의하기 위해 두 사람은 자신들의 신앙적 입장을 표명한 14개 조항[87]을 작성하여 먼저 베른에 가서 제네바 의회의 부당함을 알렸지만 별다른 동조를 이끌어내지 못했다. 그래서 칼빈과 파렐은 300km나 떨어진 취리히까지 올 수밖에 없었다. 두 사람은 1538년 4월 28일과 5월 4일 사이에 개최된 취리히 총회에 방문하여 14개 조항을 제시했다. 그들은 한편으로 제네바에서 행했던 엄격함에 대해 반성하면서도, 다른 한편으로 제네바 교회를 위해서 권징 기구를 만들고, 성찬을 자주 시행하며, 예배 때 시편 찬송을 도입하는 것 등은 잘못된 것이 아님을 밝혔다. 불링거는 두 종교개혁자의 입장을 존중하여 베른에 이 타협안을 관철시키는 일에 힘썼지만, 그의 노력은 별다른 성과를 거두지 못했다.[88] 제네바 의회가 1538년 5월 26일에 두 사람의 추방령을 최종적으로 추인했기 때문이다.[89] 그 이후로 칼빈과 파렐은 잠깐 바젤에 머문

---

[87] CO. X. 191-193: "ARTICULI A CALVINO ET FARELLO PROPOSITI AD PACEM GENEVAE RESTITUENDAM."
[88] 1538년 5월 8일에 불링거가 베른에 있는 니콜라우스 폰 바텐빌(Nikolaus von Wattenwyl)에게 보낸 서신(CO. X. 195.)
[89] 샤프, 『스위스 종교개혁』, 304.

뒤 파렐은 6월에 뇌샤텔 교회에서 청빙을 받았고, 칼빈은 9월 초에 취리히 사람들이 '종교개혁의 안디옥'으로 부르던 스트라스부르로 가는 것을 권유받고 무거운 발걸음을 옮겼다. 비록 불링거의 노력이 칼빈에게 아무런 열매를 제공하지 못했지만, 이때의 만남을 통해서 두 사람은 서로를 더 깊이 이해할 수 있게 되었다. 이뿐만 아니라 종교개혁의 초년생이던 제네바 종교개혁자에게 이 만남은 당시 츠빙글리의 영향 아래 있는 스위스 종교개혁 도시들의 현실적인 교회정치 상황을 정확히 확인할 수 있는 기회가 되었다.

1538년에 처음 취리히를 방문한 이래로 칼빈은 1545년에 발도파(Waldenser)의 박해를 논의하기 위해서, 1547년에는 슈말칼트 전쟁과 관련하여 스위스가 처한 위기를 논의하기 위해서, 1548년에는 베른 의회와 로잔(Rausanne) 교회의 비레 사이에 발생한 갈등을 해결하기 위해서 또다시 취리히를 방문했다.[90] 1549년에는 『취리히 합의서』에 서명하기 위해서 칼빈의 마지막 방문이 이루어졌다. 이 사실이 의미하는 것은 무엇일까? 불링거와 칼빈 사이에 모든 의견이 일치를 보지 못했다고 해도, 두 사람의 관계는 결코 가볍지 않았다는 것이다. 한 실례로, 1541년에 이루어진 칼빈의 제네바 귀환과 관련하여 불링거의 수고를 언급할 수 있

---

90) Fritz Buesser, *Heinrich Bullinger (1504-1575)*, Leben, *Werk und Wirkung*, Bd. II, Zürich: TVZ 2005, 118-119.

다. 칼빈이 추방되고 3년이 흘렀을 때, 제네바 의회는 오랜 논의를 거친 후에 칼빈의 귀환을 다시 결정했다. 하지만 여러 노력을 했음에도 불구하고 아무런 진전이 없자 베른, 바젤, 스트라스부르, 취리히 교회에 지원을 요청했다. 취리히 교회는 불링거의 주도 아래서 칼빈의 귀환을 위해 적극적인 노력을 쉬지 않았다. 취리히 목사회는 1541년 4월 4일에 제네바 의회가 요구한 귀환 요청에 관한 서신을 스트라스부르의 교회[91]와 칼빈[92]에게 동시에 보냈다. 취리히 의회도 오순절 주일이 지난 첫 화요일에 칼빈의 귀환을 요청하는 외교 서신을 스트라스부르 의회 앞으로 전달했다.[93] 불링거 역시 칼빈이 제네바에서 새롭게 사역할 수 있기를 진심으로 기대했기 때문이다. 결과적으로 취리히를 비롯한 다른 도시들의 열렬한 지지 속에서 칼빈은 1541년 9월 13일에 제네바로 다시 돌아왔다.

불링거와 칼빈이 당시의 모든 신학적이고 교회적이며 교회정치적인 사안들을 논의하기 위해 죽는 날까지 서신교류를 한 것과, 스위스의 험한 지형과 교통수단이 발달되지 않은 시대에 칼빈이 불링거를 만나기 위해서 먼 거리에 있는 취리히를 다섯 번이나 방문한 사실은, 무엇보다도 불링거

---

91) CO. XI, 183-185.
92) CO. XI, 185-188.
93) CO. XI, 233-234.

와 칼빈 사이에 맺어진 깊은 신뢰관계를 확인시켜 준다. 즉 두 사람 사이의 교류협력이 얼마나 활발하고 실천적으로 이루어졌는가에 대한 각인이라고 할 수 있다. 또한 이는 불링거와 칼빈이 자신들의 시대 앞에 놓여 있는 시대적인 현안들에 대해서 얼마나 열정적으로 대응했는가를 알게 해준다.

불링거와 칼빈의 애증

1549년에 성만찬에 관한 『취리히 합의서』가 도출된 이후 1551년 10월 16일에 제네바에서 제롬 볼섹(Jerom Bolsec)과 칼빈 사이에 예정론 논쟁이 발생했다. 이 논쟁 때문에 불링거와 칼빈의 예정론에 관한 신학적 차이가 수면 위로 드러났다. 성 베드로교회에서 열린 목회자들을 위한 취리히 '예언회'의 제네바 형식인 금요 모임(Congrégation)[94]에서 장 드 세인트 안드레(Jean de Saint André)가 요한복음 8장 47절을 예정론에 근거하여 설교했을 때, 볼섹이 이 설교를 가로막으며 이의를 표명했다.[95] 로마 가톨릭교회의 구원론

---

94) Oberman van Heike, Via Calvini: Zur Entraetselung der Wirkung Calvins, in: *Zwingliana* XXI (1994), 52.
95) CO. VIII, 145-146; Franz Wilhelm Kampschulte, Johann Calvin seine Kirche und seine Staat in Genf, Leipzig: Duncker & Mumblot 1869-99), 27-128. 장 드 세인트 안드레는 요한복음 8장 47절에 대한 설교에서 다음의 내용을 피력했다. "아버지로부터 온 자는 하나님의 말씀을 듣는다. 만약 그분의 말씀을 듣지 않는다면, 그 사람은 하나님으로부터 온 자가 아니다. 하나님의 영에 의해 새롭게 거듭나지 않은 자는 끝까지 하나님을 대적하게 된다. 순종은 하나님의 선물이요,

적 이해 속에서 반(半)펠라기우스주의 입장에 근거하여 하나님의 주권적인 구원과 선택과 유기에 대한 이중예정을 비판한 것이다.[96] 그는 내용적으로 알베르투스 피기우스(Albertus Pighius)가 1542년에 쓴 『인간의 자유의지에 관하여』[97]에서 주장한 인간의 타락을 인정하면서도, 인간은 자신의 자유의지에 따라서 이미 보편적으로 제공된 은혜를 취할 수 있다고 강조했다.[98] 볼섹의 비판은 칼빈이 1550년 8월에 출판한 『기독교 강요』의 예정론을 겨냥한 것이었다.

이 소동과 관련하여 볼섹은 그 당일에 교회의 평화를 깨뜨린 혐의로 체포되었다. 몇 시간 후 제네바 목사회는 볼섹의 주장을 반박하는 17개 조항[99]을 작성하여 의회에 제출하면서 '신성모독과 이단'에 관한 죄목으로 엄중하게 판결해줄 것을 요구했다. 볼섹에 대한 재판은 체포된 당일부터 시작되어 1551년 12월 22일에 최종 판결이 이루어졌다.[100]

선택의 열매이기 때문이다."
96) Kampschulte, *Johann Calvin seine Kirche und seine Staat in Genf*, 136.
97) 원제목: De libero homminis arbitrio et divina gratia libri decem … autore Alberto Pighio Campen, Coloniae 1542 mene Augusto.
98) Perter Walser, *Die Praedestination bei Heinrich Bullinger*, Zuerich: Zwingli-Verlag 1957, 168.
99) CO. VIII, 149-151 (Memoire présenté au Conseil par les Ministres contre Bolsec). 이 문서의 맨 끝에는 칼빈을 포함하여 13명의 목사들이 서명되어 있다. Jacques Bernard, Jehan Calvin, Philippe de ecclesia, Abel Pouppin, M. Malisie, Nicolas Des Gallars, Jehan Poirier, François Bourgoing, Sainct André, Raymond Chauvet, Jehan Baldin, Michel Cop, Jehan Fabri.
100) CO. VIII, 245 (Delibération et Jugement).

그리고 다음 날인 23일에 트럼펫 소리가 울려 퍼지는 가운데 피고인 볼섹에게 이단 혐의와 함께 제네바에서 영구추방에 관한 판결문이 선포되었다.

특별히 재판이 진행되는 과정 속에서 17개 조항이 볼섹에게 제시되었을 때, 그는 자신의 신학적인 입장을 분명하게 밝혔지만, 이 조항의 주제들을 설득력 있게 반론하지 못했다. 다만 그는 자신의 주장이 틀리지 않았다는 것을 강조하기 위해 당시 가장 많이 알려져 있던 신학자들인 멜란히톤, 불링거, 요한 브렌츠(Johannes Brenz)를 호명했다.[101] 이 때문에 제네바 목사회는 1551년 11월 14일에 볼섹의 합법적인 판결을 위해서 베른, 바젤, 취리히 교회에 피고인의 신학적 주장, 교회의 반박문, 서신을 보내는 이유 등이 명시된 공적 서신을 띄우고, 각 교회의 입장을 피력해주길 요청했다.[102] 하지만 칼빈은 세 도시로부터 자신이 기대한 답변을 받지 못했다.[103] 종합적으로 볼 때, 세 도시는 제네바

---

101) CO. VIII, 160: "… et àpresent troys personnes doctes et de bonne estime: Melancton, Bulinger et Brence avec aultres."
102) CO. VIII, 207: "Interea quum iactaret se in aliis ecclesiis complures habere a sua parte ministros, postulavimus a Senatu nostro ne prius de tota summa pronunciaret, quam habito ecclesiae vestrae responso cognosceret, nebulonem illum improbe suffragii vestri titulo abuti. … Senatus tamen, sicuti a nobis rogatus erat, vos censuit consulendos."
103) 바젤과 베른의 입장은 다음의 서신들을 참고하라. a. CO. VIII, 234-237 (Réponse des Ministres de Bâle à ceux de Geneve), CO. VIII, 237 (Réponse des ministres de Bâle au Senat de Geneve). b. CO. VIII, 238-240 (Réponse des ministres

교회를 지지했지만, 볼섹의 입장에 대해서 신학적 전제로만 평가하지 않았다. 스위스 전체 교회의 안정에 대한 고려 속에서 목회적이고 교회정치적인 이해와 관련하여 제네바 논쟁을 직시했기 때문이다. 물론 제네바와 세 도시 사이에 하나님의 주권적 구원에 대한 이견은 발견되지 않았다. 인간의 자유의지를 통해서 구원을 받을 수 있다고 믿는 펠라기우스주의를 분명히 배격했다. 그 대신에 어거스틴의 입장을 따라서 구원이 하나님의 영원한 선택에 근거하고 있다는 것을 강조했다. 다만 세 도시는 유기가 하나님의 영원한 작정에 근거한다는 입장에 관하여 분명하게 동의하지 않은 것이다.

1551년 11월 27일과 1551년 12월 1일 사이에 불링거는 취리히 목사회의 이름으로 칼빈에게 세 통의 공적 서신과 두 통의 개인적인 서신을 보냈다.[104] 앞서 밝힌 대로 불링거의 답변은 제네바 교회가 기대한 것과 다른 입장을 견지

---

de Berne au Senat et aux ministres de Geneve), CO. VIII, 241-242 (Réponse du Magistrat de Berne à celui de Geneve).

[104] 1. Ministri Turicenses Genevensibus, 27. November 1551 (CO. VIII, 299-231); 2. Bullinger an Calvin, 27. November 1551 (CO. XIV, 207-209); 3. Aphorismi de Praedestinatione; de causis humanae salutis et damnationis aphorismi ex consensione re sacramentaria ministrorum ecclesiae Tigurinae et Genevensis, 27. November 1551 (CO. XIV, 209-211); 4. Ministri Turicenses Genevensibus, 1. Dezember 1551 (CO. VIII, 232-233); 5. Bullinger an Calvin, 1. Dezember 1551 (CO. XIV, 214-215).

했는데, 결과적으로 이는 불링거와 칼빈 사이에 신학적 갈등의 요인이 되었다. 특별히 불링거는 목회적인 면에서 신학적 주제들이 논쟁적인 성격 때문에 평신도들이 이해할 수 없을 정도로 체계화되는 것을 원치 않았다. 교회정치적인 면에서 신학 논쟁의 과열로 인하여 교회의 갈등과 분열이 첨예화되는 것보다는, 오히려 교회의 평안과 안정을 기대했기 때문이다. 그 결과 두 사람 사이에 서로의 마음을 아프게 할 정도의 감정적 불편함이 발생되었다. 1555년까지 볼섹의 논쟁과 관련하여 불링거(취리히 목사회)가 칼빈(제네바 목사회)에게 보낸 공적이거나 사적인 서신들이 1549년 『취리히 합의서』를 상기시키면서 예정론에 대한 신학적 입장을 표명하면서도,[105] 이와 동시에 칼빈을 향한 애증적인 감정도 확인시켜주기 때문이다. 물론 칼빈도 침묵으로 일관하지 않았다. 자신의 주장을 적극적으로 변호하면서 불링거를 향한 서운한 감정을 숨기지 않았다.[106]

물론 감정적 불편함으로까지 전개된 불링거와 칼빈의 신학적 대립은 본질적인 차이에서 기인한 것은 아니다. 두 신학자는 하나님의 무조건적인 선택으로 예수 그리스도 안에서 구원을 얻는다는 어거스틴의 중심사상에 근거하여 예정

---

105) CO. VIII, 231, CO. XIV, 209, CO. XV, 852-855.
106) CO. XIV, 251-254, CO. XIV, 302-305.

론을 다루고 있기 때문이다.[107] 다만 이 신적 운명을 풀어내는 방식에서 '유기'의 개념에 대한 차이가 있었을 뿐이다. 제네바 신학자가 스스로 '비참한 작정'(decretum horribile)[108]으로 간주한, 하나님의 비밀한 작정에 근거하고 있는 유기의 개념[109]을 취리히 신학자가 수용하지 않았기 때문이다. 칼빈은 선택과 유기를 하나님의 의지적인 작정에 근원을 둔 반면에, 불링거는 오직 선택만을 하나님의 의지적인 작정에 근원을 두었다. 유기는 하나님의 섭리 속에서 인간이 자유의지를 통해 스스로 행한 타락의 결과로만 다루었다.[110] 그럼 불링거가 유기를 하나님의 의지적인 작정과 연결하여 이해하지 않은 이유는 무엇일까?[111] 가장 직접적

---

107) Colnelis P. Venema, *Heinrich Bullinger and the Doctrine of Predestination*, Michigan: Baker Academic 2002, 69.
108) Institutio 1559 (CO. III. 23. 7.): "Ierum quaero, unde factum est ut tot gentes una cum Uberis eorum infantibus aeternae morti involveret lapsus Adae absque remedio, nisi quia Deo ita visum est? Hic obmutescere oportet tam dicaces alioqui linguas. Decretum quidem horribile, fateor; infitiari tamen nemo poterit quin praesciverit Deus, quem exitum esset habiturus homo, antequam ipsum conderet, et ideo praesciverit, quia decreto suo sic ordinarat."
109) CO. VIII, 207: "Sed in reprobis, quos Deus arcano suo consilio tanquam indignos praeterit ac deserit, illustre se profert humilitatis documentum."
110) Dekade 4, Heinrich Bullinger Schriften IV, Emidio Campi ed., Zuerich: TVZ 2006, 231: "… durch die goettliche Vorsehung, die alles lenks und leitet, tut der Mensch das Boese, dass er will, so dass er das Boese erleiden muss, das er nicht will." 불링거는 아담의 타락의 원인을 인간의 자유의지의 남용과 사탄의 유혹에 두고 있다.

으로 유기가 하나님의 의지적인 작정에 속할 경우 하나님을 죄의 원작자로 만들 수 있다는 의심을 갖게 할 수 있다고 우려했기 때문이다.112) 칼빈이 가까운 원인과 먼 원인이라는 개념을 통해서 하나님의 의지적인 작정이 만물의 최종적인 원인이라고 해도, 가까운 원인에 있어서 인간이 스스로 죄를 직접 지었기 때문에 하나님이 죄의 원작자가 될 수 없다113)는 것을 분명히 밝혔음에도 불구하고, 불링거는 하나님의 의지적 작정에 근거한 유기를 논리적으로 납득하지 못했다. 타락전선택론적인(suprarapsarisitisch) 이해 속에서 선택과 유기를 하나님의 의지적인 작정과 연결시켜 모든 인간이 동일한 상태로 창조되지 않았다는 칼빈의 예정론114)에 대해 의문을 제기했다고 볼 수 있다. 유기를 인

---

111) 불링거에게 다른 흥미로운 점은 볼섹 논쟁과 관련하여 칼빈과 신학적 갈등을 표출했을 때, 비록 내용에서는 크게 차이가 없을지라도 선택과 유기를 하나님의 영원한 작정과 연결시켜 이해한, 볼섹 논쟁이 발생한 해에 탈고되어 출판된 『50편 설교집』의 논리를 조금 벗어나고 있다는 사실이다. 볼섹 논쟁으로 인한 칼빈과의 불화 이후로 불링거는 1566년에 출판된 『스위스 제2 신앙고백서』에서까지 유기를 하나님의 섭리 속에서 인간 스스로의 타락으로 결과된 죽음과 영원한 형벌 아래 있는 비참한 상태로 이해하였다.
112) CO. XIV, 253: "Novum opus a me promitti, in quo Deum non esse peccati autorem demonstrandum suscipiam, non recte interpretatus es."
113) De aeterna Dei Preadestinatione (CO. VIII, 363): "Ergo quum iusta de causa, licet nobis ignota, a Domino procedant quae scelerate ab bominibus maleficia perpetrantur, etiamsi reram omnium prima causa sit eius voluntas, peccati tamen eum esse autoreni nego."
114) Institutio (1550) XIV, 5 (CO. I, 865): "Praedestinationem vocamus aeternum Dei decretum, quo apud se constitutum habuit quid de unoquoque

간의 자유의지에 근거한 타락에 강조점을 두고 있는 불링거의 입장은 타락후선택론적(infrarapsarisitisch)으로 귀결된다.[115] 이중예정과 타락의 순서에 대한 입장은 불링거와 칼빈 사이에서 본질적인 차이는 아니지만, 구원과 유기를 논리적으로 풀어내는 방식에서 확연히 구별되고 있다.

1549년에 도출된 『취리히 합의서』안에서 이해된 성만찬론과 다르게, 예정론은 취리히와 제네바 사이에 벌어진 신학적 간격을 좁힐 수 없을 것처럼 보였다. 하지만 이 신학적 갈등은 1556년에 피터 마터 버미글리(Peter Martyr Vermigli)가 취리히 학교(Schola Tigurinus)의 구약 교수로 온 이래로 완화되었다. 물론 예정론에 대한 불링거의 입장이 근본적으로 바뀐 것은 아니다. 그럼에도 불구하고 1556년 이후로 칼빈과 버미글리에 의해 주장된 유기를 하나님의 작정과 연결시켜 이해하는 엄밀한 예정론을 과거보다

---

homine fieri vellet. Non enim pari conditione creantur omnes; sed aliis vita aeterna, aliis damnatio aeterna praeordinatur."

115) Herman Bavinck, *Gereformeerde Dogmatiek*, Bd. II, Kampen 1998, 320: "Er waren er altijd, die de leer der praedestinatie, uit vrees voor misbruik behandelden 'a posteriori, van beneden op'. Ze hielden meer van de methode, om op te klimmen uit het gevolg tot de oorzaak, uit de vrucht tot den wortel, en om uit het geloof en de bekeering tot de verkiezing te besluiten en deze dan aan te wenden tot troost en verzekering, dan dat zij apriori uit de idee Gods de praedestinatie en electie afleidden. Daartoe behoorden vooral Bullinger, Ursinus, Olevianus, Boquinus, Hyperius, Sohnius e. a.."

는 더욱 긍정적이고 적극적으로 포용하려고 한 정황이 확인되기 때문이다.116) 여기서 두 가지 사건이 주목되어야 한다. 먼저 1559-1561년에 펠라기우스 보편구원론을 주장한 테오도르 비블리안더(Theodor Bibliander)와 버미글리 사이에

기롤라모 잔키우스

발생한 취리히 예정론 논쟁을 떠올릴 수 있다. 이 논쟁 때 불링거는 버미글리의 입장을 적극적으로 옹호했다. 결과적으로 비블리안더는 취리히 학교의 교수 직분을 내려놓아야 했다. 다음으로 1561-1563년에 스트라스부르에서 기롤라모 잔키우스(Girolamo Zanchius)와 요하네스 마르바흐(Johannes Marbach) 사이에 발생한 예정론 논쟁이다. 마르바흐에 대한 논제들을 방어하기 위해서 잔키우스는 취리히 교회의 도움을 받길 기대했다. 그래서 예정론과 관련된 14개 논제를 작성하여 취리히 교회에 보내고, 그 논제들에 대한 답변서를 요청했는데, 이 답변서를 정리할 때에도 불링거는 버미글리의 엄밀한 예정론의 입장을 존중했다.117)

---

116) Joachim Staedtke, Der Zuercher Praedestinationsstreit von 1560, in: *Zwingliana* IX (1953), 536-546.
117) Ferdinand Meyer, Die evangelische Gemeinde in Locarno, ihre Aus-

볼섹 논쟁으로 인하여 불링거와 칼빈 사이에 신학적 갈등이 크게 느껴진 것은 그 둘 사이의 감정대립이 상당히 오랫동안 지속되었기 때문이다. 두 사람의 교류 속에서 예정론의 비중이 지나치게 높여 평가된 것 역시 한 몫을 했다. 개혁주의 신학 안에는 처음부터 본질적인 차이가 아닌 형식과 방법에서 어느 정도 다양성이 이미 존재하고 있었다. 하지만 오해와 과장 속에서 이 다양성은 정당하게 평가되지 못했다.[118] 불링거와 칼빈의 신학 안에 존재하는 다양성도 본질적인 차이가 없음에도 불구하고 쉽게 오해되거나 과장될 수 있었다.

실제로 예정론에 대한 신학적 갈등은 불링거와 칼빈 사이에 다른 신학적 문제들에 대한 논의를 단절시키지 않았다. 개인적인 관심사 외에 대표적으로 프랑스에서 벌어지고 있는 정치상황과 발도파에 대한 문제, 영국의 정치변화, 제네바와 베른 사이의 정치적 긴장관계, 칼빈과 요아킴 베스트팔(Joachim Westphal)의 성만찬 논쟁 등에 대한 폭넓은 대화가 두 종교개혁자 사이에서 늘 진지하게 유지되었기 때문이다. 이렇게 볼 때 예정론에 대한 신학적 갈등은 다양한 신학적 주제들 중에 한 문제였을 뿐이다. 이 사실 안에

---

wanderung nach Zürich und ihre weitern Schicksale, Bd. II, Zürich: S. Höhr 1836, 42-44.
118) 헤르만 바빙크, 박태현 역, 『개혁교의학 I』, 서울: 부흥과 개혁사 2011, 253.

불링거와 칼빈이 서로를 외면하지 않고 각자의 독립된 길을 걷지 않은 이유가 놓여 있다. 두 사람의 교류는 몇몇 신학적 의견충돌로 일시적인 공백 기간을 가졌지만, 완전히 단절되지 않고 금방 회복되었다. 불링거와 칼빈은 죽는 날까지 교류하였다. 그 교류는 그들의 죽음을 넘어 다음 세대를 통해서 계속되었다.

불링거와 칼빈의 대망

1529년 마르부르크 종교회의(Malburger Religionspraech)에서 합의되지 않은 루터와 츠빙글리의 성만찬론에 대한 갈등은 교파 분열을 현실화시켰다. 1555년 9월 29일에 체결된 신성로마제국의 아우크스부르크 종교평화협정(Augusburger Religionsfriede)[119]을 통해서 공식적으로 루터주의 교회는 로마 가톨릭교회와 함께 합법적인 지위를 인정받았지만, 개혁주의 교회는 재세례파 및 개신교 이단들과 유대교와 함께 거절되는 결과를 맞게 되었다. 그리고 이는 1551년부터 1562년까지 지속된 루터주의 교회와 개혁주의 교회의 2차 성만찬 논쟁의 뿌리가 되었다. 하늘로 승천하신 예수 그리스도의 임재방식과 관련된 기독론 논쟁이 칼빈과 베스트팔 사이에 첨예하게 이루어졌다. 개신교 내의

---

119) Augusburger Religionsfriede, *Lexikon der Reformation*, Klaus Ganer & Bruno Steiner ed., 3. Aufl., Freiburg·Basel·Wien: Herder 2002, 45-48.

분열로부터 개혁주의 교회와 루터주의 교회 사이에 신학적·교회적·교회정치적인 긴장관계는 한층 더 발전되었다. 결과적으로 유럽 안에서 신학적 입장에 근거하여 점진적으로 규정된 교회 정체성이 다양한 교파를 형성시켰다. 즉 교리적이고 교회규범적이며 전통적으로 고착화된 로마 가톨릭교회와 루터주의 교회, 개혁주의 교회 등에 대한 숙명적인 '신앙교파화'(Konfessionalrisierung)를 촉진시키고 고착화시킨 것이다.[120] 각 교파 교회들은 자신들만의 고유한 신앙정신, 종교형식, 윤리성, 문화적인 특징을 만들어내며 지금까지 유지되고 있다.

특별히 1549년 불링거와 칼빈 사이의 성만찬 합의를 통해서 정리된 『취리히 합의서』는 이 신앙교파화 속에서 맺어진 교회 일치의 귀중한 열매이다. 현실적으로 이 문서는 개신교 내에서 개혁주의 교회와 루터주의 교회를 완전히 분열시키는 한 원인을 제공한 것처럼 인식된다. 그럼에도 불구하고 지역적이고 신학적인 면에서 이 문서가 '츠빙글리주의'와 '칼빈주의'로 분리되어 있던 스위스 개혁주의 교회의 일치를 가져온 것은 분명하다. 그리고 급박한 정치현실

---

120) Heinrich R. Schmidt, Konfessionalisierung im 16. Jahrhundert, in Enzykl. Deutscher Geschichte, Bd. 12, München: Oldenbourg Wissenschaftsverlag, 1992 & Ernst W. Zeeden, "Grundlagen und Wege der Konfessionsbildung im Zeitalter der Glaubenskämpfe", in *Historische Zeitschrift 185* (1958), 249-299.

을 극복하고자 하는 면에서 불링거든 칼빈이든 당시 분열된 교회를 일치시키고자 하는 연합 노력으로 산출된 공적인 신앙고백서라는 점도 간과될 수 없다. 이 때문에 종교개혁 시대의 다양한 교파 교회들의 연합 노력과 관련하여 표명되지 않으면 이 『취리히 합의서』의 가치는 정확히 이해될 수 없다. 『취리히 합의서』는 불링거와 칼빈 사이의 상호적 교회연합의 열망 속에서 도출된 신앙고백서로서, 현실적인 교회 상황과 관련된 신학적이고 교회정치적이며 신앙일치적인 평화문서라고 할 수 있다.

엄밀한 루터주의자들(Gnesionlutheraner)의 비판에 맞선 불링거와 칼빈 사이의 성만찬 합의, 즉 『취리히 합의서』를 위한 장기적인 노력은 신앙교파 논쟁 안에서 부정적 의미로 여겨지던 '츠빙글리주의' 혹은 '칼빈주의'라는 꼬리표를 잠정적으로 떼어낸 결과를 가져왔다.[121] 불링거는 칼빈뿐만 아니라 그의 죽음 후에는 베자와 함께 유럽 전역의 개혁주의 교회의 확산과 안정을 위해 모든 힘을 쏟았다. 스위스, 프랑스, 독일, 영국, 네덜란드, 이탈리아, 헝가리, 폴란드 등에 흩어져 있는 개혁주의 교회들은 항상 취리히와 제네바를 중심으로 움직였다.[122] 칼빈은 취리히와 성만찬 합

---

121) Opitz, *Leben und Werk Johannes Calvins*, 128.
122) Campi, *Beza und Bullinger im Lichte ihrer Korrespondenz*, 143.

의를 통해서 신학적으로 '개혁주의'(Reformiertentum)로 인식되어온 츠빙글리-남부 독일 종교개혁에 편입되었으며, 이와 동시에 그 성만찬 입장에 대한 대변자가 되었다. 물론 칼빈은 자신의 방식으로 종교개혁을 특징지으며, 그 종교개혁의 지속성과 발전에 기여했을 뿐만 아니라 다른 여러 지역 안에서 '칼빈주의'라는 이름으로 지대한 영향을 미친 것도 부정할 수 없다. 여하튼 취리히와 제네바 사이에 다양한 교류가 지속적으로 이루어졌으며, 두 종교개혁 도시의 관계는 더욱 풍성한 열매를 맺으며 발전되었다. 이러한 와중에 불링거의 『기독교 신앙 요해』가 제네바에서 여러 번 출판되었다. 『스위스 제2 신앙고백서』도 베자와 니콜라스 콜라동(Ncolas Colladon)에 의해서 제네바 목사회의 이름으로 서명되었으며, 또한 베자에 의해서 프랑스어로 번역되어 그 언어권에 속해 있는 모든 개혁주의 교회로 전파되었다. 불링거가 생존하고 있던 시대에 취리히는 제네바와 함께 개혁주의 교회를 위한 구심점이었다.

불링거는 『취리히 합의서』를 통해 스위스에서 '츠빙글리주의' 혹은 '칼빈주의'로 인식되는 교회적 다양성을 극복하고, 하나님의 말씀에 따라서 개혁된 교회를 확고히 세우기 위해 노력했다. 불링거의 목적은 '츠빙글리주의 교회'와 '칼빈주의 교회'를 단순히 구조적으로 연합시키는 것이 아니라 한 개혁주의 교회의 실체를 드러내는 것에 있었다.[123]

칼빈도 『취리히 합의서』를 통해 스위스에서 교회 일치를 이룬 후에 곧바로 독일의 루터주의자들과 한 교회를 이루는 것을 시도했다.[124] '제2차 성만찬 논쟁'을 통해서 이 꿈은 요원해졌지만, 그 역시 보편교회에 대한 이해 속에서 현실 교회가 분리된 것에 대한 안타까움을 가지고 있었던 것이다. 이렇게 볼 때, 『취리히 합의서』는 단순히 불링거와 칼빈의 성만찬 사고의 일치만을 의미하지 않는다. 이 두 인물과 함께 츠빙글리, 외콜람파디우스, 부써, 무스쿨루스, 파렐 등의 성만찬 입장에 대한 집약, 절충 그리고 합의임을 잊지 않아야 한다.[125] 이 때문에 그 복잡한 시대적 상황 속에서 '개혁주의'라는 한 교회를 이룰 수 있었던 것이다.

결과적으로 개혁주의 교회라는 이름 아래서 『취리히 합의서』의 영향은 가깝게는 1550-1560년대에 프랑스, 스위스, 독일, 네덜란드, 영국 등에서 중요한 개혁주의 신앙고백서들을 형성하는 데 기여했다.[126] 멀게는 동유럽의 다양한 개혁주의 신앙고백서들과 1647년 영국에서 작성된 웨

---

123) Andreas Mühling, Heinrich Bullingers europäische Kirchenpolitik, Züricher Beiträge zur Reformationsgeschichte 19, Fritz Büsser, Emidio Campi & Alfred Schindler ed., Bern: Zwingli Verlag 2001, 273.
124) 박경수, 『교회의 신학자 칼빈』, 서울: 대한기독교서회 2009, 94.
125) Emidio Campi & Ruedi Reich(Hg.), *Consensus Tigurinus*, Zürich: TVZ 2009, 9.
126) Diarmaid MacCulloch, *Die Reformation 1490-1700*, Bernd Leineweber(Üs.), München 2010, 340.

스트민스터 신앙고백서에까지 뻗어 있다. 초대교회로부터 계승된 사도적 가르침에 근거한 신학적 통일성을 가지고 있으면서도, 개혁주의 신학의 독특성을 유지하고 있는 개혁주의 신앙고백서들의 신앙유산 위에, 유럽에서는 '개혁된 교회'(Reformierte Kirche)로, 영어권에서는 '장로교회'(Presbyterian Church)로 명칭되는 한 개혁주의 교회가 오늘날까지도 든든히 서가고 있다.

16세기 종교개혁 시대를 치열하게 살아간 불링거와 칼빈 사이의 관계를 우리 후대가 단편적으로 평가하는 것에는 조심스러움이 있다. 그럼에도 불구하고 위에서 밝혀진 교회-교리사적 이해에 근거하여 두 사람의 관계를 고찰할 때, 분명히 그들 사이에 신학적 본질의 차이는 발견되지 않는다. 다만 교육, 인식적인 사고의 틀, 취리히와 제네바가 처해 있는 상황, 교회의 형편 등에 근거한 형식적인 방법과 논리적인 접근에서 각자의 신학적 고유성이 발견될 뿐이다. 즉 불링거와 칼빈 사이에 몇몇 신학적 차이는 신학적 본질(die theologische Substanz) 안에 있지 않고, 오히려 두 사람의 신학적이고 교리사적인 의도(die thelogische und dogmengeschichtliche Intention) 안에 놓여 있는 것이다.[127] 더

---

127) C. Strohm, Bullingers Dekaden und Calvins Institutio: Gemeinsamkeiten und Eigenarten, in: *Calvin im Kontext der Schweizer Reformation*, 213-248.

욱이 불링거와 칼빈 사이에 이러한 미묘한 차이가 발견된다고 해도, 그들은 사도적이고, 세계공동신조들에 근거한 정통신앙적이며, 어거스틴의 이해 속에서 다양한 신학적 주제들을 다루었기 때문이다. 1549년 성만찬론에 대한 취리히와 제네바의 입장이 조율된 『취리히 합의서』에서 볼 수 있듯이, 불링거와 칼빈은 자신의 고유한 신학적 입장과 동시대를 살았던 동료들의 신학적 입장이 서로 조화를 이루어야 한다는 인식을 가지고 있었다. 모두가 한 보편교회의 일원임을 분명하게 의식하고 있었기 때문이다. 한 교회-교리사적 실례로, 어거스틴의 전통에 근거하여 어떤 사람들은 믿음으로 말미암아 구원을 받도록 하나님의 영원한 선택을 받고, 나머지는 자신의 죄 때문에 정당하게 정죄를 받는다는 함의에도 불구하고, 1618-1619년 도르트 회의를 통해서 드러난 사실은 예정론의 논리적인 전개 안에서 '타락전선택론'과 '타락후선택론' 같은 다양성이 존재할 수 있다는 것이다. 이렇게 볼 때, 불링거와 칼빈 사이에 미묘한 차이가 있다고 알려진 예정론, 언약론, 교회의 직제론 등의 신학적 주제들도 이와 같은 범주 안에서 당연히 이해되어야 한다. 결국 두 사람이 추구한 신학적 입장은 방식과 논리적인 전개에서의 차이일 뿐이다. 그들의 신학은 근본적으로 초대교회의 정통신앙에 근거하여 논리적으로 발전되었기 때문이다. 그래서 두 사람의 신학은 동일하게 개혁주의 교회의 신학적 유산으로 간주되고 있으며, 모든 개혁주의 신앙고백서 안에 면면히 녹아 있다는 것을 의심받지 않는다.

만약 취리히 신학과 제네바 신학 사이에 본질적인 차이가 있었다면, 대표적으로 1549년의 성만찬 합의서인 『취리히 합의서』나 칼빈의 사후 1566년 2월 26일에 베자와 니콜라스 콜라동이 취리히를 방문하여 서명하고, 베자가 프랑스어로 번역한 『스위스 제2 신앙고백서』는 개혁주의 신앙문서로 수용되지 못했을 것이다.[128] 이러한 사실은 종교개혁 이래로 개혁주의 교회 내에서 신학적 공통점과 다양성이 항상 존재해 왔으며, 이 신학적 특징들은 여러 논쟁의 과정과 절충, 합의를 통해서 개혁주의 신학의 범주 안에 자연스럽게 편입되었다는 점을 말해준다.[129] 이러한 의미에서 칼빈이 개혁주의 신앙전통의 유일한 표준으로 이해되거나, 그와 동시대를 살았던 개혁주의 신학자들이 대립된다는 식의 평가는 무의미하다.[130] 그리고 칼빈의 죽음 이래로 개혁주의 정통성을 가늠하는 잣대로서 그가 유일한 인물로 거론되는 것도 주의해야 한다. 개혁주의 교회 안에서 칼빈

---

128) 1566년 2월 24일에 베자가 불링거에게 쓴 서신 (Henri Meylan et al. (ed..), Correspondence de Théodore de Bèze, Bd. 6, Genève: Droz 1970, 45-47, 64-66).
129) 바빙크, 『개혁교의학 I』, 253.
130) 리차드 멀러, 한병수 역, 『칼빈 이후 개혁신학』, 서울: 부흥과 개혁사 2011, 32.

의 신학적 탁월성과 관련하여 그가 주도적인 위치를 점유하고 있다 해도, 그의 사상적 기반은 종교개혁 시대를 살아간 다른 신학자들과 절대적으로 공유되어 있다는 것을 잊지 않아야 한다. 다른 인물들과 교류나 협력 없이 칼빈이 홀로 험난한 변혁의 시대를 감당하는 것은 불가능했기 때문이다. 개혁주의 신학의 체계화는 한 사람에 의해서, 한 나라 안에서, 한 신앙고백서를 통해서 이루어지지 않았다. 오히려 다양한 사람들에 의해서, 다양한 나라 안에서, 다양한 신앙고백서를 통해서 이루어졌다. 이러한 교회-교리사적 이해에 근거하여 볼 때, 불링거와 칼빈은 종교적 대변혁의 시대 속에서 종교개혁의 완성과 지속성을 위해서 서로를 의지하며 헌신한 신앙의 선각자들이었다. 그들은 개혁주의 교회와 신학을 위해서 죽는 날까지 각자의 위치에서 최선의 삶을 살았다.

불링거
취리히 종교개혁을 완성하다

Heinrich Bullinger

3

보편교회를 위한 신학

Chapter 03

보편교회를 위한 신학

하나님에 관하여 그분의 말씀과 그분의 성령 없이 묘사된 모든 생각은 중지되어야 하며, 오직 하나님의 말씀으로만 만족을 얻어야 한다.

신학의 기초 – 보편교회

불링거의 『스위스 제2 신앙고백서』는 보편교회(Ecclesia Catholica)의 기반 속에서 모든 신학 주제들을 다루고 있다. 이 신앙고백서의 첫 서론적 주제인 성경론에서 이것을 분명하게 확인할 수 있다. "그리스도의 보편교회(Ecclesia Catholica)는 이 성경에서 구원에 이르는 믿음과 하나님이 기뻐하시는 삶에 관한 바른 가르침이 들어 있는 완전한 설명을 소유한다."[1] 성경이 제시하는 신앙과 삶에 관한 모든 교

---

1) Das Zweite Helvetische Bekenntnis, 17: "Und in dieser Heilige Schrift besitzt die ganze Kirche Christi eine vollstaendige Darstellung dessen, was immer

훈은 어느 특정한 교회만을 위한 것이 아니다. 창조 이래로 시공간을 넘어서 지상에 있는 모든 교회를 위한 것이다. 16세기 종교개혁 시대에 다른 종교개혁자들과 마찬가지로 불링거 역시 로마 가톨릭교회로부터 분리되어 새롭게 세워진 개신교(protestant)를 초대교회 시대의 이단성을 가진 도나투스주의 같은 '분파 교회'로 이해하지 않았다. 불링거가 '보편교회'라는 용어를 쓴 것은 교회-교리사적 이해 속에서 '정통'(Orthodoxie)이라는 이해와 동일한 성격에서 사용한 것이다.[2] 초대교회의 성경에 대한 바른 해석을 제시한 교부들로부터 종교개혁자들에게 이르기까지 교회는 공간적으로 회원들과 관련하여 여러 민족, 여러 문화, 여러 사회적 지위에 속한 다양한 사람들을 포함하고 있기 때문에 보편교회이고(보편성), 시간과 관련하여 창조 때부터 세상의 마지막에 이르기까지 모든 시대에 걸쳐 있기 때문에 보편교회이며(고대성), 구원의 능력을 가진 복음의 선포와 관련하여서도 보편교회(일치성)로 인식되어 왔다. 이 때문에 종교개혁자들에게 "단일하며, 거룩하며, 공교회적이며, 사도적 교회"(una, sancta, catholica et apostolica ecclesia)에 대한 강

---

zur rechten Belehrung ueber den seligmachenden Glauben und ein Gott wohlgefaelliges Leben gehoert."
[2] Geoffrey D. Dunn, Heresy and schism according to Cyprian of Carthage, *Journal of Theological Studies* 55 (2004), 551-574.

조는 매우 중요한 믿음의 전제였다.[3] 분명히 불링거는 이러한 보편교회의 개념을 하나님의 말씀과 깊게 연결시켰다. 하나님의 말씀에 근거하여 교회가 세워질 때 비로소 교회는 참된 의미에서 보편교회가 된다는 사실을 표명한 것이다. 즉 취리히 종교개혁자는 지상에 존재하는 교회가 정통교회를 의미하는 보편교회가 되려면 성경의 권위 아래 있어야 한다는 것을 숙지시킨 것이다. 왜냐하면 개별 교회는 전체 성경 안에 계시된 진리를 수호하고, 모든 장소와 모든 시대와 모든 민족 안에서 진리에 따라 모이며, 사도적 가르침에 근거하여 신앙의 일치를 이루는 특징을 통해서 보편교회에 속해 있다는 것을 증명받기 때문이다. 물론 오직 성경의 진리가 독립적으로 하나님의 백성을 신앙으로 이끌거나 교회로 모이도록 하지는 못한다. 오히려 그 진리 안에서 성령께서 역사하신 결과이다.[4]

불링거에게 보편교회는 하나님의 바른 말씀에 대한 이해 없이 단순한 공간, 시간, 대상을 통해서 형성될 수 없는 것이다. 사실 이 개념은 개신교의 뿌리에 대한 정당성을 확보

---

3) 이러한 보편교회에 대한 개념은 종교개혁자들의 다양한 저술 속에서 읽을 수 있을 뿐만 아니라 신앙고백서들에서 확인할 수 있다. 대표적으로 벨직 신앙고백서 27항, 하이델베르크 요리문답 54항, 제2 스위스 신앙고백서 17항 등에서 찾을 수 있다. (참고: *The catholicity of the Reformation*, eds. Carl E. Braaten and Robert W. Jenson, Grand Rapids 1996.)

4) *Das Zweite Helvetische Bekenntnis*, 19.

하면서 로마 가톨릭교회를 비판하는 원리로서도 작용된다. 더욱이 창조 세계의 시공간 속에 흩어져 있는 개별 교회가 하나님의 말씀과 분리되어 보편교회의 일원이 될 수 없다는 것도 인식시킨다. 이렇게 볼 때 불링거가 추구한 신학은 자신만의 독자적인 신학이 아니다. 오히려 교회-교리사적으로 사도적 가르침을 계승하는 보편교회를 위한 신학이었다는 사실을 알게 한다.

불링거는 실천적인 의미에서 취리히 교회를 섬기면서도 취리히와 스위스뿐만 아니라 유럽 전역에서 벌어지고 있는 교회 문제들에 대해 항상 관심을 가졌다. 그리고 하나님의 명령에 따라서 자신의 임무를 충실히 감당한 불링거는 목회자로서 당시 신자들의 신앙적인 갈등과 혼란에도 예민하게 반응했다. 그래서 불링거는 학문적인 성격보다는 신자들을 바른 진리로 섬기기 위한 목회적 관심 속에서 신학의 필요성을 인식했다. 배움이 있는 사람이건 없는 사람이건 둘 사이에 어떤 경계도 없이 오직 모두가 진리에 이르도록 하기 위한 보편적인 목적을 지향했기 때문이다. 또한 그 자신이 주님의 몸으로서 모든 신자의 구원뿐만 아니라 그들의 윤리와 양심을 양육하는 역할을 해야 한다고 생각했으며, 모든 사회와 인류의 유익을 위한 발전에도 기여해야 한다고 믿었기 때문이다. 즉 불링거는 전 세계에 흩어져 있지만, 이와 동시에 보편교회를 구성하고 있는 모든 신자가 성경 교리와 삶이 분리되지 않는 신앙의 성숙을 이룰 수 있는 신학을 추구한 것이다.

불링거의 신학사상은 자신의 사역 초기에서부터 성경을 읽고 해석할 때 새로운 인식과 완전한 지식에 대한 인간의 호기심이 거절되어야 한다는 전제 아래 놓여 있었다.[5] 이 원칙은 평생 동안 유지되었다. 그리고 그의 목회적 태도와 함께 그만의 신학적 특징을 만들어냈다. 불링거도 논쟁적인 글을 쓰기는 했다. 하지만 그가 쓴 주요한 조직신학적 글들을 확인할 때, 그는 가능한 한 신학적 갈등과 논쟁을 최소화하려고 노력했다는 것을 알 수 있다. 목회자로서 신자들의 유익을 고려한 신학적 자세를 취했기 때문이다. 이 사실은 한 가지 분명한 실례를 통해서 확인된다. 불링거는 1556년에 당시 라틴어, 프랑스어, 네덜란드어, 영어로 번역된 독일어 『기독교 신앙 요해』(*Summa Christlichen Religion*)를 저술했다. 이 책은 긴 시간 동안 31회나 재출판되어 당시 유럽 전역에서 읽혀진, 개혁주의 종교개혁의 교리를 매우 쉽게 정리한 대중적인 신앙서적이었다. 불링거는 이 책의 서론에서 16세기 중반에 발생된 개신교 내의 다양한 신학적 논쟁들(아우크스부르크 종교평화 회의, 성만찬 논쟁, 예정론 논쟁 등)과 관련하여 당시의 분위기와 성도들의 불평을 기록

---

5) Heinrich Bullinger, *Studiorum Ratio*, ed. von Perter Stoltz, Zürich: TVZ 1990, 106-108.106) Eells, *Martin Bucer*, 21.

했다. 여기에서 지적된 내용의 핵심은, 그 당시 다양한 신학적 논쟁으로 인하여 여러 문제들이 발생되고 있다는 점이다. 즉 신앙지식이 오직 배운 자들을 위한 전유물이 되고 있으며, 이 때문에 배움이 없는 사람들이 소외되고 있다는 것이다. 이뿐만 아니라 그들에게 신앙적인 혼란이 야기되고 있다는 것도 주목되었다.[6]

불링거는 이러한 당시 시대 분위기를 직시하고, 평범한 신자들의 신앙 유익을 위해서 신학을 배운 사람들의 전유물이 아닌 대중적인 이해로 서술하는 것을 의도적으로 시도했다. 학문적으로 훈련된 사람이 아니면 결코 이해할 수 없는 신학적 논쟁 속에서 갈등하는 신자들에게 절대적인 관심을 가진 것이다. 그래서 그는 어려운 신학적 내용을 그 시대의 평범한 사람들의 눈높이에 맞게 해설하기 위해 힘썼다. 그는 하나님의 백성은 신학 밖에 서 있지 않아야 하고, 신학은 하나님의 백성에게 봉사해야 한다고 믿었다.[7] 이러한 특징 때문에 불링거는 자신의 신학 속에서 하나님의 은혜(Gratia Dei)에 대한 근본적인 인식과 함께, 그 은혜의 목적으로서 하나님의 백성을 의도적으로 주목했다. 불링거의 신학은 지식적이거나 사변적이지 않고, 오히려 전

---

6) Bullinger, *Studiorum Ratio*, Einleitung.
7) Park, *Heinrich Bullingers katechetische Werke*, 266-267.

체 성경을 쉽게 이해할 수 있도록 설명한 성경해설적이다. 그의 목회적 인식 안에서 그의 신학적 관심이 표출된 결과이다.

불링거는 자신의 모든 저술 속에서 사도적 가르침에 근거한 정통신앙의 이해 아래 경건하고, 간결하며, 선명한 믿음의 내용을 제시했다. 신학적 전문지식을 가지지 못한 신자들이 쉽게 이해할 수 있도록 모든 신학적 주제를 성경 본문과 연결시켰다. 그리고 그 시대의 아들로서 불링거는 성경의 진리를 당시 사람들이 겪고 있는 실존적인 삶과 분리시켜 이해하지 않았다. 많은 사람들이 겪고 있는 삶의 고통을 전제하면서도, 그것을 넘어서 성경이 말하는 궁극적인 가치를 알려주는 데 온 힘을 쏟았다. 그래서 불링거의 신학은 교파 분열로 인하여 형성된 개혁주의 교회의 고유성을 담고 있으면서도, 이와 동시에 모든 시공간에 흩어져 있는 개별 교회들의 집합체인 보편교회를 위한 것이었다.

보편교회를 위한 신학

성경론 - 『스위스 제2 신앙고백서』를 중심으로

"인간은 하나님을 어떻게 인식할 수 있는가?"에 대한 질문의 답변과 관련하여 불링거는 주저함 없이 성경을 지목했다. 성경을 통해서 하나님이 어떤 분이며, 어떻게 모든 피조물을 통치하시고, 어떻게 그분 자신의 말씀과 사역 가운데 함께하시며, 어떻게 인간에게 선하심과 긍휼하심을 베푸시는가에 대해 알 수 있다는 것이다.[8] 불링거는 성령의 감동으로 쓰인 하나님의 계시된 말씀의 최종적인 기록이자 신적 계시의 완성인 성경을 통하여 유일하게 하나님의 지식을 얻을 수 있다고 밝혔다. 결론적으로 '기독교 신앙의 원리'(principia religionis christianae)로서 성경이 하나님의 지식에 대한 유일한 원천임을 분명히 한 것이다. 불링거는 『기독교 신앙 요해』에서 다음과 같이 기록했다.

> "어느 누구도 우리에게 하나님이 어떤 분인지 그분의 말씀 밖에서 말할 수 없다. 하나님의 지식에 대한 다른 생각과 다른 증거를 제시하는 사람은 속이는 것이며, 마음으로 우상을 섬기는 것이다. 이 때문에 하나님에 관하여 그분의 말씀과 그분의 성령 없이 묘사된 모든 생각은 중지되어야 하며, 오직 하나님의 말씀으로만 만족을 얻어야 한다."[9]

---

8) Summa, 24r.
9) Compendium, 21r-v: "ita etiam quid Deus sit nemo explicare potest praeterquam Deus uerbo suo. Quicunque uero alias opiniones fingūt, & diuersa ratione Dei cognitionem assequi conantur, hi seipsos fallunt, & idola cordis sui uenerātur, Quamobrem omnes opiniones, quae de Deo absque

물론 불링거는 성경을 통하여 하나님의 모든 지식을 얻을 수 있거나 혹은 하나님을 완벽하게 정의할 수 있다고 말하지 않았다.[10] 한 실례로, 성경의 증언 없이 하나님의 본질(essentia)을 인식할 수 없다는 것을 전제하면서도 '전능성'(Allmacht)에 대한 하나님의 비공유적(incommunicablia) 속성과 관련해서는 이렇게 설명했다.

> "하나님의 위엄(Majestät)은 우리의 연약한 이해를 능가하는데 … 그 때문에 어느 누구도 이 현세적 삶 속에서 신적 위엄을 언어로 표현할 수 있거나 눈으로 인식할 수 없다."[11]

그럼 이 표명을 통하여 불링거가 말하고 있는 것은 무엇인가? 성경은 하나님이 인간의 인식능력에 적응시킨 계시일 뿐만 아니라 하나님이 그분 자신의 지식을 인간에게 스스로 드러내신 계시의 내용만을 포함하고 있다는 사실이다. 성경을 통해서 하나님을 알 수 있지만, 하나님의 모든

---

uerbo eius animo concipiuntur, abijciendae sunt, & solummodo diuino sermoni acquiescendum est."

10) Summa, 25r; Catecheis, 4v.

11) Compendium, S. 21v: "Diuinam enim maiestatem imbecillitatem mentis nostrae longè superare, … Quamobrem diuina maiestas in hac praesenti uita à nobis nec uerbis exprimi, nec oculis cerni potest."

것을 알 수는 없다는 것을 분명히 한 것이다.

불링거는 성경에 근거한 하나님의 지식을 언급할 때 꼭 주목해야 할 사안을 제시했다. 그것은 하나님의 존재와 관련된 이단인 프락세아스(Praxeas), 아리우스(Arius), 마케도니우스(Macedonius), 유대인(Juden), 터키인(Türken), 세르베투스(Servetus) 등에 대한 철저한 경계 속에서[12] 하나님의 계시로서 성경을 이해하는 원리인 '적정과 절도의 규범'이다. 이는 하나님의 지식에 관하여 성경에 계시되어 있지 않은 것은 말하거나 생각하거나 알려고 하지 않는 것이다. 모든 호기심을 거절하고 오직 계시된 하나님의 지식에만 관심을 두는 것을 말한다. 불링거는 『기독교 신앙 요해』에서 이렇게 밝혔다.

> "성경은 단순하고 분명하게 삼위일체 하나님에 대해 가르친다. 그래서 우리는 그 사실을 의심 없이 믿어야 하고, 호기심을 가지고 생각해서는 안 되며, 이 세상에서 하나님이 우리에게 계시하신 풍성한 지식에만 집중해야 한다. 이 때문에 1천 년 전에 그 기독교인 황제가 하나님의 존재에 대한 새로운 교리를 확산시키고, 하나님의 명예를 훼손시키는 것을 가르치는 이단들에 대해

---

12) Bericht, 2.

서 사형을 판결한 것은 합법적이었다."13)

의심의 여지없이 불링거는 철학적 사색에 근거하거나 하나님의 계시된 말씀을 넘어서는 사변적인 하나님의 지식을 추구하지 않았다.14) 이러한 불링거의 이해는 천상의 비밀을 깨닫기 위해서는 하나님의 계시된 말씀으로부터 지도를 받아야 할 뿐만 아니라 천상의 비밀을 호기심에 내어 맡기면 깊은 혼돈에 빠질 수 있다고 경계한 칼빈의 사고와 다르지 않다.15)

결과적으로 하나님의 지식이 분명하게 하나님의 영광과 인간의 구원을 위해서 필수적인 것임에도 불구하고, 불링거는 인식론적인 한계 안에서 인간이 성경을 통해 하나님을 온전히 알 수 없다는 신적 불가해성(Unbegreiflichkeit)을 인정했다.16) 인간은 성경을 통해 계시되어 있는 만큼만 하

---

13) Compendium, 22v: "Quamobrem cum sacris literis in Trinitate unitas divinitatis simpliciter et perspicue docetur, aequum est nos his quoque simpliciter acquiescere et non curiose scrutari nec ampliorem scientiam in hac vita appetere ea, quam Deus revelavit. Recte ergo Christiani imperatores mille abhinc retro annis capitis supplicium in eos constituerunt, qui novam doctrinam de hoc dogmate spargerent, & in Deum contumeliosi diversa docerent."
14) Peter Walser, *Die Prädestination bei Heinrich Bullinger im Zusammenhang mit seiner Gotteslehre*, Zürich: Zwingli Verlag 1957, 39.
15) CO II, Institutio 1559, I.XIII.21. (Ioannis Calvini opera quae supersunt omnia, ed. von W. Baum, E. Cunitz und E. Reuss, 59 Bde., Braunschweig 1863-1900.)
16) Summa, 24r.

나님의 지식을 가질 수 있음을 밝힌 것이다. 불링거는 하나님을 관념적인 지식을 위한 인식의 대상으로 보지 않았다. 오히려 절대적으로 참된 믿음의 대상으로 보았다.

영감된 하나님의 말씀

불링거는 성경이 그 자체로 하나님의 참된 말씀으로서 충분한 권위를 가지고 있다고 말했다. 이 사실은 성경이 기독교의 '정경'(scriptura canonica)이 되는 이유이기도 하다. 구약과 신약으로 구성된 정경은 하나님이 족장들과 선지자들, 사도들에게 친히 말씀하신 것에 근거하고 있는데, 하나님의 감동으로 그들에 의해서 기록되었기 때문이다. 그래서 성경은 인간이나 교회가 아닌 '그 자체로부터 충분한 권위'(authoritatem sufficientem ex semetipsis)를 가지고 있다.[17] 이러한 이해 속에서 불링거는 한 가지 중요한 기준을 제시했다. 하나님이 과거에는 성경의 저자들에게 친히 말씀하셨지만, 오늘날에는 그들에 의해 기록된 말씀을 통해서 우리에게 말씀하신다는 것이다.[18] 이 표현은 특별계시의 종결과 관련하여 우리에게 더 이상 새로운 계시가 없음을 알려주는 것일 뿐만 아니라 성경 밖에서 하나님의 말씀을 들

---

17) *Das Zweite Helvetische Bekenntnis*, 17.
18) *Das Zweite Helvetische Bekenntnis*, 17: "Denn Gott selbst hat zu den Vaetern, Propheten und Aposteln gesprochen und spricht auch jetzt noch zu uns durch die Heiligen Schriften."

을 수 없음을 밝힌 것이다. 그럼으로써 시대마다 등장한 광신적 신비주의자들의 '계시의 연속성'을 거짓된 것으로 규정했다고 볼 수 있다. 이 때문에 불링거는 하나님이 성경에 어떤 것도 더하거나 가감하지 못하도록 했다는 것을 우리에게 상기시킨다.[19] 성경에 기록되지 않은 "다른 하나님의 말씀을 찾거나 혹은 하늘로부터 기대해서는 안 된다"[20]는 것이다. 하나님의 영감된 말씀으로서 성경은 그 자체로 완전하기 때문이다.

성경이 하나님의 감동으로 쓰였다는 사실과 관련하여 불링거는 성경이 어떤 내용을 담고 있으며, 어떤 목적으로 쓰였는가에 대한 이해로도 우리를 친절하게 안내한다. 먼저 성경에 기록된 내용은 '구원에 이르는 믿음과 하나님이 기뻐하시는 삶'에 관한 지식이다.[21] 우리의 믿는 것과 행할 것에 대한 참된 지혜와 경건, 교회의 성숙과 사역, 경건의 모든 의무에 대한 가르침, 교리의 증명과 변호 혹은 모든 오류들에 대한 논박, 모든 경고 등이 하나님의 말씀인 성경에 기초를 두고 있다는 사실이다.[22] 다음으로 성경의 기록

---

19) *Das Zweite Helvetische Bekenntnis*, 17: "Deshalb wird von Gott deutlich verboten, etwas dazu oder davon zu tun (5.Mose 4,2)."
20) *Das Zweite Helvetische Bekenntnis*, 17: "man aber auch kein anderes Wort Gottes erfinden oder vom Himmel her erwarten dürfe."
21) *Das Zweite Helvetische Bekenntnis*, 17.
22) *Das Zweite Helvetische Bekenntnis*, 17: "Wir sind darum der Ansicht, dass man aus diesen Schriften die wahre Weisheit und Frömmigkeit,

목적은 디모데후서 3장 16-17절에 근거하여 신자로 하여금 "교훈과 책망과 바르게 함과 의로 교육하기 위함"이라고 밝힌다. 삶의 모든 영역 속에서 하나님을 어떻게 섬겨야 하며, 그분 앞에서 어떻게 살아야 하는가를 알도록 하기 위해서 성경이 기록되었다는 것이다.

이러한 성경 영감에 대한 이해를 통해서 불링거가 우리로 하여금 주목하게 하는 것이 있다. 성경은 하나님의 말씀으로서 신적 권위를 가지고 있을 뿐만 아니라 우리의 신앙과 삶의 규범이 된다는 사실이다. 그래서 모든 신자는 하나님의 말씀을 청종하고 순종하는 삶을 살아야 하는 것이다.

선포된 하나님의 말씀

하나님의 영감된 말씀인 성경은 단순히 지식의 책으로 우리에게 주어져 있지 않다는 것을 불링거는 분명히 하고 있다. 하나님의 말씀은 신앙과 삶의 규범으로서 교회에서 합당하게 부르심을 받은 설교자에 의해 선포되어야 하고, 신자들은 그 선포된 말씀을 듣고 순종해야 한다.[23] 이때 신

---

die Verbesserung und Leitung der Kirchen, die Unterweisung in allen Pflichten der Frömmigkeit und endlich den Beweis der Lehren und den Gegenbeweis oder die Widerlegung aller Irrtümer, aber auch alle Ermahnungen gewinnen müsse, … ."

23) *Das Zweite Helvetische Bekenntnis*, 18: "Wenn also heute dieses Wort Gottes durch rechtmäßig berufene Prediger in der Kirche verkündigt wird,

자들은 성경 밖에 있는 다른 하나님의 말씀을 찾거나 하늘로부터 직접 들려오는 하나님의 말씀을 듣는 것이 아니다. 성령의 조명 속에서 성경에 근거한 하나님의 말씀을 선포하거나 듣는다는 것을 전제한다. 이러한 이해 속에서 불링거는 『스위스 제2 신앙고백서』를 특별한 문서로 주목하도록 만들었을 뿐만 아니라, 동시에 많은 사람들에 의해서 오해되기도 한 유명한 말을 고백했다. "우리는 설교된 말씀 자체에 주목해야 하며, 그것을 선포하는 설교자를 주목해서는 안 된다. 만약 그 설교자가 못된 악인이며 죄인이라고 해도, 그 (선포된) 하나님의 말씀은 참되고 선하기 때문이다."[24]

이러한 불링거의 고백은 단순히 설교자가 선포하는 모든 말씀이 무조건 옳다는 의미가 아니었다. 신자가 설교를 들을 때, 한편으로 하나님의 말씀과 설교자를 분리해서 이해해야 한다는 것을 지적한 것이며, 다른 한편으로 설령 설교자가 나쁜 사람이라고 해도 그에 의해서 선포된 설교가 성경적으로 바르다고 하면, 그 설교는 하나님의 말씀으로 신

---

glauben wir, dass Gottes Wort selbst verkündigt und von den Gläubigen vernommen werde."

24) *Das Zweite Helvetische Bekenntnis*, 18: "Und auch jetzt müssen wir auf das Wort selber achten, das gepredigt wird, und nicht auf den verkündigenden Diener; ja, wenn dieser sogar ein arger Bösewicht und Sünder wäre, so bleibt nichtsdestoweniger das Wort Gottes wahr und gut."

뢰될 수 있어야 한다는 것을 설득시킨 것이다. 아마도 설교를 행하는 목회자가 인격이나 행실에서 사람을 실망시킬 수 있는 어떤 연약함을 가지고 있거나 드러냈을지라도, 그것 때문에 하나님의 말씀 자체가 무시될 수 없다는 사실을 강조하고자 한 것으로 보인다. 한 실례로, 불링거는 1556년에 쓴 『기독교 신앙 요해』에서 하나님의 말씀을 설교하는 목사들을 세 부류로 구분했다. 첫 번째 부류는 하나님의 말씀을 바르게 가르치고 행실도 옳은 목사들이다. 두 번째 부류는 하나님의 말씀은 바르게 가르치지만 행실은 옳지 못한 목사들이다. 마지막 부류는 하나님의 말씀도 잘못 가르치고 행실도 옳지 않은 목사들이다.[25] 불링거는 마지막 부류의 목사들을 교회에서 '늑대와 도둑'처럼 쫓아내야 한다고 말했다. 하지만 두 번째 부류의 목사들에 대해서는 그들의 설교는 존중하지만, 그들의 행실은 권면하여 고치도록 해야 한다고 밝혔다. 목사 직무를 맡은 사람과 그가 선포하거나 가르치는 내용을 구분하여 대응한 것이다. 그 이유는 무엇일까? 목사가 하나님의 말씀을 바르게 선포하는 것과 신자들이 그 선포된 말씀이 바르다는 것을 분별하여 듣는 것은 성령의 조명 속에서 이루어지는 신적 일임을 불링거

---

[25] Summa Christenlicher Religion. ⋯ in x. Artickel geftelt / durch Heinrychen Bullingern. zů Zürych by Chriftoffel Frofchower / M. D. LVI, 111r.

는 확신했기 때문이다. "바른 종교 안에서 이루어지는 가르침은 성령의 조명에 의존되어 있다"[26]라는 신뢰 속에서 취리히 종교개혁자는 목회자들의 연약함을 솔직하게 인정하면서도, 동시에 하나님의 말씀에 대한 권위 역시 바르게 인정하려는 의도를 가지고 있었던 것이다.

또한 불링거는 강단에서 선포되는 모든 설교를 아무런 전제도 없이 하나님의 말씀으로 규정하지 않았다. 설교하는 사람의 자격, 설교의 내용, 설교의 효력에 대해서 성경에 규정되어 있는 신학적 원리를 적용하면서 설명한 것이다. 하나님의 말씀을 선포하는 목사는 하나님으로부터 합당하게 부르심을 받아야 한다는 것을 각인시키면서도, 이와 동시에 중생된 인간의 상태에 대한 정직한 이해 속에서 목사도 연약함을 가지고 있다는 것을 고려한 것이다. 그리고 하나님의 말씀을 바르게 선포하는 것과 듣고 분별하는 것은 직접적으로 '성령의 내적 조명'(interna illuminatione)과 묶여 있다는 사실을 매우 실천적으로 이해시킨 것이다.[27]

---

26) *Das Zweite Helvetische Bekenntnis*, 18: "Nach unserer Ansicht darf man jene äußere Predigt auch nicht deshalb für gleichsam unnütz halten, weil die Unterweisung in der wahren Religion von der inneren Erleuchtung des Geistes abhänge."

27) *Das Zweite Helvetische Bekenntnis*, 18: "Wir geben allerdings zu, Gott könne Menschen auch ohne die äußere Verkündigung erleuchten, wann und welche er wolle: das liegt in seiner Allmacht. Wir reden aber von der

오직 성경과 전체 성경

불링거는 로마 가톨릭교회의 잘못된 가르침, 교부들의 과오, 종교회의의 오류, 사람의 전통 등을 '오직 성경'(sola scriptura)에 비추어서 비판하거나 개혁을 요구할 수 있다고 밝혔다. 성경의 가르침에 근거한 비교와 분석, 평가를 통해서 '바른 것'과 '바르지 않는 것'을 분별한 결과이다. 당시 교황주의자들의 거짓된 요소들은 한편으로 성경의 가르침보다는 인간적인 면이 지나치게 강조되었고, 다른 한편으로 성경해석에서 원칙이 없는 자의적인 판단이 앞세워졌다. 여기서 우리는 불링거의 다음과 같은 표명에 주목할 필요가 있다.

> "우리는 성경 그 자체로부터 얻어진 정통적이고 원리적인 해석만을 인정한다. 성경의 각 권들이 기록된 의도에 따라서, 그것들의 관계성(통일성)을 고려하여 비슷한 구절과 비슷하지 않은 구절, 반복적인 구절과 뜻이 명백한 구절을 비교하면서 해석해야 한다. 이 해석은 신앙과 삶의 규범에 일치하며, 하나님의 영광과 인간의 구원에 기여해야 한다."[28]

---

gewöhnlichen Art, wie die Menschen unterwiesen werden müssen, wie sie uns durch Befehl und Beispiel von Gott überliefert ist."
28) *Das Zweite Helvetische Bekenntnis*, 20: "Vielmehr anerkennen wir nur das

16세기 종교개혁자들은 로마 가톨릭교회를 개혁하기 위해서 자신들 앞에 놓인 신학적이고 교회적인 문제들이 무엇인가를 직시했다. 그리고 거짓된 것들을 극복하기 위해 성경, 초대교회 신조들, 교부들의 문헌, 중세의 건전한 신학자들의 글, 당대 성경인문주의자들의 주장 등을 연구했다.29) 이러한 전제 속에서 종교개혁자들은 전체 성경(tota scriptura)에 근거한 바른 해석의 기준을 갖기 위해 사도들의 가르침에 주목했다. 불링거는 이렇게 증언했다.

"사도들이 서로 모순된 것들을 가르치지 않은 것처럼, 사도적 교부들도 사도들과 반대되는 것들을 제시하지 않았다. 사도들이 언어를 통하여 자신들의 글과 모순된 것을 전달했다고 하는 것은 분명히 신성모독적인 주장이다."30)

---

als recht gläubige und ursprüngliche Auslegung der Schriften, was aus ihnen selbst gewonnen ist - durch Prüfung aus dem Sinn der Ursprache, in der sie geschrieben sind, und in Berücksichtigung des Zusammenhanges, ferner durch den Vergleich mit ähnlichen und unähnlichen, besonders aber mit weiteren und klareren Stellen. Das stimmt mit der Regel des Glaubens und der Liebe überein und trägt vor allem zu Gottes Ehre und zum Heil der Menschen bei."

29) 참고: 빌렘 판 아셀트 & 에프 데커, 한병수 역, 『종교개혁과 스콜라주의』, 서울: 부흥과 개혁사 2014, 38-40.

30) *Das Zweite Helvetische Bekenntnis*, 22: "So wie die Apostel nichts einander

이 증언은 사도들과 그 이후의 세대들 사이에 분명한 연속성이 있다는 사실을 강조한 것이다. 불링거는 바울의 입장(고후 12:18)을 존중하면서 이 연속성이 단순히 인간적인 노력의 산물이 아니라 성령의 역사 속에서 이루어진 일임을 제시했다.[31] 우리는 이 연속성을 '사도적 가르침'이라고 할 수도 있고, 교회-교리사적 맥락에서는 모든 종교개혁자들에 의해 공유된 공동의 신앙유산으로서 '정통 교리의 기준'이라고 부를 수도 있을 것이다. 16세기 종교개혁은 성경해석에서 이 기준을 다시 회복한 것으로 볼 수 있다. 개별 교회들이 모든 시대 속에서 성경해석을 이 사도적 가르침에 따라서 시도할 때 이단과 구별되는 보편교회의 일원이 된다는 것을 분명히 한 것이다. 왜냐하면 이 사도적 가르침은 그 깊은 근저에 신앙과 삶의 규범으로서 하나님의 영광과 사람의 구원에 관하여 첫 우주적인 교회 안에서 맨 처음 '하나님이 계시하신 의도에 따라 진술된 교리'라는 이해를 담고 있기 때문이다. 그래서 이 사도적 가르침은 시간을 초

Widersprechendes gelehrt haben, so haben auch die apostolischen Väter nichts den Aposteln Entgegengesetztes weitergegeben. Es wäre doch wahrlich gottlos zu behaupten, die Apostel hätten durch das mündliche Wort ihren Schriften Widersprechendes überliefert."

31) *Das Zweite Helvetische Bekenntnis*, 22: "Anderswo bezeugt er weiter, dass er und seine Schüler, das heiβt apostolische Männer, denselben Weg gehen und gleicherweise im selben Geiste alles tun (2.Kor. 12,18)."

월하여 저 멀리 구약 선지자들의 교훈과 연결되어 있을 뿐만 아니라 오늘날 신앙생활과 관련하여 우리에게까지 직접적으로 뻗어 있는 것이다.

종교개혁 때 개신교 개혁자들은 이 해석적인 기준을 가지고 로마 가톨릭교회가 옳지 않음을 객관적으로 주장할 수 있었다. 불링거 역시 이 사도적 가르침을 가지고 로마 가톨릭교회의 거짓된 교리, 주장, 결정, 전통을 비판하면서 바른 성경해석의 기준을 삼았다. 이것은 교회사 속에서 발생한 모든 가르침과 사건들을 분별할 때 무엇이 참되고, 무엇을 따라야 하며, 무엇을 피해야 하는가에 대한 결정을 내리는 원리로 작용했다. 그래서 불링거는 로마 가톨릭교회를 보편교회로부터 완전히 벗어난 것으로 보지 않았지만, 심각하게 타락한 거짓 교회로 규정했다.

성만찬론 - 『취리히 합의서』를 중심으로

불링거의 성만찬에 대한 첫 관심은 1524년 카펠(Kappel) 수도원의 교사로서 츠빙글리를 처음 만났을 때부터 시작되었다.[32] 그의 성만찬론은 처음부터 츠빙글리의 그늘 아래서만 머물러 있지 않고[33] 그 자신만의 고유한 특성을 가지

---

32) Müller, *Heinrich Bullinger*, 24.
33) Peter Stephans, The Sacraments in the Confessions of 1536, 1549, and 1566-Bullinger's Understanding in the Light of Zwingli's, in: *Zwingliana*

고 있었다. 그리고 시간이 지나면서 더욱 신학적으로 발전되었다. 1549년 『취리히 합의서』가 등장할 때까지 불링거는 다양한 사람들과 교류하면서 지속적으로 성만찬론에 대해 고민했다는 것을 알 수 있다.

1546년까지 불링거의 성만찬론

불링거는 성만찬을 처음부터 예수 그리스도의 죽음을 기억하고, 성도의 교제를 상징하는 기념의식으로 보았다. 그리고 츠빙글리가 1529년 이래로 성만찬의 은혜적인 특징과 예수 그리스도의 영적 현존을 강조한 입장을 수용하면서도, 이와 동시에 언약신학의 기초 위에서 성만찬을 이해하는 시도를 했다. 즉 주님의 몸과 피를 상징하는 빵과 포도주를 나타내는 '표지'(signum)와, 주님의 대속의 죽음을 통해서 찢기신 몸과 흘리신 피를 나타내는 '실재'(res)를 강하게 연결시킨 성만찬을 주장한 것이다.[34] 좀 더 구체적으

XXXIII, Zür'ich 2006, 73-76. Peter Stephans는 이 글에서 성만찬 이해에 대한 츠빙글리와 불링거의 차이를 다음과 같이 서술하였다. "a) One of the clearest differences in sacramental theology between Zwingli and Bullinger is that in Bullinger it is God who is the subject of the sacraments. b) There are other differences, most notably the role of election and that of the Holy Spirit. c) One of the more surprising differences between Bullinger and Zwingli is in the use of the word instrument (instrumentum). d) The similarities as well as the differences between Zwingli and Bullinger can be seen in their use inward and outward and comparable terms."

로 불링거는 성만찬을 구약(옛 언약)과 신약(새 언약)의 통일성에 근거하여 유월절 식사(Passahmahl)와 성만찬을 하나님이 인간과 맺은 은혜언약과 연결시켜 구원의 의미가 수반된 표지적 사건으로 인식했다.[35] 즉 이 성만찬을 예수 그리스도의 구원이 믿음을 통하여 수여되는 하나님의 은혜언약에 대한 약속의 인(Siegel)으로 간주한 것이다.

물론 불링거의 이러한 입장은 1536년에 작성된 『스위스 제1 신앙고백서』에서도 유지되었다. 하지만 여기에서 영적이고 살아 있는 양식으로서 예수 그리스도의 몸을 먹음이라는 개념인 '신비적 먹음'(coena mystica)에 대한 이해가 새롭게 드러나기 시작했다.[36] 이 때문에 불링거가 성례를 거룩하고 영적 행사로서 규정하는 것은 매우 자연스러웠다. 물론 루터가 주장한 '그리스도의 육체적 임재'(공재설)와 로마 가톨릭교회가 주장한 '구원의 선물로서 성례의 실재성'(화체설)은 거부되었다. 이때부터 이 신비적 먹음의 개

---

34) Emidio Campi, *Consensus Tigurinus: Werden, Wertung und Wirkung*, 12.
35) 불링거의 성만찬에 대한 초기 글들: 《De sacrifitio missae 1524》(Heinrich Bullinger, *Theologische Schriften*, Bd. 2, bearb. Endre Zsindley, Hans-Georg vom Berg & Bernhard Schneider, Zuerich: TVZ 1991, 39-40 (이하, HBTS 2)과 《De institutione eucharistiae 1525》(HBTS 2, 89-100). Joseph C. McLelland, Die Sakramentenlehre der Confessio Helvetica Posterior, in: *Glauben und Bekennen, Beiträge zu ihrer Geschichte und Theologie*, hg. Joachim Staedtke, Zürich: TVZ 1966, 371.
36) 23. Eucharistia, Confessio Helvetica Prior von 1536, in: *Reformierte Bekenntnisschriften* (1/2), 65-66.

념은 불링거의 다양한 서신과 그의 성만찬에 관한 글37) 안에서 항상 발견되었다. 이는 『취리히 합의서』가 나오기 전인 1545년에 루터의 새로운 비방에 대한 논증으로서 정리된 『취리히 교회의 신앙고백서』 안에서도 확인된다. 이 문서 안에서 예수 그리스도의 임재에 대한 이해도 과거보다 훨씬 더 선명하게 제시되었다. 주님의 임재가 '영적으로' (geistlich) 더욱 구체적인 입장 속에서 주목된 것이다.38)

1545년 말에 불링거는 신자들의 성례에 대한 바른 이해를 위해서 『주 그리스도와 보편교회의 성례에 관하여』를 저술했다. 이 문서의 특징은 성령을 통한 성례의 효과와 관련하여 은혜의 수여를 『취리히 신앙고백서』보다 더 분명하게 밝혔다는 것이다. 물론 이는 성례의 외적 실행이 성령의

---

37) 《De scriturae sanctae authoritate 1538》 (*Heinrich Bullinger Schriften*, Bd. 2, hg. Emidio Campi, Zuerich: TVZ 2006, 205-214), 《De origine erroris in negocio eucharistiae ac misae 1539》 (Heinrich Bullinger Schriften, Bd. 1, hg. Emidio Campi, Zürich: TVZ 2006 269-415) 그리고 《Kommentar zum Matthaeusevangelium 1542》.

38) Zuercher Bekenntnis, in: *Reformierte Bekenntnisschriften* (1/2), 460: "Christum und besitzen im gloeubigen und hertzen, ist eigentlich und heyter zereden anders nüt dann teilhafft syn des geists der gnaden und gaaben ouch der erloesung Christi, und alles durch den glouben besitzen und haben. Dann ye der herr Christus der da oben im himmelen ist, wirt nit lyblich hienieden in hertzen von uns herumb getragen. ⋯ Welcher sine gebott haltet, in dem blybt er, und er in im: unnd darby wüssend wir dass er by uns blybt und wonet, by dem geist den er uns geben hat." (Campi, *Consensus Tigurinus: Werden, Wertung und Wirkung*, 14.)

효과를 불러일으킬 수 있다는 것을 의미하지 않는다.[39] 칼빈과 거의 흡사하게, 이미 외콜람파디우스와 후기 츠빙글리에게서 확인된, '성령'이 강조된 성만찬 이해를 더욱 분명하게 지지한 것이다. 그리고 이 새로운 문서에서 불링거는 표지와 실재를 강하게 연결시킨 초기의 입장을 수정했다. 즉 구약과 신약의 은혜언약에 대한 연속성 속에서 '표지'(signum)와 '실재'(res) 혹은 '표지된 실재'(res signata)를 분명하게 구별하면서 성만찬을 이해한 것이다.[40] 이 개념은 『취리히 합의서』에 잘 반영되었을 뿐만 아니라 『50편 설교집』 안에서도[41] 매우 구체적으로 확인된다. 특별히 이 변화는 한편으로 불링거와 베른의 츠빙글리주의자들 사이에 성만찬론의 차이점이 구체화되었다는 것을 의미한다. 그리고 다른 한편으로 츠빙글리의 성만찬론에 대한 칼빈의 비판적인 시각에도 불구하고, 불링거가 이 제네바 종교개혁자의

---

39) Campi, *Consensus Tigurinus: Werden, Wertung und Wirkung*, 16-17.
40) 취리히 합의서에는 '실재'(res)와 '표지된 실재'(res signata)가 동시적으로 사용되었다. (Campi, *Consensus Tigurinus: Werden, Wertung und Wirkung*, 14.)
41) *SERMONUM DECADES QUIQUE*, 892. 특별히 불링거는 여기에서 '표지된 실재'(res significata)를 다음과 같이 이해했다. "Caeterum intelligibile et res significata, interna et coelestis est ipsum corpus traditum pro nobis et sanguis effusus in remissionem peccatorum adeoque redemptio nostra et communio, quam habemus cum Christo et omnibus sanctis et quam habet ille in primis nobiscum. ······ E diverso appellamus ipsas res significatas internas, non quod res ipsis inclusae signis lateant, sed quod internis animi facultatibus per spiritum dei concessis percipiuntur."

성만찬론을 더 깊이 이해하기 위한 노력을 지속적으로 견지했음을 알게 한다. 칼빈이 『기독교 강요』 초판에서처럼 믿음을 강하게 붙들어주는 성례의 은혜적인 특징을 분명하게 규정하는 동안에 불링거는 성령의 역사 안에서 믿음과 연결된 성만찬의 효력에 대한 잘못된 이해를 교정하는 데 집중한 것이다.

1547-1549년 불링거의 성만찬론

1547년 2월 중에 칼빈이 취리히를 방문했을 때, 불링거는 제네바 동료에게 자신의 『주 그리스도와 보편교회의 성례에 관하여』를 보여주었다. 이 저술은 불링거와 칼빈 사이의 성만찬 합의를 구체화할 수 있는 한 실마리를 제공했다. 물론 칼빈은 처음에 이 책에 기록된 성만찬의 입장을 비판적으로 수용했다. 이 때문에 두 사람 사이에 거의 1년 가까이 침묵이 흘렀다. 하지만 이 침묵의 시간을 보내면서 칼빈은 더욱 진지하게 이 저술에 담긴 불링거의 성만찬 입장을 살펴보았고, 불링거도 칼빈을 더 깊이 이해하려는 마음을 가졌다. 1548년 3-5월 중에 두 사람이 교류한 서신들 안에서 이 흔적을 확인할 수 있다. 그리고 칼빈이 1548년 6월 26일에 쓴 서신에서는 불링거의 『주 그리스도와 보편교회의 성례에 관하여』에서 제시된 성만찬 입장에 대하여 과거와 다르게 좀 더 긍정적으로 평가하고 있는 것을 볼 수 있다. 불링거 역시 이제 성만찬에 대해서 칼빈과 좀 더 열린 마음으로 대화하려는 의지를 가지게 되었다. 당시 개신교를 향한 신성로마제국의 카를 5세(Karl V.)의 정치적 위협도 불링거와 칼빈을 이전보다 더 적극적으로 대화하도록 이끌었다.

이때부터 1549년 5월 말에 『취리히 합의서』가 도출되기 전까지 급진적으로 불링거와 칼빈 사이에 성만찬에 대한 신학적 논의가 서신을 통해서 이루어졌다. 칼빈이 1548년 6월 26일에 보낸 성만찬 해설이 담긴 긴 서신에 대해서 불링거는 1548년 11월에 답변서를 썼다. 긴 검토를 끝내고 24조항으로 정리된 성만찬 입장을 제네바로 보낸 것이다. 칼빈은 이 24조항에 대해 1549년 1월 21일에 반응을 나타냈다. 불링거의 성만찬 입장을 꼼꼼히 살펴서 20조항으로 구성된 성만찬 이해를 취리히에 전달한 것이다. 이 20조항 문서는 『제네바 신앙고백서』로 다듬어져서 1549년 3월 12일에 열린 베른 총회에 제출되었다. 내용적으로 불링거가 매우 만족한 것으로 알려져 있다.[42] 1549년 3월 15일에 불링거는 자신의 성만찬론에 대한 최종적인 입장을 20조항으로 다시 정리하여 칼빈이 읽도록 했다.

결과적으로 불링거와 칼빈 사이에 성만찬에 대한 많은

---

42) Saxer, *Bullinger, Calvin und der 《Consensus Tigurinus》*, 24.

양보와 실제적인 합의가 이루어질 수 있었다. 몇 가지 대표적인 실례를 여기에서 살피는 것은 의미가 있을 것이다. 칼빈은 성례에 대해 매우 강력한 의미를 담고 있는 은혜의 '도구'(instrumenta)라는 단어를 양보하고, 불링거가 제시한 좀 더 느슨한 형태의 원인관계를 지시하는 은혜의 '수단'(organum)이라는 단어를 받아들였다.[43] 예수 그리스도의 몸을 실재적으로 표현하는 '실체'(substantia)라는 단어도 루터의 성만찬을 상기시키는 것 때문에 칼빈은 사용하지 않기로 했다. 성만찬 때 예수 그리스도의 몸의 실체에 참여한다는 개념은 그의 사후에 베자도 거부한 것으로 알려져 있다.[44] 이뿐만 아니라 불링거와 칼빈 모두 사용했던 '인'(Siegel)의 개념은 수용되었지만, 오직 성례의 효력과 관련하여 비유적인 의미 안에서 제한적으로 수용되었다. 왜냐하면 구원의 효력을 실제로 발생시키는 것은 성례가 아니라 성령이기 때문이다. 즉 성령이 '참된 인'임을 인정한 것이다. 칼빈은 인간의 성례 시행과 성령을 통한 성례의 효과를 동시적인 시간의 의미로 연결시키는 것도 양보했다. 불링거와 칼빈은 좀 더 신중하게 성례의 시행과 효력을 신자의 믿음에 대한 성령의 확증과 함께 이해하는 것이 옳다고

---

43) Opitz, *Leben und Werk Johannes Calvins*, 124.
44) Diarmaid MacCulloch, *Die Reformation 1490-1700*, Uebers. H. Voss-Becher u.a., Muenschen: DVA 2008, 340.

생각했기 때문이다. "주님이 우리에게 주신 그분의 은혜의 증명과 인은 참되기 때문에, 의심의 여지없이 주님은 우리에게 그분의 성령을 통하여 눈과 외적 감각들로 확인되는 성례를 실제로 수여하셨다."[45]

1549년 『취리히 합의서』

최종적으로 1549년 5월 말에 26조항으로 정리된 『취리히 합의서』가 도출되었다. 불링거와 칼빈 모두에게 성만찬 합의를 위한 중도의 길(Via media)은 두 논쟁적인 입장에 대한 화해의 시도와 다름이 없다. 이렇게 볼 때, 이 신앙고백서 안에는 당연히 거부할 수 없는 신학적이고, 교회정치적인 긴장감이 내포되어 있다. 그리고 불링거와 칼빈의 교회 일치를 위한 의지와 공동체적인 목적도 분명하게 입증되어 있다.[46] 하지만 두 사람의 합의는 단순히 인간의 논리적인 사고에 근거해서 이루어진 것이 아니다. 처음부터 끝까지 비록 성경해석 면에서 본질적이지는 않지만 서로 양보하길 원치 않는 입장차이가 있었음에도 불구하고, 사도적 가르침에 근거하여 성경을 바르게 이해하려는 시도 속에서

---

45) Cons. Art. 8: "Cum autem vera sint, quae nobis dominus dedit gratiae suae testamonia et sigilla, vere proculdubio praestat ipse intus suo spiritu, quod oculis et aliis sensibus figurant sacramenta, hoc est."
46) Opitz, *Leben und Werk Johannes Calvins*, 125.

서로의 관심사를 존중했기 때문에 결과된 것이다. 다르게 표현하면, 『취리히 합의서』는 신학적으로 성만찬에 대한 츠빙글리의 유산이 불링거의 언약신학적 해설 안에서 칼빈의 성령론 이해와 함께 조화를 이룬 것으로 볼 수 있다.[47] 그리고 이와 함께 반드시 잊지 않아야 할 점은, 『취리히 합의서』 안에 성만찬에 대한 불링거와 칼빈의 고유한 사상이 서로가 만족할 만큼 표명되었다고 생각하는 것 자체가 오해라는 사실이다. 『취리히 합의서』 도출 이후에 불링거는 이 합의를 존중하면서도 자신의 고유한 입장을 함께 드러냈고, 칼빈도 이와 다르지 않았다. 개혁주의 교회의 공통분모 속에서 불링거와 칼빈의 고유한 입장이 세부적으로 존중되었기 때문이다.

특별히 1549년 이후에 출판된 불링거의 모든 저술에서 확인되는 성만찬 이해는 그 중심적인 입장에서 『취리히 합의서』의 내용을 거의 벗어나지 않는다. 대표적으로 1556년 『기독교 신앙 요해』, 1549-1551년 『50편 설교집』, 1566년 『스위스 제2 신앙고백서』에서 이를 확인할 수 있다. 앞서 밝힌 것처럼, 불링거는 자신의 고유한 입장을 유지하면서도 『취리히 합의서』를 통해서 정리된 성만찬 이해를 죽는 날까지 견지했다. 이러한 의미에서 이 신앙고백서에 정리

---

47) Campi, *Consensus Tigurinus: Werden, Wertung und Wirkung*, 30.

된 성만찬론을 불링거의 입장으로 살피는 것은 당연하다.

『취리히 합의서』의 내용은 주제에 따라 크게 세 부분으로 정리될 수 있다.

- I-V조항: 그리스도와 성례

서론적 이해로서 첫 다섯 조항은 기독론 입장에서 설명되었다. 여기에는 그리스도의 인격과 사역이 핵심적으로 언급되어 있다. 교회의 모든 영적 수행이 우리를 율법의 마침이 되신 그리스도에게로 인도하는데, 그분 없이 우리는 하나님께 갈 수 없다(I조항).[48] 그리고 그리스도의 존재, 그리스도가 이 땅에 오신 목적, 그리스도의 구속사역을 통해서 제공된 은택들은 그리스도의 지식 없이 성례를 바르게 이해할 수 없음을 말해준다(II조항). "참된 성례의 인식은 그리스도의 인식에서부터 연유된다."(Sacramentorum cognitio vera, ex cognitione Christi.) 또한 하나님의 아들이시며, 하나님과 동등하신 그리스도가 우리에게 양자의 지위를 허락하시기 위해서 육신을 취하시고 이 땅에 오셨다. 우리는 오직 성령의 역사를 통해서 그리스도에 대한 믿음으로 의롭게 되고 새로운 생명으로 거듭날 수 있다(III조항).[49] 특별히

---

48) Cons. Art. I: "… quin huc spectet totum spirituale ecclesiae regimen, ut ad Christum nos ducat: sicuti per eum solum ad Deum pervenitur …"
49) Cons. Art. III: Quod fit, dum fide inserti in corpus Christi, idque spiritus

이 '거듭남'은 중생과 성화를 포함하는 개념으로 이해된다. IV조항에는 우리를 대신하여 의에 대한 하나님의 만족을 이루기 위해 그리스도께서 행하신 구속사역과 그분의 직분이 소개되어 있다. 그리스도는 우리를 중보하시는 제사장이며, 우리를 다스리시는 왕이시다. 우리는 그리스도와 연합함으로써 그분 자신과 모든 구원의 은택을 수여받는다(V조항).

서론에서 이처럼 그리스도의 인격과 사역에 대해서 고백한 이유는 무엇일까? 성례가 그리스도와 그분이 이루신 모든 구속은혜에 대한 확증으로 주어진 것이라는 사실을 분명히 하기 위함이다.

- VI-XX조항: 성례에 대한 해설

『취리히 합의서』의 중심 본문인 VI-XX조항에는 성례 전반에 대한 이해가 설명되어 있다. 즉 성례의 의미, 목적, 수행방식, 효력 등이 자세하게 소개되었다. 그리스도가 성령을 통하여 우리 안에 거하실 때, 그분은 우리에게 자신 안에 있는 모든 은택을 제공하시는데, 이를 증명하시기 위해 말씀과 성례(세례와 성만찬)가 우리에게 위탁되었다(VI조항). 성례는 은혜에 대한 증거(testimonium)이자 인(sigillum)으로

---

sancti virtute, primum iusti censemur gratuita iustitiae imputatione, deinde regeneramur in novam vitam.

서 그리스도를 고백하고 연합하고 있다는 표시이고, 감사와 경건한 삶을 위한 자극이며, 동시에 하나님이 베푸신 은혜에 대한 확신과 신뢰를 나타낸다(VII-VIII조항). 주님은 우리에게 성령을 통하여 성례가 표명하는 모든 은택인 하나님과의 화해, 거룩한 생명, 의로움, 구원을 보증하신다(VIII조항).[50]

IX조항에는 특별히 불링거와 칼빈의 관심 속에서 표명되었던,[51] 성례가 약속된 은혜의 '표지'(signum)라고 할 때, 그 표지와 그것의 영적 본질을 의미하는 '표지된 실재'(res signata)는 분리되지 않지만, 분명하게 구별됨을 설명한다. 이 때문에 성례 때 빵과 포도주를 먹고 마심으로 그리스도와 약속된 은혜가 동시적으로 주어지는 것이 아니라, 오히려 그 먹고 마심이 우리로 하여금 하나님의 약속들을 주목하게 한다(X조항).[52] 성례의 요소(빵과 포도주) 자체에 구원의 신뢰를 두는 오류를 반박한 것이다. 그리고 XI조항에서

---

50) Cons. Art. XIII: " ··· vere procul dubio praestat ipse intus suo spiritu, quod oculis et aliis sensibus figurant sacramenta: hoc est, ut potiamur Christo, tanquam bonorum omnium fonte, tum ut beneficio mortis eius reconciliemur Deo, spiritu" renovemur in vitae sanctitatem, iustitiam denique ac salute consequamur ···"
51) Strasser, *Der Consensus Tigurinus*, 10-11; Campi, *Consensus Tigurinus: Werden, Wertung und Wirkung*, 12, 14.
52) Cons. Art. X: "Ita materia aquae, panis aut vini, Christum nequaquam nobis offert, nec spiritualium eius donorum compotes nos facit: sed promissio magis spectanda est."

는 로마 가톨릭교회의 성례를 직접적으로 거부했다. 성례는 그 자체로 아무런 효과를 드러내지 못하며, 성례를 통하여 우리에게 구원의 은택이 수여된다고 해도, 그것은 성례 자체에서 나오는 것이 아니다. 하나님이 성례 자체에 자신의 능력이나 성령의 효과를 부여하지 않으셨기 때문이다(XII조항).

우리의 인식의 한계 때문에 하나님은 자신의 약속에 대한 실제성을 확신시키기 위해 성례를 도구로 사용하신다. 하지만 우리가 그리스도와의 연합 없이 성례에 참여하는 것은 아무런 의미가 없다. 이것이 성례가 하나님의 은혜의 수단(Organa)으로 이해될 수밖에 없는 이유이다(XIII조항).[53] 우리에게 내적으로 세례를 주시는 분은 그리스도이신데, 오직 그분이 성령의 능력 안에서 성례를 사용하실 때 모든 효력이 발생한다(XIV조항). 성례가 우리의 믿음을 보증하는 인으로 사용될 때에도 성령의 역사와 분리되어 이해될 수 없다. 성례 앞서 믿음의 시작이요 완성자이신 성령이 우리의 참된 인이 되시기 때문이다(XV조항).[54]

하나님의 능력은 오직 택자들에게만 발휘된다. 하나님

---

53) Cons. Art. XIII: "Organa quidem sunt, quibus efficaciter, ubi visum est, agit Deus: sed ita, ut totum salutis nostrae opus, ipsi uni acceptum ferri debeat."
54) Cons. Art. XV: "… et tamen solus spiritus proprie est sigillum, et idem iidei inchoator est et perfector."

은 생명으로 선택된 자들에게만 믿음으로 조명하시고, 또한 성령의 신비한 사역을 통해서 성례가 제공하는 것을 받게 하신다(XVI조항).[55] 이 때문에 택자이든 유기자이든 모든 사람이 성례를 나타내는 표지(signum)에 참여할 수 있지만, 실재(res)를 소유할 수는 없다. 오직 택자들만 표지의 진리(veritas signorum)에 도달할 수 있다(XVII조항).[56] 그러므로 그리스도와 하나님의 은사(dona)는 오직 믿음의 사람에게만 제공되는데(XVIII조항), 그들은 성례를 통해서 혹은 성례 전이나 밖에서(ante et extra) 그리스도와 교제할 수 있다.

그리스도와 함께 발생하는 믿음은 성례를 통해 믿음의 사람 안에서 강화되고 풍성해지며, 하나님의 은사들이 증대된다(XIX조항). 그래서 하나님의 은혜는 성례의 시행과 직접적으로 관계되어 있지 않다. 믿음의 사람이 성례로 받는 유익은 시간에 예속되어 있지 않은데, 즉 세례의 효력은 평생을 통해서 발휘될 수 있고, 또한 성만찬도 시간의 흐름 속에서 열매를 맺는 경우가 있기 때문이다(XX조항).

---

55) Cons. Art. XVI: "sed tantum in electis. Nam quemadmodum non alios in fidem illuminat, quam quos praeordinavit ad vitam, ita areana spiritus sui virtute efficit, ut percipiant electi quod offerunt sacramenta."
56) Cons. Art. XVII: "Nam reprobis peraeque ut electis signa administrantur, veritas autem signorum ad hos solos pervenit."

• XXI-XXVI조항: 성례 이해의 오류들

성례 전반에 대한 해설 이후에 성례를 잘못 이해한 오류들이 제시되었다. 처음으로 제시된 것은 그리스도의 인성의 편재에 대한 비판이다(XXI조항). 이는 루터를 정면으로 반박한 것이다. 그리고 "이것이 나의 몸이며, 이것이 나의 피다"에 대한 해석에서 엄밀한 문자적인 해석을 거부하고, 상징적으로 해석되어야 한다는 것도 표명되었다(XXII조항). 지나치게 문자적으로 해석하여 빵과 포도주를 그리스도의 실제적인 살과 피로 인식한 로마 가톨릭교회의 오류를 비판한 것이다(XXIII-XXIV조항). 물론 그 비판은 루터의 공재설도 피해 가지 않았다. 그리스도의 몸은 공간적으로 하늘에 있음을 분명히 하면서 성만찬 시에 우리에게 그리스도의 몸이 빵과 결합하여 제공되지 않음을 밝혔다(XXV조항). 빵이 그리스도와 함께하는 연합의 상징과 보증으로 제시된다고 해도, 빵은 상징적으로 주어진 것이며, 결코 그리스도의 몸에 대한 실재 자체(res ipsa)로서 제공되지 않기 때문이다(XXVI조항).[57]

---

57) Cons. Art. XXVI: "Quanquam enim panis in symbolum et pignus, eius quam habemus cum Christo communionis, nobis porrigitur: quia tamen signum est, non res ipsa neque rem in se habet inclusam aut affixam, …"

『취리히 합의서』가 만들어낸 결과

불링거와 칼빈은 『취리히 합의서』가 개신교의 일치에 영향을 미칠 수 있기를 희망했다. 하지만 이 신앙고백서에 대한 루터주의 교회의 평가는 가혹했다. 함부르크(Hamburg) 목사 베스트팔은 이 신앙고백서를 통해서 루터주의 교회의 고립을 직시했다. 루터의 편재론(Ubiquitaetlehre)을 루터파 정통주의의 기준으로 인식하고 있는 베스트팔의 시각에서 칼빈은 완전히 츠빙글리주의자(Zwinglianer)로 간주되었다. 베스트팔은 『취리히 합의서』가 도출되기 전까지 루터에게 근접해 있던 칼빈의 성만찬 이해가 전혀 의도하지 않은 방향으로 흘러간 것으로 보았다. 이에 그는 의도적으로 『취리히 합의서』를 모욕적인 말들로 논박하였고, 결과적으로 '제2차 성만찬 논쟁'을 현실화시켰다.

새로운 성만찬 논쟁은 긴 시간 동안 문헌들을 통해서 진행되었다. 베스트팔은 1552년에 『가치 없는 것』(*Farrago*), 1553년에 『정당한 믿음』(*Recta fides*), 1555년에 『모음집들』(*Collectanea*)을 출판하며 불링거와 칼빈을 공격했다. 이 글들에서 그는 불링거를 황소(Bulle)로, 칼빈을 송아지(Kalb)로 비난하면서 성만찬에 대한 『취리히 합의서』를 모욕했다. 칼빈은 처음 베스트팔의 공격에 대해서 아무런 반응도 하지 않았다. 불링거와 다르게 칼빈은 여전히 루터주의자들에게서 좀 더 관대한 반응을 기대했기 때문이다. 그래서 칼빈은 비텐베르크 신학자들의 비판에도 불구하고 작센의 선제후에게 자신의 창세기 주석을 헌사하면서까지 화해에 대한 끈을 놓지 않았다.[58]

하지만 루터주의 진영과 화해하는 것이 불가능함을 알게 된 칼빈은 베스트팔의 논박에 대응하기 위해 불링거에게 문의했다.[59] 취리히 의장은 제네바 신학자를 적극적으로 격려했다. 결국 칼빈은 1555년에 『변호』(*Defenisio*), 1556년에 『두 번째 변호』(*Secunda Defensio*), 1557년에 『최후의 경고』(*Ultima Admonitio*)를 통하여 베스트팔의 논박에 대해 반응했다. 칼빈은 1555년에 『변호』를 출판한 이후에 곧바로 그 책을 불링거에게 보내서 의견을 물었다. 취리히 신학자는 전체적인 내용에 대해 만족을 표시하면서도, 루터주의 교회의 성만찬론을 감정적으로 너무 날카롭게 비판한 것과 베스트팔을 '황소'나 '들짐승'으로 비방하는 것에는 조심스러운 입장을 표명했다. 하지만 칼빈은 자신의 고유한 논증 방식을 포기하지 않았다. 베스트팔을 향한 적극적인 논증 속에서 칼빈은 츠빙글리-남부 독일 종교개혁(die zwinglisch-oberdeutsche Reformation)의 신학자들을 분명하게 지지했다. 지금까지 경건하고 탁월한 예수 그리스도의 종

---

58) CO. XV, 196-201: 《CALVINUS PRINCIPIBUS SaxerICIS: Dedicatio Commentarii in Genesin》.
59) CO. XV, 207-208.

인 츠빙글리와 외콜람파디우스가 살아 있었다면, 칼빈 자신이 이 논쟁을 위해서 사용한 단어들은 어느 것 하나 바뀌지 않고 그들도 똑같이 사용했을 것이라고 변호했다.[60]

이러한 배경 속에서 1563년에 바젤 교회의 의장(Antistes)인 시몬 술처(Simon Sultzer)가 스위스 개혁주의 연합도시들로부터 이탈하여 스트라스부르에서 『아우크스부르크 신앙고백서』에 서명했을 때, 칼빈은 이 사실을 격렬하게 항변하며 스위스 개혁주의 연합총회를 제안하기도 했다.[61] 하지만 칼빈은 멜란히톤에 대해서는 늘 관대한 마음을 가졌다. 이미 『취리히 합의서』에 지지를 표명한 독일의 교사(Praeceptor Germaniae) 멜란히톤이 1558년에 보름스(Worms)에서 다른 루터주의자들과 함께 츠빙글리를 이단으로 규정한 문서에 서명했을 때, 칼빈은 아무런 반응도 하지 않았다. 칼빈이 몇 번이나 제2차 성만찬 논쟁에 대한 입장을 요청했을 때도, 베자가 1557년과 1559년 사이에 비텐베르크와 화해하기 위한 다양한 시도들을 수행했을 때도 멜란히톤은 늘 침묵으로 일관했지만, 그럼에도 불구하고 칼빈은 그를 향한 신뢰를 거두지 않았다. 칼빈이 성만찬 논쟁 안에서 '루터의 원숭이'(Affen Luthers)[62]를 반대하여 드러낸 불쾌

---

60) Saxer, *Bullinger, Calvin und der 《Consensus Tigurinus》*, 91.
61) Uwe Plath, *Calvin und Basel in den Jahren 1552-1556*, Zuerich: TVZ 1975, 173-192.
62) CO. XVIII, 84.

감은 처음 비텐베르크 영역에서 『취리히 합의서』의 노골적인 거부감에 관한 실망만은 아니었다. 오히려 베스트팔을 개신교 내부의 평화와 일치를 깨뜨리는 사악한 적으로 인식했기 때문이다. 그렇다고 해도 칼빈은 루터주의자들과 타협의 여지를 남겨두지 않은 일방적인 논박을 추구하지는 않았다. 베스트팔과 계속된 논쟁 가운데 『취리히 합의서』 안에서 논의되지 않은 것을 표명하면서 지속적인 대화를 위한 호기심을 자극했으며, 루터의 관심사가 수용된 내용으로 서로의 갈등을 봉인하려는 여운을 남겨 놓았기 때문이다.[63] 하지만 제2차 성만찬 논쟁은 루터주의 교회와 개혁주의 교회 사이의 신앙교파화를 더욱 가속화시켰다. 두 교회 사이에 더 이상 메울 수 없는 깊은 골이 만들어진 것이다.

루터주의자들의 끊이지 않는 비판과 최종적인 개신교 분열에도 불구하고, 불링거와 칼빈의 성만찬론에 대한 실천적 열매인 『취리히 합의서』는 '츠빙글리주의' 혹은 '칼빈주의'라는 꼬리표를 떼어내고 '한 개혁주의 교회'를 등장시켰다. 특별히 불링거가 칼빈과 성만찬론의 대화를 시작했을 때부터 츠빙글리적이거나 혹은 칼빈적인 성만찬 신학을 기대한 것은 아니다. 그는 성만찬에 관한 전(全) 스위스적인

---

[63] 1554년 8월에 칼빈이 마르바흐(Marbach)에게 쓴 편지 (CO. XV. 121-2); CO. XV. 272-287: 《De defensionis libello D. Ioannis Calvini et Tigurinae Ecclesiae iudicia》 (1554. 10. 24).

신앙고백서를 작성하길 원했을 뿐만 아니라 모든 종교개혁 도시들에게 인정받는 보편교회를 위한 성만찬 신학을 정리할 수 있기를 바랐다. 당연히 칼빈에게서도 성만찬 합의에 대한 관심은 앞선 종교개혁자들의 역할 안에서 그의 분명한 위치를 찾게 하는 데 기여했다. 결과적으로 칼빈은 츠빙글리-독일남부적인 종교개혁을 소위 '개혁주의적인 종교개혁'(die reformierte Reformation)으로 전환시키는 주도적 역할을 했다.64) 취리히와 함께 제네바 역시 종교개혁의 한 중심적 도시로 자리매김하게 된 것이다. 그리고 『취리히 합의서』는 단순히 불링거와 칼빈의 성만찬 사상의 일치만을 의미하지 않는다. 스위스 종교개혁 안에서 한 개혁된 교회를 세우기 위해 헌신한 모든 종교개혁자들의 성만찬 입장에 대한 집약이자 절충이며 협의라고 할 수 있다.65) 이 열망이 1549년에 신학적이고, 교회정치적인 배경 속에서 개혁주의 내에 있는 모든 성만찬의 입장이 불링거와 칼빈에 의해 통합되어 『취리히 합의서』로 열매를 맺은 것이다.

불링거와 칼빈의 긴 신학적 대화를 통해서 도출된 『취리히 합의서』에 다양한 지역의 교회들과 신학자들이 서명을 한 것은 모든 내용이 자신들의 생각과 완전히 일치했기 때

---

64) Peter Opitz, *Leben und Werk Johannes Calvins*, 114.
65) Campi, *Consensus Tigurinus: Werden, Wertung und Wirkung*, 9.

문이 아니다. 한 신앙공동체를 이루는 데 있어서 포기되어서는 안 될 적정선에 근거하여 동의한 것이다. 따라서 『취리히 합의서』는 16세기 중반에 다양한 개혁주의 흐름을 한 방향으로 이끈 매우 의미 있는 신앙고백서로 간주된다. 그리고 우리는 이 성만찬의 일치된 내용을 이루기까지 불링거와 칼빈 사이의 신학적 절충과 합의의 역사적 과정이 있었다는 사실을 잊지 않아야 한다. 사실 이 정신은 모든 개혁주의 신앙고백서들의 특징이기도 하다. 이렇게 볼 때 『취리히 합의서』는 예수 그리스도의 몸인 보편교회의 유익을 위해 평생을 헌신한 불링거와 칼빈의 성만찬에 대한 진실한 신앙고백이다. 한 보편교회를 추구했던 두 인물이 서로에 대해 깊이 신뢰함으로부터 연유되었기 때문이다.

예정론 – 『취리히 합의서』부터 『스위스 제2 신앙고백서』까지
불링거는 예정론을 매우 신중하게 다루었다. 칼빈과 다르게 예정론을 독립적인 저술로 쓰지도 않았다. 불링거의 예정론은 다양한 저술과 논쟁 속에서 독립적인 주제로 다루어지긴 했지만, 그 내용은 논쟁적 성격이 아닌 성경해설적으로 정리되어 있다. 특별히 1549년 『취리히 합의서』부터 1566년 『스위스 제2 신앙고백서』가 출판될 때까지 긴 시간 속에서 불링거는 자신의 예정론을 다양한 정황 속에서 다루었다.[66]

1551년 볼섹 논쟁에 대한 불링거의 입장

1549년에 불링거와 칼빈이 성만찬에 대해 합의한 『취리히 합의서』와 1549-1551년에 쓰인 『50편 설교집』 안에서 길지는 않지만 분명하게 표명된 불링거의 이중예정을 살필 수 있다. 하지만 1551년 10월 16일-12월 22일에 제네바에서 발생한 '볼섹 논쟁'[67]과 관련하여 불링거와 칼빈 사이에

---

66) 불링거의 예정론은 대표적으로 다음과 같은 인물들을 통해서 연구되었다. 먼저 알렉산더 슈바이처(Alexander Schweizer)가 처음으로 1854년에 출판된 자신의 저서 『개신교 중심교의학 I』에서, 1556년 피터 마터 버미글리(Peter Martyr Vermigli)가 취리히에서 사역한 이래로 불링거가 초기에 거의 확인되지 않은 매우 엄밀한 예정론을 수용함으로 교리적 발전이 있었음을 표명했다. (Alexander Schweizer, *Die protestantischen Centraldogmen* I, Zuerich: Bei Orell, Fuessli und Comp, 1854.) 슈바이처의 입장은 이후에 예정론에 관한 불링거의 사상과 관련하여 여러 신학자들에 의해서 그대로 수용된 것이 사실이다. (다음의 글들을 통해서 확인할 수 있다. Karl Sudhoff, C. Olevianus und Z. Ursinus. Leben und ausgewählte Schriften: nach handschriftlichen und gleichzeitigen Quellen, Olberfeld: R.L. Friderichs 1857, 328; August Kang, De l'élection éternelle de dieu. Actes du Congrés international de théologie calviniste 1936, 148; Joachim Staedtke, Der Zuercher Praedestinationsstreit von 1560, in: *Zwingliana* IX, Zürich 1953, 536. 앞의 인물들보다는 강하게 주장하지 않았지만, 다음 신학자들 역시 예정론과 관련하여 불링거가 버미글리의 영향 아래 있다고 했다. Carl Schmidt, *Peter Martyr Vermigli*, Elberfeld 1858, 274-276; Otto Ritschl, Dogmengeschichte des Protestantismus. Bd. 3: Die reformierte Theologie des 16. und 17. Jahrhunderts in ihrer Entstehung und Entwichlung, Goettingen 1926, 248-249). 하지만 페터 발저(Peter Walser)는 『하인리히 불링거의 예정론』 안에서, 코넬리스 베네마(Cornelis P. Venema)는 『하인리히 불링거와 예정론』 안에서 앞서의 주장과 다른 의견을 제시하였다. (Peter Walser, *Die Praedestination bei Heinrich Bullinger*, Zürich: Zwingli-Verlag 1957과 Colnelis P. Venema, *Heinrich Bullinger and the Doctrine of Predestination*, Michigan: Baker Academic 2002.) 이 두 사람은 버미글리가 취리히 학교(Schola Tigurinus)에서 구약 교수로 사역을 한 이후에도 예정론에 대한 불링거의 입장이 근본적으로 변화된 것은 없다고 밝혔다.

67) 볼섹에 대한 논쟁과 재판에 대한 전 과정의 기록은 다음을 참조할 수 있다.

오간 서신들 안에서 확인된 불링거의 예정론은 앞서 언급된 내용과 사뭇 다른 느낌을 갖게 한다. 그의 예정론이 칼빈의 이해와 조금 다른 시각으로 묘사되었기 때문이다. 앞서 불링거와 칼빈의 교류와 관련하여 볼섹 논쟁을 다루긴 했으나 여기서 조금 더 자세히 살펴보자.

종교개혁 이전에 카르멜파(Karmeliter)의 수도사였던 히에로니무스 볼섹(Hieronymus J. Bolsec)은 1545년에 로마 가톨릭교회를 떠나 페라라 공작부인(Herzogin von Ferrara)의 보호 아래서 결혼을 하고 의사로 활동했다. 하지만 그는 어떤 이유로 몇몇 사람을 속인 것 때문에 공작부인과 갈등을 일으키고 1551년 초에 제네바로 거처를 옮겼다. 제네바에 머물게 된 이래로 볼섹은 다양한 영역에 관심을 가진 지식인으로서 그곳 교회의 가르침에 크게 만족했지만, 하나님의 절대주권에 근거한 예정론에 대해서는 늘 의문을 제기했다. 이 때문에 다양한 사람들에게 예정론에 대한 자신의 비판적인 생각을 노골적으로 드러냈다. 볼섹의 행태는 제네바 교회를 시끄럽게 만들었고, 결국 칼빈과 볼섹 사이에 예정론 논쟁이 발생되었다.

볼섹은 1515년 10월 16일 성 베드로교회에서 열린 목회자들을 위한 금요집회(Congrégation: 취리히 '예언회'[Profezei]

Ioannis Calvini opera quae supersunt omnia, ed. W. Baum, E. Cunitz und E. Reuss, Bd. VIII, Braunschweig 1863-1900, 141-248.

의 제네바 형식[68])에서 장 드 세인트-안드레(Jean De Saint-André)가 요한복음 8장 47절을 예정론에 근거하여 설교하고 있을 때, 그 설교를 가로막으며 이의를 제기했다.[69] 큰 목소리로 철저한 펠라기우스 입장에서 칼빈의 예정론을 반대하는 자신의 논증을 펼치며 그곳에 참석한 목사들을 비난한 것이다. 볼섹의 예정론은 다음과 같은 요점으로 정리될 수 있다.[70] 먼저 인간은 택함을 받았기 때문에 구원을 얻는 것이 아니라 믿음을 가졌기 때문에 택함을 받는다. 인간의 구원은 선택에 근거하지 않고, 인간의 신앙과 불신앙에 근거한다. 인간의 운명은 처음부터 정해지지 않았으며, 신앙 혹은 불신앙의 상태에 따라서 시시각각 유동적으로 정해지기 때문이다. 다음으로 하나님의 은혜는 모두에게 보편적으로 유효하며, 다만 인간은 자신의 자유로운 의

---

68) van Heike A. Oberman, Via Calvini: Zur Entraetselung der Wirkung Calvins, in: *Zwingliana* XXI (1994), 52.
69) CO. VIII, 145-146; Kampschulte, *Johann Calvin seine Kirche und seine Staat in Genf*, 127-128; Calvin-Studiengabe, hg. Eberhard Busch u.a., Bd. 4, Neukirchen-Vluyn: Neukirchener, 2002, 84. 장 드 세인트-안드레는 요한복음 8장 47절에 대한 설교에서 다음의 내용을 피력하였다. 아버지로부터 온 자는 하나님의 말씀을 듣는다. 만약 사람이 그분의 말씀을 듣지 않으면, 그 사람은 하나님으로부터 온 자가 아니다. 하나님의 영에 의해 새롭게 거듭나지 않은 자는 끝까지 하나님을 대적하게 된다. 왜냐하면 순종은 하나님의 선물이요, 선택의 열매이기 때문이다.
70) CO. VIII, 147-149 (S'ensuyvent les articles que nous avons extraictz des propos tenuz ce iourdhuy 16. d'octobre 1551 par un nommé maistre Hierosme); CO VIII, 205-208 (Lettre des Ministres de Geneve à ceux de Bâle j de Berne et de Zurich).

지에 따라서 제공된 구원을 취하거나 혹은 취하지 않을 수 있다. 그리스도께서 모든 사람이 알 수 있도록 성육신하셨다는 성경의 증언은 이미 하나님이 어느 누구도 영원 전에 유기로 결정하지 않았다는 것을 증명하기 때문이다. 끝으로 선택과 유기에 대한 이중예정은 잘못된 것이다. 생명과 죽음으로 사람의 운명이 이미 정해져 있다면 하나님을 악의 창시자로 만들 수 있기 때문이다. 신앙과 불신앙에 대한 신적 예지를 넘어서 하나님이 생명과 멸망을 미리 작정하셨다는 것은 성경의 가르침이 아니다. 결론적으로 불섹은 타락한 인간의 자유의지를 인정했을 뿐만 아니라 타락에 대한 인간의 책임을 드러내기 위해 신적 예지만을 강조했다.71) 이는 로마 가톨릭교회의 구원론의 기초를 이루고 있는 펠라기우스 입장에 서 있는 것이며,72) 앞서 칼빈과 논쟁했던 알베르투스 피기우스(Albertus Pighius)가 1542년에 쓴 『인간의 자유선택과 거룩하고 은혜로운 책』(*De libero homminis arbitrio et divina gratia libri decem*)73)에서 주장된 논조와 크게 다르지 않다.74)

---

71) C. B. Hundeshagen, *Die Conflikte des Zwinglianismus, Luthertums und Calvinismus in der bernischen Landeskirche*, Bern 1842, 271.
72) Kampschulte, *Johann Calvin seine Kirche und seine Staat in Genf*, 136.
73) 원제목: De libero homminis arbitrio et divina gratia libri decem ⋯⋯ autore Alberto Pighio Campen, Coloniae 1542 mene Augusto.
74) Walser, *Die Praedestination bei Heinrich Bullinger*, 168. 볼섹은 제네바 목사회가 제시한 17개 조항에 대한 답변에서 인간의 타락을 인정하면서도, 인간이

이 소동과 관련하여 칼빈은 볼섹이 연설을 시작할 때 들어와서 인내심을 가지고 끝까지 경청했다. 그리고 연설이 끝난 후에 곧바로 성경과 어거스틴의 예정론을 인용하며 약 한 시간 동안 볼섹의 논증을 반박했다.75) 기욤 파렐(Guillaume Farel)도 볼섹의 어리석음에 현혹되어 어느 누구도 거룩한 하나님의 말씀에서 벗어나지 말 것을 짧지만 위엄 있게 호소했다. 볼섹은 칼빈과 파렐의 논박에 대해 아무런 답변도 하지 못하고 스스로 교회 밖으로 나갔다. 결과적으로 볼섹은 이 모임에 참석했던 제네바 법원 관료인 쟝 드 라 미즈너브(Jean de la Maisonneuve)의 고발로 교회의 평화를 깨드린 혐의로 체포되어 구금되었다.76) 제네바 목사회도 볼섹의 주장을 반박하는 17개 조항을 작성하여 의회에 제출하면서77) 볼섹을 '신성모독과 이단'에 관한 죄목으로 엄중한 판결을 내려줄 것을 요청했다.

자신의 자유의지를 완전히 잃어버리지 않았다고 주장하였다(Kampschulte, *Johann Calvin seine Kirche und seine Staat in Genf*, 131).

75) Kampschulte, *Johann Calvin seine Kirche und seine Staat in Genf*, 128; 데오도르 베자 / 김동현 역, 『존 칼빈의 생애와 신앙』, 서울: 목회자료사 1999, 92.
76) Kampschulte, *Johann Calvin seine Kirche und seine Staat in Genf*, 128-129.
77) CO. VIII, 149-151 (Memoire présenté au Conseil par les Ministres contre Bolsec): 이 문서의 맨 끝에는 칼빈을 포함하여 13명의 목사들이 서명되어 있다. Jacques Bernard, Jehan Calvin, Philippe de ecclesia, Abel Pouppin, M. Malisie, Nicolas Des Gallars, Jehan Poirier, François Bourgoing, Sainct André, Raymond Chauvet, Jehan Baldin, Michel Cop, Jehan Fabri.

볼섹의 대한 재판은 일방적으로 이루어지지 않았다. 긴 시간 동안 여러 번의 심의를 거치고, 이웃 도시들의 의견을 수렴하면서 합법적으로 수행되었다. 제네바 목사회는 1551년 11월 14일에 볼섹의 정당한 판결을 위해서 베른, 바젤, 취리히 교회에 공적 서신을 보내고, 각 교회들의 입장을 피력해줄 것을 요청했다.[78] 이 서신에는 볼섹이 주장한 내용, 제네바 교회의 반박 입장, 세 도시에 서신을 보내는 이유 등이 상세히 기록되어 있었다. 제네바 목사회의 요청과 관련하여 불링거는 1551년 11월 27일과 1551년 12월 1일 사이에 칼빈에게 취리히 목사회의 이름으로 쓰인 세 통의 공적 서신과 두 통의 개인적 서신을 보냈다.[79] 하지만 불링거와 취리히 목사회의 답변은 제네바 교회가 기대한 것과 조금 차이가 있었다. 물론 이 차이는 본질적인 것이 아니었지만, 불링거와 칼빈 사이에 미묘한 파장을 불러

---

[78] CO. VIII, 207: "Interea quum iactaret se in aliis ecclesiis complures habere a sua parte ministros, postulavimus a Senatu nostro ne prius de tota summa pronunciaret, quam habito ecclesiae vestrae responso cognosceret, nebulonem illum improbe suffragii vestri titulo abuti. ⋯ Senatus tamen, sicuti a nobis rogatus erat, vos censuit consulendos."

[79] 1. Ministri Turicenses Genevensibus, 27. November 1551 (CO. VIII, 299-231); 2. Bullinger an Calvin, 27. November 1551 (CO. XIV, 207-209); 3. Aphorismi de Praedestinatione; de causis humanae salutis et damnationis aphorismi ex consensione re sacramentaria ministrorum ecclesiae Tigurinae et Genevensis, 27. November 1551 (CO. XIV, 209-211); 4. Ministri Turicenses Genevensibus, 1. Dezember 1551 (CO. VIII, 232-233); 5. Bullinger an Calvin, 1. Dezember 1551 (CO. XIV, 214-215).

일으켰다. 하나님은 영원하신 작정에 의하여 자신이 선하게 여기신 사람들을 구원으로 정하시고, 그 밖의 사람들을 유기하기로 정하셨다는 칼빈의 입장[80]을 불링거는 동의하지 않았다. 선택은 영원 전에 하나님의 작정에 속한 것으로 이해되었지만, 유기가 하나님의 작정과 직접적으로 연결되어 있다는 인식에 대해서는 조심스러웠기 때문이다. 따라서 불링거는 영원 전에 하나님이, 타락하여 형벌 아래 있는 죄인들 중에서 구원받을 사람들을 선택하셨고, 나머지 유기된 자들은 오직 그들 자신의 잘못을 통해서 타락하고 형벌을 받았다고 밝혔다. 하나님의 영원한 의지에 원인을 두고 있는 선택과 유기에 근거하여 인간들이 동일한 상태로 창조되지 않았다는 칼빈의 주장과 관련하여, 불링거는 하나님이 죄의 원작자가 될 수 있다는 오해를 완전히 불식시키기를 원했다. 칼빈의 예정론이 해석적인 입장에서 하나님을 죄의 원작자로 만들 수 있다는 지적을 신중하게 고려한 것이다.[81] 그렇다고 해서 불링거가 볼섹을 조금이라도 긍정한 것은 아니다. 그는 칼빈의 대적자 볼섹을 펠라기우

---

80) 1550년대 초에 칼빈의 예정론의 입장과 관련하여 취리히, 바젤, 베른에 제네바 목사회 이름으로 보내진 공적 서신들 외에 다음의 저술들을 확인할 수 있다. 제롬 볼섹(Jerom Bolsec)에 반대하여 1551년에 쓰였지만 1562년에 출판된 『영원한 선택의 모임』(*Congregation sur l'eletion eternelle*), 1552년에 알버트 피기우스(Albert Pighius)에 반대하여 저술된 『하나님의 영원한 예정에 관하여』(*De aeterna Dei Predestinatione*).

81) H. Bavinck, *Gereformeerde Dogmatiek* II, Kampen 1998, 348.

스 사고를 가진 인물로 분명하게 거절했다.[82]

결과적으로 불링거와 칼빈 사이에 한동안 갈등이 지속되었다. 1551년 12월 18일과 1552년 1월 1일 사이에 이루어진 제네바 합의(Consensus Genevensis)를 통하여 볼섹 및 피기우스가 정죄된 이후에 칼빈은 1552년 1월 21일에 불링거에게 서신을 보냈다.[83] 칼빈은 날카로운 소리로 자신이 하나님을 죄의 원작자로 만들었다는 것은 매우 잘못된 오해임을 해명했다.[84] 이 변증서신에 대한 답변으로 불링거는 1552년 2월 20일에 제네바 동료에게 자신의 입장을 밝히면서 호의적이지만 편치 않은 마음을 드러냈다. "그리스도 안에서 존경받는 선생이자 사랑스러운 형제인 당신은 볼섹 논쟁에서 우리의 답변에 관하여 많은 불만을 호소했습니다."[85] 하지만 불링거는 자신의 불만에 대해서 정당성을 부여하며 칼빈의 엄격한 논리에 대해 간격을 두었다. 타락전선택론의 입장에서 아담의 타락이 창조보다 앞서 고려

---

82) Walser, *Die Prädestination bei Heinrich Bullinger im Zusammenhang mit seiner Gotteslehre*, 173.
83) 1552년 1월 21일 칼빈이 불링거에게 보낸 서신 (CO. XIV, 251-254). (Walser, Die Prädestination bei Heinrich Bullinger im Zusammenhang mit seiner Gotteslehre, 177; Venema, Heinrich Bullinger and the Doctrine of Predestination, 62.)
84) CO. XIV, 253: "Novum opus a me promitti, in quo Deum non esse peccati autorem demonstrandum suscipiam, non recte interpretatus es."
85) 1552년 2월 20일에 불링거가 칼빈에게 보낸 서신 (CO. XIV, 289): "Multis mecum expostulasti, colende domine et frater in Christo dilecte, super responsione nostra in causa Hieronymaina ad vos scripta."

된다면 하나님을 죄의 원작자로 오해하게 할 수 있다는 입장을 포기하지 않은 것이다.[86] 물론 불링거는 칼빈의 이중예정 자체를 거부하지는 않았다. 이 서신을 제네바로 보내기 전인 1552년 2월 10일에 오스발트 미코니우스(Oswald Myconius)에게 보낸 서신에서 불링거는 칼빈의 예정론에 대한 생각의 차이를 언급했지만, 선택과 유기의 이중예정 자체를 거부하지 않았다는 것이 확인되기 때문이다.[87] 이 서신교환 후로도 불링거와 칼빈 사이에 예정론과 관련된 긴장 상황은 여전히 지속되었다. 불링거는 1553년 3월 말에 쓴 서신에서 칼빈에게 솔직한 감정을 드러냈다. "우리는 볼섹 논쟁 안에서 모든 것이 동일한 생각에 이르지 못했지만, 그렇다고 해서 나는 당신을 미워하지 않습니다."[88] 1555년 11월 2일에 쓴 긴 장문의 서신에서도 불링거는 칼빈에게 신자들을 위한 목회적 시각에 근거하여 예정론의 문제를 조심스럽게 지적했다. "나는 당신이 너무 무리하게 모든

---

[86] CO. XIV, 289: "Deum non tantum praevidisse sed praedestinasse et dispensasse lapsum Adami, huiusmodi esse videtur ex quo origo mali causaque peccati in ipsum possit reflecti Deum autorem."
[87] 1552년 2월 10일 불링거가 미코니우스에게 보낸 서신 (CO. XIV, 283): "Credo et doceo, una cum omnibus piis, Deum ab aeterno in Christo elegisse omnes credentes ad salutem, ideoque electos esse qui credunt, reprobos qui non credunt."
[88] CO. XIV, 510: "Licet vero in causa Hieronymiana non per omnia votes tuis responderim, ideo tamen non odi."

호의를 거부하거나, 과거보다 더 불편한 감정을 갖게 만드는 예정론의 문제를 끄집어내지 않기를 권면합니다. 나는 아담이 죄를 짓지 않도록 창조되지 않았으며, 또한 죄짓는 사람들은 하나님의 작정적인 계획에 의해서 죄를 짓는다는 식의 표현은 경계되어야 한다고 믿습니다. 특별히 나는 당신이 이미 자유주의자들에 반대하여 하나님이 죄의 원작자가 아님을 밝힌 것에 대해 매우 기뻐했습니다."[89] 불링거의 이러한 권면은 예정론의 논쟁이 개신교 내에서 지속적으로 문제가 된 성만찬 논쟁보다 더 큰 분란을 일으킬 수 있다는 염려 속에서 나온 것이다.[90] 긴 시간이 흘렀음에도 불구하고 불링거가 칼빈의 모든 예정론 입장을 지지하지 않은 것은 하나님을 죄의 원작자로 인식하게 할 수 있다는 우려를 여전히 가지고 있었기 때문이다.

1549년에 도출된 『취리히 합의서』 안에서 이해된 성만찬론과 다르게 예정론은 취리히와 제네바 사이에 발생한 간격

---

[89] 1555년 11월 2일에 불링거가 칼빈에게 보낸 서신 (CO. XV, 852-855): "… hic suggero, ne praedestinationis negotium ita proponas ut toti operi omnem auferas gratiam et te magis invisum reddas quam antea unquam. Abstinendum itaque puto ab huiusmodi loquutionibus: Adamum ita esse conditum ut non potuerit non peccare: Qui peccant, eos omnino ex destinato Dei consilio peccare. Placuerunt mihi maxime quae aliquando scribebas contra Libertinos, asserens Deum non esse malorum autorem."

[90] CO. XIV., 855: "Haec non ut te doceam commemoro, sed admoneo, circumspecte in hac causa verseris, ne maius oriatur incendium ex praedestinatione quam ex eucharistia."

을 좁힐 수 없을 것처럼 여겨졌다. 그럼에도 불구하고 볼섹 논쟁과 관련된 첫 서신 이래로 1553년 3월 말까지 불링거와 칼빈 사이에 오간 많은 서신의 중심주제는 볼섹 논쟁만이 아니었다. 당시 프랑스에서 벌어지고 있는 위급한 정치상황과 위그노들에 대한 문제, 제네바와 베른 사이의 정치적 긴장관계, 칼빈과 요아킴 베스트팔(Joachim Westphal)의 성만찬 논쟁 같은 다양한 주제들도 담겨 있었다. 유럽과 스위스에서 일어나는 모든 중대한 문제들에 대해서 불링거와 칼빈은 지속적으로 의견을 교환하고 서로의 정보를 공유했다. 예정론과 관련하여 긴장 관계가 두 사람 사이에 존재하고 있었지만, 이것 때문에 각자가 독립된 길을 걷지 않았다.[91]

트라헤론에게 보낸 서신

볼섹 논쟁과 관련하여 불링거와 칼빈 사이에 예정론에 대한 입장차이가 있다는 소식은 먼 영국에까지 알려졌다. 그곳에 사는 바톨로메우스 트라헤론(Bartholomaeus Traheron)[92]은 1552년 9월 10일에 불링거에게 진지한 고뇌

---

91) Campi, *Beza und Bullinger im Lichte ihrer Korrespondenz*, 143.
92) 트라헤론은 1537년에 젊은 학생으로 영국에서 취리히를 방문했다. 이를 계기로 그와 불링거 사이에 지속적인 교류가 이루어졌다. 특별히 트라헤론은 영국으로 돌아간 이후에 불링거와 대주교 토마스 크랜머(Thomas Cranmmer)를 연결시켜 지속적인 관계를 맺도록 했다. (Carl Pestalozzi, *Heinrich Bullinger. Leben und ausgewählte Schriften*, Elberfeld 1858, 256-257.)

가 담긴 서신을 보냈다.[93] 영국에서 섭리, 자유의지, 예정론에 대한 불링거의 입장이 멜란히톤의 이론에 서 있는 것으로 알려져 있다고 밝히고[94] 예정론에 대한 자신의 생각이 칼빈과 다르지 않다는 것을 나타냈다. 그러면서 예정론에 대한 불링거의 입장을 조심스럽게 물었다.

영국에서 온 이 서신과 관련하여 불링거는 많은 시간이 흐른 이후인 1553년 3월 3일에 긴 답변서를 보냈다.[95] 여기에서 불링거는 자신의 입장이 비록 칼빈의 엄밀한 예정론을 전적으로 수용하고 있지는 않지만, 멜란히톤의 사고와 구별된다는 점을 알렸다. 이러한 전제 아래서 불링거는 먼저 신적 섭리를 하나님의 보존과 통치에 대한 의미로 규정했다. 그리고 이 섭리가 운명론이나 이율배반을 뜻하지 않을 뿐만 아니라 하나님을 죄의 원작자로 만들지 않는다는 것을 설명했다. 즉 '하나님이 죄를 허용하셨다'라는 이해를 통해서 하나님은 죄의 원작자가 될 수 없고, 오직 인간에게만 타락에 대한 전적 책임이 있음을 강조했다.[96] 이뿐

---

93) CO. XIV, 359-360.
94) 트라헤론은 자신의 글에서 멜란히톤의 입장은 공로주의에 가깝다고 평가했다.
95) CO. XIV, 480-490.
96) CO. XIV, 483: "Quaedam vero opera hominum operatur Deus ut prima utique causa, sine qua et contra cuius voluntatem nihil potest exsistere, ut ipsius interim operis partes maxime sint secundarum causarum, Deo autem niILÌI relinquatur nisi permissio. Atque ea ratione facit Deus etiam mala atque peccata, dum videlicet ipsa permittit, id est, dum non prohibet

만 아니라 불링거는 자유의지와 관련하여 어거스틴의 입장에서 자신의 논거를 정립했다. 타락 전에 인간의 의지는 자유로웠지만, 타락 이후에 인간은 선을 행할 수 있는 능력이 없으며, 오직 자발적인 동기로 죄를 짓는다고 주장했다. 하지만 중생된 인간은 여전히 연약함에 머물러 있으며, 따라서 인간의 본성이 아닌 하나님의 은혜와 성령의 능력을 통하여 선을 행할 수 있는 자유의지를 갖는다고 설득했다.[97] 끝으로 불링거는 예정론과 관련하여 자신의 타락후선택론적인 이해 속에서 단순한 이중예정을 묘사했다. 선택은 하나님의 선한 의지에서 기원한 것이지만, 유기는 인간이 자유로운 의지로 스스로 타락하여 영원한 형벌 아래 있는 것임을 밝혔다. 즉 선택은 하나님의 주권적인 의지의 행위인 반면에 유기는 자유의지를 가진 인간이 신적 죄의 허용 속에서 스스로 죄를 지은 결과로부터 연유되었다는 것이다. 유기의 직접적인 책임이 하나님께 있지 않고, 오직 인간에게 있다는 것을 강조하기 위한 표현이다. 의심의 여지없이

---

quod procul dubio, si vellet, prohibere posset. Proinde causae secundae, ut diabolus et homo corruptus, peccata sive mala faciunt maxime: Deus autem illa permittit, non facit, purissimus ab omni peccato et peccati suspicione. Obiicitur: Permissio non est operatio: si ergo Deus peccatum non facit sed permittit, certe non omnia operatur Deus. Praeterea sequitur permixtio rerum ex permissione, ut diabolus velit, quod possit, subvertere orbem ete Dico: Deum omnia ea operari quae naturae eius sunt convenientia. Peccata is non vult, nec in peccata impellit, quia naturae eius sunt contraria."

97) Hollweg, *Heinrich Bullingers Hausbuch*, 318-319.

이 서신에서도 불링거와 칼빈 사이의 차이는 본질적인 것이 아니다. 선택과 유기를 설명하는 방식에서 차이가 있을 뿐이다.

『기독교 신앙 요해』

1556년 2월에 불링거는 모든 신학적 주제를 담은 신앙교육서인 『기독교 신앙 요해』를 출판했다.[98] 이 저술은 독일어 초판 이래로 1608년까지 다양한 도시에서 라틴어, 프랑스어, 네덜란드어, 영어로 번역되어 30판 정도 인쇄되었고, 유럽 전역에 보급되었다. 한 가지 흥미로운 사실은 1556년부터 1565년 사이에 『기독교 신앙 요해』가 제네바에서만 13회나 출판되었다는 점이다. 이는 칼빈이 생존해 있는 시기에 이 저술이 그 도시에서 많은 사람들에게 사랑받았다는 것을 말해준다. 불링거가 밝힌 것처럼, 이 책은 개신교 내에서 계속되는 논쟁 때문에 혼란을 겪고 있는 모든 사람들이 보편교회의 정통신앙의 내용을 선명하게 이해할 수 있도록 목회적 관점에서 쉽게 쓰였기 때문이다.[99]

---

98) HBD, 48: "Circa principium huius anni aedidi: Die summa christenlicher Religion." 원제목: Summa Christenlicher Religion. Darin vß dem wort Gottes / one alles zancken vnd schaelten / richtig vnd Kurtz / anzeigt wirt / was einem yetlichen Christen notwendig sye zů wüssen / zů glouben / zů thůn / vnd zů lassen / ouch zů lyden / vnd saeligklich abzůsterben: in x. Articel gestelt / durch Heinrychen Bullingern.
99) Summa, Vorred. a. ii.

불링거의 『기독교 신앙 요해』는 『스위스 제2 신앙고백서』가 작성되기 이전의 불링거의 예정론 입장을 가장 자세히 알 수 있는 것이다. 물론 여기에서도 불링거는 예정론을 깊게 다루지는 않았다. 철저히 목회적 관점에서 모든 신자들이 이해하기 쉽도록 예정론과 관련된 성경 구절을 해설하는 방식으로 짧게 정리했다. 불링거는 펠라기우스에 반대하여 하나님의 주권에 근거한 인간의 선택을 변호했던 어거스틴의 전통 안에서 예정론을 소개했다.[100] 물론 이 책에서 예정론은 구원의 핵심이 아니라, 오히려 하나님의 구원 은혜에 대한 근원적인 요소로 이해되었다. 그는 에베소서 1장 3-8절에 기초하여 하나님이 그분 자신의 영원한 작정 안에서 예수 그리스도를 통하여 성취하실 구원의 은혜를 영원 전에 선택된 사람들에게 나타내셨다고 밝혔다. 하나님이 인간의 타락을 미리 보시고 예비하신 것으로, 하나님의 아들이 인간의 몸을 취하시고 이 땅에 오셔서 이루실 구속 사역의 근원으로서 예정론을 제시한 것이다. 즉 뱀의 유혹과 자유의지를 통해서 스스로 타락하여 영원한 형벌 아래 있는 죄인들이 하나님의 작정으로부터 예수 그리스도 안에서 선택되어 인간의 행위와 상관없이 오직 은혜를 통하여 죄에서 자유롭게 되고 영생을 얻는다는 것이다.[101] 특

---

[100] Venema, *Heinrich Bullinger and the Doctrine of Predestination*, 53-56.

특히 불링거는 인간의 선택을 하나님의 주권적인 은혜에 근거한 선택이며, 또한 예수 그리스도 안에서의 선택으로 이해했다. 이 '예수 그리스도 안에서의 선택'은 이 땅에 육체를 입으시고 오신 예수 그리스도가 오직 유일한 중보자로서 죄인 된 인간을 하나님과 화해시키고, 하나님은 예수 그리스도 안에서 인간을 자녀로 삼으시며, 인간은 예수 그리스도를 통하여 구속되고 거룩하게 된다는 전(全) 구원의 의미를 포함하고 있다.[102] 그래서 불링거는 이 선택에 근거하여 예수 그리스도가 교회의 기초와 머리가 된다는 사실을 강조했다.

『기독교 신앙 요해』에서 불링거는 유기를 선택과 동일한 하나님의 의지적인 행위로 이해하지 않았다.[103] 오직 인간이 뱀의 유혹과 자유의지를 통해서 스스로 타락한 책임과 결과로 규정했다. 불링거에게 유기는 창조 전에 '그리스도

---

101) Summa, 77r-v.
102) 『기독교 신앙 요해』의 라틴어 원제목: COMPENDIVM CHRISTIANAE RELIGIONIS DECEM Libris comprehenfum, Heinrycho Bullingero auchtore … TIGVRI APVD FROSCH. Anno domini, M.D.LVI. (이하, Compendium), 64r: "Gratiam suam Deus aeterno consilio destinauit in Christo mundo declare temporibus certis à se constitutis. Nam quemadmodum ab aeterno hominis lapsum praeuidit, ita etiam ab aeterno remedia praeparauit quibus mundus perditus reparetur, ac constituit filium suum, qui humanā assumeret naturā, in mundū mittere, per quem lapsus hominis restituatur ac reparetur."
103) Richard Muller, *Christ and the Decree: Christology and Predestination in Reformed Theology from Calvin to Perkins*, Grand Rapids 1988, 42.

안에서'(in Christum) 선택되지 않은 타락한 인간이 하나님의 심판으로 말미암은 죽음과 형벌 아래서 영원히 머물러 있는 상태이다. 즉 유기된 자들은 스스로 타락하여 '예수 그리스도 밖에'(extra Christum) 비참하게 영원히 머물러 있도록 창조 전에 선택받지 못한 사람들이다.[104] 불링거는 유기된 자들과 관련하여 시간적으로 육체적인 죽음과 영원한 죽음을 구별하지 않았다. 이미 죽음과 형벌 아래 있는 것과 관련하여 상태적으로 구별할 필요성을 느끼지 못한 것이다. 이러한 전제 속에서 선택의 원인은 뱀의 유혹과 자유의지를 통해서 스스로 타락하여 영원한 죽음과 형벌 아래 있는 죄인들의 일부를 영원 전에 예수 그리스도 안에서 선택하신 하나님의 작정이다. 하지만 유기의 원인은 낙원에서 하나님의 명령을 뱀의 유혹과 자유의지를 통해서 자발적으로 어긴 불순종이다.[105] 이 불순종 때문에 모든 사람이 사망과 영원한 형벌에 이르게 된 것이다.

불링거는 신적 선택과 동일한 조건에서 유기를 언급하지 않았다. 먼저 한편으로 선택을 강조하려는 것일 수 있고, 다른 한편으로 유기의 책임이 전적으로 인간에게 있다는 것을 알리려는 의도일 수 있다. 그리고 예정론의 깊이 있는 이해보다는, 오히려 하나님이 타락한 인간을 사랑하시며,

---

104) Summa, 79v; Conf., The. X, 12r.
105) Summa, 40r, 79r-v.

그분 안에 어떤 죄도 없다는 것을 드러내는 데 초점이 있었다. 논리적으로 해결될 수 없는 문제를 호기심을 가지고 접근하려는 모든 시도를 거부한 것이다.[106] 불링거는 성경해석에서 인간이 도달할 수 없는 하나님의 비밀을 풀기 위해 시도하는 모든 지식-사변적인 사고를 조심스럽게 여겼다.

버미글리와 비블리안더의 예정론 논쟁

1556년 4월 5일에 취리히 학교의 히브리어 교수인 콘라트 펠리칸(Conrad Pellikan)이 사망했을 때,[107] 그의 자리에 버미글리가 구약 교수로 청빙되었다.[108] 버미글리는 제네바 아카데미에서도 교수직을 제안받았지만, 이를 거절하고 1556년 7월 17일에 취리히에 도착했다.[109] 그리고 한 달 뒤인 8월 24일에 그의 취임강의가 있었다. 다음 해 6월 말에 버미글리는 사무엘 상·하에 대한 강의를 하였는데, 이때 예정론의 이해 속에서 사울 왕의 유기를 강조했다. 하지만

---

106) Heinrich Bullinger, *Studiorum Ratio*, ed. von Peter Stotz, Zürich: TVZ 1990, 106-108. 불링거에게서 성경에 대한 새로운 인식과 완전한 지식의 호기심 거절에 관한 개념은 1527년 이 *Studiorum Ratio*를 저술한 이래로 자신의 모든 신학적 사고 속에서 적용된 원칙이다.
107) HBD, 48.
108) J. H. Hottinger, *Hisroria ecclesiastica novi testamenti*, Bd. VIII, Tigurius 1667, 719: "Non ignorare poterant Tigurini, Martyrem eo etiam nomine, quod profundius et solidius de Praedestinatione ageret, suspectum jam esse Argentinensibus."
109) HBD, 48.

이 시기에 비블리안더는 소선지서들의 강의 때 펠라기우스 사고 속에서 예정론을 가르치고 있었다. 두 사람은 예정론에 대한 서로 다른 견해 때문에 자연스럽게 논쟁의 한 중심에 서게 되었다. 물론 어떤 한 사람이 의도적으로 논쟁을 일으킨

버미글리

것은 아니다. 오히려 이제까지 가르친 내용의 차이가 자연스레 신학적 갈등을 불러일으킨 것이다. 결국 종교개혁사 속에서 많이 알려진 사건은 아니지만, 1559-1560년에 취리히 학교(Schola Tigurina)의 구약 교수인 버미글리와 테오도르 비블리안더(Theodor Bibliander) 사이에 예정론 논쟁이 촉발되었다.[110]

비블리안더는 츠빙글리의 후임 구약 교수로 취임한 때부터 공공연하게 펠라기우스 입장에 근거한 보편구원론(Univeralismus)을 가르쳤다. 1532년 1월 11일 이사야 선지자와 관련된 첫 취임강의 때부터 이를 드러냈다.[111] 비블리

---

[110] Frank A. James, *Peter Martyr Vermigli and predestination: the Augustinian inheritance of an Italian reformer*, London: Oxford University Press 1998, 33-34.

[111] Oratio Theodori Bibliandri ad ennarationem Esaiae prophetarum principis dicta Tiguri III idus Januarii a natali Christi domini Anno MDXXXII, Tiguri,

안더의 보편구원론은 오랜 숙고에서 근거된 것이었다. 그리고 다양한 언어에 관심을 가진 학자로서 이방인들(유대인과 무슬림들)을 향한 긍휼과 연결되어 있기도 했다.[112] 디모데전서 2장 4절에 "하나님은 모든 사람들이 구원받길 원하신다"라는 바울의 기록을 문자적으로 받아들인 것이다.[113] 이 때문에 비블리안더가 "하나님의 의지에 근거한 선택과 유기의 조건에 따라서 인간이 창조되었다"라는 엄밀한 이중예정과 관련하여 하나님을 죄의 원작자로 만들 수 있다는 의문을 가진 것은 당연했다. "하나님은 유기시키기 위해서 인간을 창조하셨으며, 그에게 그분 자신의 형상을 부여하셨는가?" 비블리안더는 이 의문에 대해 침묵하지 않고 자신의 입장을 과감히 드러낸 것이다.[114] 물론 그는 예정론을 체계 있게 설명한 적은 없었다. 1532년 이래로 다양한 저술과 서신을 통해서 산발적으로 드러냈을 뿐이다.

비블리안더는 하나님의 선한 의지에 대한 관념 속에서 자신의 예정론을 주장했다. 하나님은 선하시기 때문에 모든 사람의 구원을 원하신다는 것이다. 그리고 그 역시 영원

Froschauer. (Christine Christ-v.Wedel (hg.), Theodor Bibliander in seiner Zeit, in: *Theodor Bibliander 1505-1564*, Zuerich: Neue Zuercher Zeitung 2005, 38-42.)

112) Emil Egil, *Biblianders Missionsgedanken*, in: *Zwingliana* III (1913), 46.
113) Christ-v.Wedel, *Theodor Bibliander 1505-1564*, 60.
114) Egil, *Biblianders Missionsgedanken*, 47.

전에 예수 그리스도 안에서의 선택을 말하지만, 이 선택은 사람과 관련된 것이 아니다. 그는 하나님이 영원 전에 특정한 사람들을 예정하신 것이 아니라, 두 질서를 예정하셨다고 밝혔다.[115] 이 질서는 하나님의 아들에 대한 믿음과 불신앙을 의미한다. 하나님의 아들을 믿는 사람은 심판에 이르지 않고, 하나님의 아들을 믿지 않는 사람은 심판에 이른다. 비블리안더는 믿음을 어느 누구도 자랑할 수 없는 하나님의 자유로운 선물로 규정했다. 하지만 타락 이후에도 인간의 이성과 특성이 어두워지지 않았다고 주장했다. 창조 때 부여받은 고유한 능력을 완전히 잃지 않았다는 것이다.[116] 이 때문에 인간은 자신의 자유의지를 통해서 구원의 믿음과 불신앙에 도달할 수 있는 가능성을 가진다. 인

---

115) Joachim Staedtke, *Der Zuercher Praedestinationsstreit von 1560*, in: Zwingliana IX, Zürich 1953, 540.
116) De ratione communi omnium linguarum & literaru commentarius Theodori Bibliandri: Cui adnexa est compendaria expicatio doctrinae recte beateque uiuedi & religionis omnium gentium atque populorum quam argumentum hoc postulare uidebatur. Tigurinus: Christoph Froschauer, 1548, 22: "Iam deus peccata molientium turrim in Babylon puniuit cum iudicio et clementia, ut non destruxerit opus suum praestantissimum, hominem dico, propter quem condidit mundum, et omnia quae ipsius ambitu continentur. Reliquit enim rationem proriam notam humanitatis, qua soboles Adami longe praepollet omnibus animantibus, et cognationem habet cum mentibus aeternis, eamque unam et communem omnibus hominibus. Reliquit etiam facultatem exprimendi sensa mentis et rationem suam exponendi per uocem."

간은 자신의 의지를 통해서 불신앙으로부터 개종할 수 있고, 이와 반대로 자신의 믿음에 대해 저항할 수 있다. 인간 스스로 하나님의 은혜 안에서 피난처를 찾을 수 있으며, 혹은 그 은혜를 벗어날 수도 있다.[117] 결국 구원과 멸망은 인간의 자유의지적인 결정과 책임 아래서 이루어진다. 인간이 타락한 책임은 전적으로 그 자신에게 있으며, 결코 영원한 예정에 기인하지 않는다. 하나님은 예지를 통해서 유기자의 형벌에 대해 이미 알고 계시지만, 인간이 형벌을 받은 것은 자기 스스로의 결정과 책임에 따른 결과이다. 하나님은 인간의 비참한 유기와 아무런 관련이 없다.[118] 이러한 비블리안더의 입장은 펠라기우스 전통과 에스라스무스의 사상[119]에 머물러 있는 것이었다. 하나님의 절대주권을 인정하는 전통에서 벗어난 것이다. 따라서 하나님의 절대주권에 근거한 이중예정을 주장한 버미글리와의 논쟁은 피할 수 없었다.

16세기에 처음 코란을 라틴어로 번역한 인물로 명성을 날린 비블리안더는 버미글리와 예정론 논쟁을 하기 이전에 이미 큰 위기에 노출된 이력을 가지고 있었다. 1535년

---

117) Staedtke, *Der Zuercher Praedestinationsstreit von 1560*, 540; Emidio Campi, *Bullinger und die lateinischen Kirchenvaeter*, in: *Zwingliana* XXXI, Zürich 2004, 170.
118) Christ-v.Wedel, *Theodor Bibliander 1505-1564*, 60.
119) Schweizer, *Die protestantischen Centraldogmen* I, 132-134, 278-280.

에 오스발트 미코니우스(Oswald Myconius)에게 구원에 대한 자신의 의견을 밝힌 적이 있는데,[120] 이때 그는 하나님의 절대주권에 근거한 이중예정을 비판하면서 펠라기우스의 보편구원론을 주장하였다. 그런데 10년이 지

비블리안더

난 1545-1546년에 이 사실이 알려지면서 크게 문제가 되어 취리히 학교의 교수직을 내놓아야 할 정도로 심각한 상황이 벌어졌다. 비블리안더는 많은 사람들에게 펠라기안주의자라는 공격을 받았고, 취리히 의회는 구약 교수를 파면해야 한다는 결정을 내렸다. 하지만 이때 불링거는 가장 존경받는 교수 중의 한 사람인 비블리안더를 파면해서는 안 된다고 옹호했다. 비록 비블리안더의 입장이 표면적으로 하나님의 절대주권을 거부하는 펠라기우스 보편구원론과 관련이 있지만, 개인 예정(Privatspraedestination)보다는 일반적인 구원질서를 강조한 것으로 판단되기 때문에[121] 직접적으로 어거스틴의 예정론을 거부하지는 않았다고 설득하였다. 결국 불링거의 변호 속에서 취리히 의회는 비블리안더에게 시민권만을 박탈하고 교수직은 유지하게 해주었

---

120) Schweizer, *Die protestantischen Centraldogmen* I, 278-280.
121) Schweizer, *Die protestantischen Centraldogmen* I, 280.

다.[122] 하지만 버미글리가 취리히에 온 후에 벌어진 예정론 논쟁에서는 더 이상 이와 같은 온정은 기대할 수 없었다.

버미글리는 1556년 7월 17일 취리히에 도착한 이래로 사망하기 전까지 명망 있는 구약 교수로 활동했다. 1561년 여름에 취리히 의회로부터 대사로 임명받아 프랑스 개신교도들과 함께 로마 가톨릭교회의 협정을 위해 파리에서 열린 '푸아시(Poissy) 종교회의'[123]에 참석하고 돌아온 그는 후유증으로 병상에 눕게 되었고, 정성어린 간호에도 불구하고 이듬해 11월 12일에 고난스러운 생을 마쳤다.[124] 그의 예정론은 1576년에 출판된 『신학 총론』[125]에서 확인할 수 있다. 이 저술은 버미글리가 죽은 지 14년 후에 출판된 것이다. 1540년에 처음 쓴 그의 사도신경 해설에서부터 그가 사망 직전까지 쓴 모든 글이 취리히에서 모아졌지만, 최종 출판은 영국 런던에서 이루어졌다. 버미글리의 『신학 총론』은 16세기 종교개혁 당시에 칼빈의 『기독교 강요』와 불

---

122) E. Egil, *Analecta reformatoria* II, Zuerich 1901, 77-78.
123) Alian Dufour, *Das Religionsgespraech von Poissy. Hoffnungen der Reformierten und der 『Moyenneurs』*, in: *Die religionsgespraeche der Reformationszeit*, hg. Gerhard Mueller, Guetersloh 1980, 117-126.
124) Emidio Campi, Petrus Martyr Vermigli (1499-1562), Europaesche Wirkungsfelder eines italienischen Reformators, in: *Zwingliana* XXVII, Zürich 2000, 45.
125) 원제목: Petri Martyri Vermilii, *Florentini praestantissimi nostra aetate theologi, Loci Communes*. Ed. R. Massonius. London, 1576 (이하, *Loci communes*).

링거의 『50편 설교집』 다음으로 가장 널리 알려진 책이었다.[126]

버미글리는 칼빈처럼 각 사람은 영원 전에 하나님의 불변하시는 작정으로부터 선택과 유기로 결정되었다는 이중예정의 입장을 주장했다. 그의 예정론은 기본적으로 타락후선택론의 입장에 서 있었다.[127] "하나님이 죄의 원작자인가?"라는 질문에 대해 버미글리는 하나님이 인간을 선하게 창조하셨기 때문에 그분은 죄의 원작자가 될 수 없다고 밝혔다. 하지만 이와 동시에 하나님은 빛처럼 어둠도 창조하셨다는 것을 표명하면서 하나님의 의지 없이 죄가 이 세상에 발생할 수 없다는 것도 강조했다.[128] 버미글리는 하나님이 죄의 원작자처럼 인식될 수 있는 오해를 풀기 위해서 하나님이 죄를 허용하셨지만, 그 허용이 죄의 유효적 원인(Causa efficiens)은 아님을 밝혔다. 죄에 대한 원인과 관련하여 하나님의 허용적 의지와 유효적 의지를 구별한 것이다. 또한 하나님은 죄를 허용하셨을지라도 하나님이 유효적 원인이 아니기 때문에, 그 죄에 대한 책임은 하나님께 없고, 오직 그 죄를 실제적으로 범한 인간에게 있음을 말한 것이

---

[126] Christoph Strom, *Peturus Martyr Vermiglis Loci Communes und Calvins Institutio Christianae Religionis*, in: *Martyr Vermigli: humanism, republicanism, reformation*, hg. Emidio Campi u.a. Genéve: Droz 2002, 77.
[127] Venema, *Heinrich Bullinger and the Doctrine of Predestination*, 72-55.
[128] Schweizer, *Die protestantischen Centraldogmen* I, 288.

다.[129] 버미글리는 하나님이 죄의 원작자는 아니지만, 죄의 경영자임을 드러냈다. 이렇게 볼 때, 그에게서 강조된 엄밀한 예정론은 비블리안더가 주장한 인간의 자유의지의 대한 공간을 허락하지 않았다. 버미글리는 어거스틴의 입장에서 인간의 자유의지를 설명했는데, 타락 이후에 인간은 자유의지를 상실했다는 것을 확신시켰다.[130] 인간은 선을 행하기보다는 항상 악을 행한다는 것이다.

취리히는 버미글리와 비블리안더의 예정론 논쟁이 있기 전까지, 비록 숨겨져 있었지만 어느 정도 신학적 사고의 다양성이 존재했다고 볼 수 있다. 그리고 1549년에 불링거와 칼빈의 『취리히 합의서』가 도출되기 전까지 성만찬이 당시 신학의 절대적인 주제였기 때문에 예정론은 아직 관심 밖에 머물러 있었다.[131] 그래서 비블리안더의 보편구원론이 그토록 심각한 이슈로 부각되지 않았던 것이다. 하지만 버미글리가 1556년에 취리히 학교에 온 이후로 이 분위기는 완전히 달라졌다. 게다가 1545년 이래로 트리엔트(Trient) 종교회의가 진행되고 있는 과정 속에서 로마 가톨릭교회의 보편구원론과 비교하여 어거스틴의 예정론에 근거한 구원론이 체계적으로 가르쳐져야 한다는 위급함도 부각되고 있

---

129) *Loci Communes*, 70-73.
130) Schweizer, *Die protestantischen Centraldogmen* I, 286.
131) Schweizer, *Die protestantischen Centraldogmen* I, 267.

었다. 따라서 새로운 구약 교수는 의도적으로 예정론을 취리히에서 선명하게 드러낼 수밖에 없었다. 그러자 취리히 학교에서 비블리안더의 오랜 경륜에도 불구하고 버미글리의 가르침이 지속적으로 관심을 끌게 되었다. 결과적으로 두 사람의 예정론 논쟁은 처음에는 강의실 안에서만 이루어졌으나, 얼마 되지 않아서 모든 사람들이 알게 되었다. 1555년 11월 이래로 이 예정론 논쟁은 취리히에서 완전히 공론화되었다. 이에 취리히 목사회는 평화스러운 해결을 전제로 먼저 버미글리와 비블리안더의 예정론 입장을 경청했다. 그리고 버미글리가 성경적으로 옳다는 최종 결정을 내렸다.[132] 불링거는 1545-1546년에 발생했던 소동 때와 다르게 비블리안더를 더 이상 옹호하지 않았다. 그렇게 하기에는 두 사람 사이에 구원론에 대한 신학적 간격이 너무 벌어졌으며, 이미 그 사안이 심각했기 때문이다.

불링거는 1556년 1월 31일에 취리히 의회에 이 사실을 통보했다. 비블리안더는 의회 앞에 소환되었고, 더 이상 취리히에서 펠라기우스 사고에 근거한 예정론을 가르칠 수 없도록 경고를 받았다. 그리고 1560년 2월 8일에 55세 나이로 취리히 학교의 교수직에서 완전히 물러나야 했다. 하지만 취리히 의회는 이전까지의 헌신을 고려하여 비블리안

---

[132] Hottinger, *Historia eccl.* 901.

더가 죽는 날까지 취리히에 살 수 있도록 배려했으며 생계비 지원도 끊지 않았다. 1564년 9월 26일에 비블리안더는 자신의 아내와 함께 흑사병으로 사망했다.

1561년 잔키우스의 14조항 질문서에 대한 답변서

비블리안더가 취리히 학교에서 해임된 후에 불링거는 새롭게 예정론 입장을 공개적으로 표명해야 했다. 스트라스부르에서 1561-1563년에 발생한, 루터주의 대변자인 요한네스 마르바흐(Johannes Marbach)[133]와 버미글리의 후계자인 기롤라모 잔키우스(Girolamo Zanchius) 사이의 신학 논쟁 때문이었다.[134] 성만찬에 대한 오해로 취리히와 스트라스부르 사이에 해묵은 갈등이 있었지만, 그렇다고 해도 부써가 머물던 때와 그 이후에도 두 도시 사이의 교류는 끊이지 않았다. 취리히 학생들이 그 도시에서 신학을 배울 정도로 지속적 신뢰 관계가 유지되고 있었다.[135]

---

[133] 요한네스 마르바흐(1521-1581)는 1545년에 스트라스부르에 왔으며, 1549년에 부써의 교수직을 넘겨받았다. (Johannes Marbach, in: *Neue Deutsche Biographie* (NDB), Bd. 19, Berlin: Duncker & Humblot 1999, 404.)

[134] Girolamo Zanchius, in: *Theologische Studien und Kritiken: eine Zeitschrift für das gesamte Gebiet der Theologie*, Bd. 32, Gotha: L. Klotz Verlag 1859, 649-659.

[135] W. Baum, E. Cunitz und E. Reuss, ed. Ioannis Calvini opera quae supersunt omnia, Bd. XIX, Braunschweig 1863-1900 (이하 CO.), 729; Bullinger an seinen ältesten Sohn Heinrich, 1. September. 1553, in: *Merkwürdige Züge aus dem Leben des Zürcherischen Antistes Heinrich Bullinger von Johann*

당시 독일 내에서 개혁주의 교회는 루터주의 교회의 연합, 슈말칼덴 전쟁 이후 개신교 목회자들에 대한 박해, 개신교 영역에서 루터주의 교회만을 인정한 1555년 아우크스부르크 종교평화협정 등으로 지속적인 어려움에 처하게 되었다. 스트라스부르의 개혁주의 교회도 이러한 상황 속에서 직접적인 피해를 입은 곳 중의 하나였다. 이 도시는 1547년에 버미글리와 1549년에 마르틴 부써(Martin Bucer)가 영국으로 건너간 후에 슈말칼덴 전쟁의 직접적인 영향 속에서 신학적 분위기가 루터주의로 점차 흐르기 시작했다. 버미글리가 1553년에 마리아 튜더(Maria Tudor) 여왕의 등극과 함께 시작된 핍박으로 영국에서 추방되어 스트라스부르로 다시 돌아왔을 때, 이미 그 도시는 마르바흐의 신학적 주도 아래 이전보다 훨씬 강하게 루터주의에 머물러 있었다.[136] 그리고 버미글리가 떠난 후에 분위기는 더 심각해졌다. 이러한 상황 속에서 개혁주의 신학을 비판하는 마르바흐를 견제하기 위해 잔키우스는 14조항의 질문서를 취리히에 보냈다. 이 도시에 도움을 청한 것은 당시 불링거의 영향력과 무관하지 않다. 1561년 12월 27일에 불링거는

F. Franz, (Bern: Verlag Peter Lang, 1828), 62-72. 취리히의 학생들 중에는 불링거의 큰아들도 속해 있었다.

136) Campi, *Petrus Martyr Vermigli (1499-1562)*, Europaesche Wirkungsfelder eines italienischen Reformators, 38-43.

14조항 질문서를 버미글리에게 보여주면서 취리히 목사회 이름으로 답변서를 작성해줄 것을 요청했다. 버미글리는 거의 하루 만에 잔키우스의 14조항 질문서에 대한 답변서를 작성하여 취리히 목회자들의 서명을 받았다. 과거 자신이 머물렀던 그 도시의 상황을 잘 알고 있었기 때문에 지체하지 않고 불링거의 요청에 응한 것이다. 물론 이때 불링거는 버미글리가 작성한 답변서에 단순히 서명만 하지 않았다. 불링거 사후에 그의 전기를 쓴 요시아 심러(Josia Simler)의 기록에 따르면, 잔키우스 예정론에 대한 취리히 답변서는 불링거와 버미글리의 진지한 의견교환 아래서 작성되었다고 한다.[137] 이는 버미글리가 취리히 답변서를 주도적으로 작성했을지라도, 그 기술된 내용은 불링거의 신학적 입장이 절대적으로 반영되었다는 것을 말해준다. 그 답변서는 다음 날인 12월 29일에 스트라스부르에 보내졌다.[138]

14조항으로 구성된 취리히 답변서는 예정론의 이해뿐만 아니라 다른 다양한 신학적 주제들도 담고 있다.[139] 특별히

---

[137] Ferdinand Meyer, *Die evangelische Gemeinde in Locarno, ihre Auswanderung nach Zürich und ihre weitern Schicksale*, Bd. II, Zürich: S. Höhr 1836, 42-44.

[138] 14조항 질문서에 대한 답변서에 서명한 취리히 목회자는 불링거, 그발터(Gwalter), 볼프(Wolf), 버미글리, 심러(Simler), 라바터(Laverter), 할러(Haller), 비크(Wick) 그리고 츠빙글리의 아들인 울리히 츠빙글리(Ulrich Zwingli)이다. Walser, *Die Praedestination bei Heinrich Bullinger*, 181.

[139] 14조항으로 구성되어 있는 취리히 답변서는 다음과 같은 주제들을 다루었다.

예정론에 대한 주제는 4-6조항 질문들에서 다루어졌는데, 하나님의 절대주권에 근거한 이중예정의 이해 속에서 택자들과 유기자들의 숫자와 선택에 대한 다양한 특징이 핵심적으로 기술되었다. 먼저 4조항에는 택자들과 유기자들의 숫자에 대한 질문이 답변되어 있는데, 하나님께서 택자들과 유기자들의 정확한 숫자를 결정하셨다는 것을 밝혔다. 요한복음 6장 37절과 10장 28절, 디모데후서 2장 19절, 로마서 8장 29-30절 등을 근거로 택자들과 유기자들의 정확한 숫자가 논증되었다.[140] 모든 일의 원인이 되시는 하나님에 대한 소개와 함께 선택과 유기는 불변하는 하나님의 의지 없이 발생할 수 없다는 것도 덧붙여졌다. 불링거는 이미 『50편 설교집』에서 택자들과 유기자들의 숫자를 논의한 바 있는데, 이 답변서처럼 모든 호기심을 거절하고 성경과 사도들이 밝힌 내용에 근거하여 그 숫자의 불변성을 강조했다.[141] 다음으로 5조항에는 은혜의 불변성에 대한 질문과 관련하여 택자들은 멸망되지 않고 절대적으로 보호되는 반면에, 유기자들은 멸망의 그릇으로서 결코 구원받을 수 없다고 기술되었다. 하나님의 선택과 유기는 인간의 조건이

1-3조항: 종말, 적그리스도 그리고 종말의 징조들, 4-6조항: 택자와 유기자의 숫자, 은혜의 불변성, 선택의 단회성, 7-8조항: 그리스도와 성령의 사역, 9-10조항: 믿음에 대하여, 11-12조항: 인간에 대하여, 13-14조항: 하나님의 약속에 대하여.
140) Hollweg, *Heinrich Bullingers Hausbuch*, 314.
141) Walser, *Die Praedestination bei Heinrich Bullinger*, 186-187.

나 환경에 의해 결코 변화되지 않는다는 점을 분명히 한 것이다. 하나님께서 작정하신 일은 변화될 수 없기 때문에 구원의 확정은 반드시 유지된다는 것이다.[142] 끝으로 "선택된 사람은 더 이상 유기될 수 없는가?"에 대한 6조항 질문에 대해서 취리히 신학자들이 표명한 것은 선택의 단회성이다. 즉 선택은 하나님의 영원한 작정에 근거하고 있기 때문에 단회적이며 번복되는 일은 결코 발생되지 않는다. 택자가 유기자로, 유기자가 택자로 변화될 수 없다는 것이다.[143]

취리히 의견서 안에서 버미글리와 불링거는 이단뿐만 아니라 성경을 잘못 이해하고 있는 어리석은 사람들에 대해서도 경계했다. 그리고 두 사람은 교부들과 당대의 종교개혁자들에 근거하여 자신들의 신학적 입장을 밝혔다는 것도 나타냈다. 이 사실은 버미글리와 불링거의 신학적 입장은 사변적인 것이 아니라, 교회-교리사적으로 검증된 정통신학을 계승하고 있다는 것을 분명히 한 것이다.

특별히 취리히 답변서에서 확인된 예정론은 선택과 유기를 하나님의 의지에 근원을 두고 있다는 점에서 칼빈의 입장에 매우 가깝게 서 있다. 하지만 칼빈의 예정론이 있는 그대로 반영되지는 않았다. 칼빈의 타락전선택론적인 입장에서 예정론이 서술되지 않았기 때문이다. 이렇게 볼 때,

---

142) Schweizer, *Die protestantischen Centraldogmen* I, 186.
143) Schweizer, *Die protestantischen Centraldogmen* I, 186.

취리히 답변서에서 확인되는 예정론은 불링거의 『50편 설교집』에 기술되어 있는 내용과 크게 다르지 않다고 볼 수 있다.144) 의심의 여지없이 취리히 답변서에 대한 불링거의 관심은 단순히 잔키우스와 스트라스부르의 개혁주의 교회를 보호하는 데만 초점이 있지 않았다.145) 그 당시에 유럽 전역에서 위협받고 있는 개혁주의 교회의 신학적 일치를 유지하기 위한 목적도 있었다.

『스위스 제2 신앙고백서』

1549-1551년에 쓴 『50편 설교집』과 다르게 버미글리가 취리히에 온 해인 1556년에 쓴 『기독교 신앙 요해』에서 불링거는, 이미 살핀 것처럼 선택과 유기를 동일한 조건 속에서 설명하지 않았다. 내용적으로 이중예정이지만, 예정과 선택을 동일시하는 이해 속에서 유기를 하나님의 작정과 연결시키지 않았기 때문이다. 오히려 창조 이후 하나님의 섭리 속에서 발생한 인간의 자발적인 타락과 연결시키면서 '그리스도 밖에'(extra Christum) 비참하게 영원히 머물러 있는 상태로 규정했다. 불링거는 유기의 근원적인 원인을 말하지 않았다. 다만 선택받지 못한 사람들이 '그리스도 밖에'

---

144) Predigt 4, *Dekade*, in: *Heinrich Bullinger Schrift*, 451-458. (Hollweg, Heinrich Bullingers Hausbuch, 318.)
145) Hollweg, *Heinrich Bullingers Hausbuch*, 312.

비참하게 머물러 있다는 상태를 밝힌 것뿐이다.[146] "예수 그리스도 밖에는 구원과 생명이 없다."[147]

유기에 대한 '그리스도 밖에'의 개념은 『50편 설교집』에 서뿐만 아니라 1566년에 출판된 『스위스 제2 신앙고백서』 에서도 동일하게 확인된다.[148] 그럼에도 불구하고 『50편 설교집』에는 하나님의 작정에 근거한 이중예정 개념이 확인되지만, 『스위스 제2 신앙고백서』에서는 확인되지 않는다. 이렇게 볼 때 이 신앙고백서는 1556년 『기독교 신앙 요해』와 내용적으로 거의 차이가 없다. 불링거는 유기를 하나님의 작정과 연결시키지 않았기 때문이다. 선택과 다른 조건으로 유기를 설명했다. 이중예정에 대해서 칼빈과 다른 입장을 취한 것이다. 예정론에 대한 불링거와 칼빈의 기본적인 사고는 명백히 어거스틴에 근거하고 있다. 하지만 선택과 유기를 설명하는 방식에서 차이가 있는 것이다. 불링거는 하나님의 작정의 동일한 원인(causa)으로부터 선택과 유기가 결정되었다는 칼빈의 예정론을 논리적으로 수용하지 않았다.[149] 하나님의 절대주권과 죄에 대한 하나

---

146) Compendium, 62v.
147) Brevis ac pia institutio Christianae religionis ad dispersos in Hungaria Ecclesiarum Christi Ministros … Ovarini M.D.LIX., 28: "Extra Christum non est salus vel vita."
148) Conf., The. X. (Jacobs, Theologie reformierter Bekenntnissschriften, 94)
149) 요한 칼빈 / 김종흡 외 2인 역, 『기독교 강요』, 생명의 말씀사 1997, III. 21. 5: "우

님의 허용(permissio)을 인정하면서도, 유기와 관련하여 그 책임을 인간에게 둔 성경의 가르침을 절대적으로 받아들인 것이다. 불링거는 선택과 유기의 '어색한 병행'(die fatale Parellität)을 인정했다.[150]

불링거와 칼빈 사이에 본질적인 차이는 인정되지 않는다. 1566년 3월 3일에 『스위스 제2 신앙고백서』를 출판하기 위한 내용검토 때, 제네바 교회에서 예정론과 관련하여 아무런 이의를 제기하지 않았기 때문이다. 칼빈 사후에 베자와 니콜라스 콜라동이 1566년 2월 16일에 취리히를 방문하여 『스위스 제2 신앙고백서』에 기쁨으로 서명을 했다. 그리고 베자는 이 신앙고백서의 가치를 인정하여 제네바에서 프랑스어로 번역하고 출판했다.[151] 만약 『스위스 제2 신앙고백서』에 고백된 예정론에 문제가 있었다면, 제네바 신학자들과 다른 지역의 신학자들이 수정을 요구했을 것이다. 예정론에 대한 접근 방식의 차이에도 불구하고 불링거

리는 예정을 하나님의 영원하신 작정이라고 부르는데, 이 작정에 의해 하나님은 친히 각 사람이 어떻게 될 것을 그의 기뻐하시는 뜻에 따라 결정하셨다. 모든 사람이 동일한 상태로 창조되지 않았다. 오히려 어떤 사람에게는 영생이, 어떤 사람에게는 영벌이 작정되어 있다. 이와 같이 각 사람은 이런 종말에 혹은 저런 종말에 이르도록 창조되었기 때문에, 우리는 그것을 생명 혹은 사망으로 예정되었다고 말하는 것이다."

150) Strohm, *Bullingers Dekaden und Calvins Institutio*, 241. (비교: Karl Barth, Kirche Dogmatik, Bd. II/2, Zürich: TVZ 1959, 16.)
151) 1566년 2월 24일에 베자가 불링거에게 쓴 서신 (Meylan, Correspondence de Théodore de Bèze, 45-47, 64-56).

와 칼빈이 아우구스티누스의 전통 아래 함께 서 있다는 것은 의심할 바가 없다. 그리고 두 사람의 예정론이 기독론적인 이해 속에서 신학적으로 밀접하게 연결되어 있다는 것은 분명한 사실이다.[152]

종합적으로 불링거의 예정론에는 하나님의 작정과, 인간의 유기와 관련된 타락을 어떻게 균형적으로 이해할 것인가에 대한 고민이 깊이 녹아 있다. 불링거의 예정론은 형식적인 면에서 논리적 일관성을 유지하고 있지만, 내용적인 면에서 약간의 차이를 가지고 있기 때문이다. 불링거는 한편으로 형식적인 면에서 이중예정을 인정하고 있다. 『취리히 합의서』의 17조항에서 성례의 효력과 관련하여 다음과 같은 입장이 불링거와 칼빈 사이에 정리되었다. "그 표징은 택자와 유기자에게 구별 없이 제공된다. 하지만 그 표지의 실재(res)는 오직 선택자들에게만 도달된다."[153] 불링거가 칼빈의 이중예정에 대한 입장을 근본적으로 부정했다면, 이 결과는 도출되지 못했을 것이다. 불링거는 『50편 설

---

152) Walser, *Die Praedestination bei Heinrich Bullinger*, 129-130; Willem van't Spijker, Bullinger als Bundestheologe, in: *Heinrich Bullinger Life-Thought-Influence*, Zurich, Aug. 25-29, 2004 International Congress Heinrich Bullinger (1504-1575), hg. von Emidio Campi & Peter Opitz, Bd. II, Zürich: TVZ 2007, 587.

153) Consensus Tigurinus, 17 Art.: "… reprobis peraeque ut electis signa administrantur, veritas autem signorum ad hos solos perventi."

교집』에서도, 비록 이후에 더 구체적인 논리로 발전시키지는 않았지만, 이중예정을 분명하게 표명했다. "예정은 하나님의 영원한 작정이다. 이 작정을 통하여 하나님은 생명과 죽음에 대한 불변하고 정해진 시점에 근거하여 인간을 구원하시거나 혹은 멸망시키는 것을 결정하셨다."[154] 1559-1561년 버미글리와 비블리안더의 예정론 논쟁과 1561년 잔키우스의 14조항 질문서에 대한 답변서에서도 불링거는 버미글리의 핵심적 입장인 하나님의 작정에 근거한 이중예정을 존중했다.

하지만 불링거는 다른 한편으로 선택과 유기의 관계를 하나님의 작정에 근거하여 균형적으로 이해하는 것을 유보했다. 1556년 『기독교 신앙 요해』와 1566년 『스위스 제2 신앙고백서』에서 예정론이 형식적으로 이중예정으로 설명될 수 있지만, 선택과 유기가 하나님의 영원한 작정에 근거하여 동일한 조건으로 설명되지 않았기 때문이다. 불링거는 유기를 하나님의 작정과 연결시키지 않고, 창조 이후 하나님의 섭리 속에서 발생된 '그리스도 밖에' 있는 타락한 인간의 비참한 상태로 규정했다. 결론적으로 불링거는 하나님

---

154) Predit 4, Dekade 4, *Heinrich Bullinger Schriften*, Bd. 5, hg. Emidio Campi, Zuerich: TVZ 2006, 451: "Die Vorherbestimmung aber ist der ewige Ratschluss Gottes, durch den er beschlossen hat, die Menschen entweder zu retten oder zu verderben, gemäss dem unverrückbaren und festgelegten Zeitpunkt des Lebens und des Todes."

이 죄의 원작자가 아님을 밝히기 위해 죄의 허용(permissio)에 대한 개념을 사용하고 있음에도 불구하고[155] 하나님의 작정과, 인간의 유기와 관련된 타락의 관계를 인간의 이성으로 완벽하게 풀 수 없다는 것을 인정한 것이다. 불링거가 타락후선택을 강조한 것은 이 고민에 대한 자신의 해결책이라고 할 수 있다.[156]

특별히 이와 함께 불링거는 예정론을 목회적 관점에서 다루었다는 사실도 잊지 않아야 한다. 칼빈이 신학자로서 예정론을 지식적이고 체계적으로 이해했다면, 불링거는 당시 교회적이고 신학적 혼란과 관련하여 목회적 시각 속에서 철저히 신자들을 고려하며 예정론을 다루었다.[157] 그리고 엄밀한 예정론을 주장한 칼빈과 버미글리를 거절하지 않고 포용했다. 보편교회에 대한 전제 아래 성경에 기록된 인간의 구원을 설명하는 방식에서 다양성을 인정한 것으로 볼 수 있다.

---

[155] Trahero Bullingero, 3. Juni 1553, in: *Sammlung alter und neuer Urkunden zur Beleuchtung der Kirchengeschichte bei Josias Simmler*, Zürich 1767, Bd. 79, 79a; Confessio Helvetica Posterior, 9r-v (The. IX); Predigt 4, Dekade 4, 196-197. (Walser, Die Prädestination bei Heinrich Bullinger im Zusammenhang mit seiner Gotteslehre, 104; Peter Opitz, Heinrich Bullinger als Theologe, Zürich: TVZ 2004, 412-413.)
[156] Schweizer, *Die protestantischen Centraldogmen* I, 275.
[157] van't Spijker, *Bullinger als Bundestheologe*, 587.

교회론 – 『50편 설교집』을 중심으로

사도신경을 통해서 우리는 "거룩한 보편교회를 믿사오며"(credo ecclesiam catholicam)라는 조항을 늘 고백한다. '보편교회'라는 용어는 성경에는 없지만 약 110년경에 안디옥의 이그나티우스(Ignatius of Antioch)가 쓴 『서머나 교회에 보낸 서신』에서 처음 확인된 것이다.[158] 이 '보편교회'는 예수 그리스도께서 세우신 바와 같이 온전한 상태의 교회, 즉 하나님의 임재와 구원의 역사가 보존되고 있는 모든 개별 교회를 말한다. 그래서 "예수 그리스도가 계신 곳에 보편교회가 있다"라고 선언되었다.[159] 그 이후에 카르타고의 키프리안(Cyprian of Carthage)은 자신의 『보편교회의 단일성에 관하여』에서 '보편교회'를 노바티안(Novatian)의 '이단적인 것' 혹은 '분리적인 것'과 구별되는 '정통적'(orthodox)인 개념과 동일한 성격으로 발전시켰다.[160] 그래서 아우구스티누스는 자신의 『참 종교에 관하여』에서 도나투스파(Donatists)를 비롯한 이단들과 구별하여 "가톨릭교회를 보편적인 것이라는 말로 부를 수밖에 없다"라고 강조한 것이다.[161] 이러한

---

158) Ignatius of Antioch, Letter ot the Smynaeans 8:2 in *The Apostolic Fathers, de. Bar Ehrman*, vol.1, Cambridge: Harvard University Press 2003, 304-305.
159) 앨리스터 맥그래스, 『종교개혁사상』, 최재건 옮김, 서울: CLC 2006, 331.
160) Thascius Caecilius Cyprianus, in *Unitas in Latin antiquity : four centuries of continuity*, ed. Erik Thaddeus Walters, Frankfurt, M.; Berlin; Bern; Bruxelles; New York, NY; Oxford; Wien, Lang 2011, 113-133.
161) Aurelius Augustinus, De vera religione, in *Augustius Opera* Bd. 68, hg. von

배경에서 볼 때, 보편교회는 교회-교리사적으로 분리주의자들이나 이단들의 모임과 구별된 모든 개별 교회들의 공동체를 의미한다고 볼 수 있다.

종교개혁자들 중에서 불링거는 대표적으로 이 보편교회에 대해 깊이 고민하며 지대한 관심을 가졌다. 특별히 1552년에 기독교 신앙의 종합일 뿐만 아니라 잘못된 가르침과 이단을 방어하고 또 정통신앙의 확신을 위해서 출판된 『50편 설교집』에서 이를 자세히 확인할 수 있다.[162] 불링거는 '보편교회'에 관한 41-44번 설교와 '교회의 실천적 활동'에 관한 50번 설교에서 보편교회를 매우 심도 있게 다루었다. 이 설교들은 오늘날 심하게 파편화된 교회의 모습을 직시하게 하면서 '보편교회'의 개념에 근거한 바른 교회의 한 단면을 확인하도록 돕는다.

보편교회의 단일성

불링거는 보편교회(Catholica Ecclesia)의 기원을 하나님의 선택에 두었다.[163] 하나님이 이 세상에 실존하는 인류 가

Josef Lössl, Schöningh, Paderborn 2007, 128: "···, Catholicam nihil aliud quam Catholicam vocant, ···"

162) 취리히 교회 안에서 실제로 선포되었던 50편의 설교가 신학적 주제에 따라서 묶여져 출판된 것이다. (Peter Opitz, *Heinrich Bullinger als Theologe: Eine Studie zu den 『Dekaden』*, Zürich: TVZ 2004, 18-23.)

163) *SERMONUM DECADES QUINQUE*, 740.

운데서 장차 자신의 백성으로 삼길 원하시는 사람들을 선택하셔서 교회로 부르신다. 이 택자들은 이 땅 위의 시공간 속에 흩어져 살아가고 있다. 즉 보편교회는 "처음 동쪽으로 가지를 뻗으면서 전 세계로 확장되어 모든 시간을 넘어서 전 세계의 신자를 포괄하며, 또한 나라, 민족, 가족, 계층, 세대, 성별에 국한되지 않는다."164) 그래서 불링거에게 보편교회는 다양한 민족, 문화, 사회적 지위로부터 하나님의 택한 사람들이 교회로 부르심을 받고, 그들이 창조 때부터 세상의 마지막에 이르기까지 모든 시대에 걸쳐 있으며, 그들이 믿는 구원의 능력을 가진 복음의 일치와 관련하여 이해되었다.

불링거는 보편교회를 이루고 있는 모든 택자들은 시공간 속에서 먼저 그리스도와 연합하고, 다음으로 그리스도 안에서 서로 연합한다고 밝혔다. 그래서 보편교회는 어떤 시대와 장소에 흩어져 있든지 그리스도의 몸으로서 항상 동일한 모습이 유지될 뿐만 아니라 단일하며 분리되지 않는다. 아담에서부터 시작하여 주님의 재림 때까지 보편교회로 모인 모든 신자들은 그리스도의 피를 통하여 승리한 교

---

164) *SERMONUM DECADES QUINQUE*, 741: "Profert enim palmites suos in omnia universi mundi loca et in omnia omnium aetatum tempora comprehenditque in universum omnes totius mundi fideles. Etenim ecclesia dei non est affixa regioni, genti aut familiae, conditioni, aetati aut sexui."

회로서 같은 길을 가는 동반자들이고, 천상의 유업을 받을 공동상속자들이며, 그리스의 몸에 함께 붙어 있는 권속들이요. 더욱이 천상에 있는 이미 구원받은 영혼들의 공동체이다.[165] 이와 동시에 그들은 전투하는 교회로서 여전히 이 땅에서 마귀와 죄, 육체와 세상에 대항하여 예수 그리스도의 진영 안에서 싸우고 있는 공동체이기도 하다.[166] 그래서 불링거에게 "교회는 부분적으로는 하늘에 있고, 부분적으로는 땅에 머물고 있는 신자들의 보편적인 공동체"로 간주되었다.[167]

보편교회는 교회의 외형과 본질에 대한 구별 속에서 가시적인 외적 특성과 비가시적인 내적 특성을 가지고 있

---

[165] *SERMONUM DECADES QUINQUE*, 742: "Proinde omnes sancti in coelis pertinent ad nostrum consortium, imo nos pertinemus ad ipsorum societatem. Sumus enim socii et cohaeredes sanctorum ab Adamo ad finem usque saeculi omnium ac domestici dei. Id quod maximam habet in omni vita hominum consolationem aculeosque ad studium virtutis acutiss[imos]. Quid enim est praestantius quam domesticum esse dei? 15 Quid, obsecro, iucundius vel cogitari potest quam nos esse socios patriarcharum, prophetarum, apostolorum, martyrum omnium, angelorum beatorumque spirituum?"

[166] *SERMONUM DECADES QUINQUE*, 742: "Militans ecclesia coetus est hominum in terris nomen et religionem Christi profitentium et adhuc militantium in mundo contra diabolum, peccatum, carnem et mundum in castris et sub signis Christi domini."

[167] *SERMONUM DECADES QUINQUE*, 741: "ECCLESIA est universalis fidelium coetus vel multitudo partim in ipso coelo iam agens, partim adhuc in terris versans."

다.[168] 먼저 보편교회의 가시적인 외적 특성은 모든 사람들이 하나님의 말씀을 듣고, 성례에 참여하며, 공적으로 믿음을 고백하는 것과 관련이 있다. 다음으로 보편교회의 비가시적인 내적 특성은 교회로 모인 사람들이 비가시적이기 때문이 아니라, 신앙의 본질이 사람들의 눈에는 감추어져 있고, 오직 하나님의 눈에만 열려 있기 때문이다. 즉 어떤 사람이 참된 믿음을 가졌으며, 누가 그 믿음에 따라서 행하는지를 하나님만이 아실 수 있다는 것을 말한다. 이렇게 보편교회가 이중적인 특성을 가지고 있는 것과 관련하여 불링거는 '알곡과 가라지'를 경솔하게 판단하여 교회가 상처를 입지 않도록 주의해야 할 뿐만 아니라, 악한 사람들이 득세하여 경건한 사람들이 넘어지지 않도록 신중하게 살펴야 한다고 했다.

불링거는 표면적으로 교회가 다양한 이름으로 묘사될 수 있다고 해도 이 세상에는 다양한 교회들이 존재하지 않고 오직 한 보편교회만 존재한다고 강조했다. 보편교회의 몸은 결코 분리될 수 없는데, 하나님이 분리를 허용하시거

---

168) *SERMONUM DECADES QUINQUE*, 748: "Visibilis et externa ecclesia illa est, quae foris ab hominibus ex auscultatione verbi domini et sacramentorum eiusdem participatione publicaque fidei confessione pro ecclesia agnoscitur. Invisibilis et interna dicitur, non quod homines sint invisibiles, sed quod hominum oculis non appareat soliusque dei oculis pateat, 10 qui vere vel ficte credant."

나 허락하신 적이 없기 때문이다. 그리고 신앙의 선진들에 의해서 교회가 '보편적인'(catholicam) 교회 혹은 '우주적인'(universalem) 교회로 지칭된 것도 교회는 오직 하나이며 결코 다수가 될 수 없기 때문이다.[169]

이러한 이해 속에서 불링거는 보편교회의 단일성과 관련하여 몇 가지 특징을 제시했다. 먼저 보편교회는 성격적인 측면에서 다양한 형태로 묘사된다고 해도, 여기에 속한 모든 지체들은 영원히 한 몸으로서 머리이신 그리스도 안에서 연합되어 있다.[170] 다음으로 천상에서 승리한 교회와 지상에서 그리스도의 깃발 아래서 전투하는 교회는 두 교회가 아니라 한 교회이다.[171] 끝으로 그리스도께서 오시기 전에 존재했던 옛 교회와 우리의 교회 혹은 그리스도께서 오신 이후에 이방인에게 세워진 새로운 백성의 교회는 한 유일한 교회이다.[172] 이러한 특징들은 보편교회가 그 성격에

---

169) *SERMONUM DECADES QUINQUE*, 768.
170) *SERMONUM DECADES QUINQUE*, 768: "… manent tamen perpetuo omnia haec membra in uno corpore unita sub uno capite Christo."
171) *SERMONUM DECADES QUINQUE*, 768: "… ita neque sabatismus vel felicitas beatorum spirituum in coelis triumphantium et labores ac aerumnae, quibus militantes adhuc in hoc saeculo sub signis Christi exercemur, duas efficiunt ecclesias."
172) *SERMONUM DECADES QUINQUE*, 768: "Sic enim una duntaxat est ecclesia veterum Christi adventum praecedentium et nostra sive novi post Christi adventum populi assumpti ex gentibus."

서 다양한 면모를 가지고 있으면서도, 오직 예수 그리스도 안에서 과거와 현재, 미래를 넘어서, 또 모든 장소적 제약을 넘어서 결코 어떤 것으로도 깨뜨릴 수 없는 단일성을 가지고 있다는 것을 묘사한 것이다. 여기서 불링거의 다음의 언급을 주목할 필요가 있다.

> "온 세계에 흩어져 있는 모든 지역 교회로부터 한 보편적인 혹은 우주적인 교회가 수많은 지체들로 구성된 한 몸처럼 모이며 연합된다. 이것은 모든 거룩한 사람들의 공동체이다. 그러므로 오직 하나님의 한 교회가 존재하며, 여러 교회가 존재하지 않는다. 한 유일한 교회는 한 유일한 주권자이신 예수 그리스도에 의해서 통치된다."[173]

당연히 불링거는 가시적인 외적 특성을 가지고 있는 보편교회 안에 악한 사람들과 위선자들이 섞여 있다는 것을 인정하고 있다. 하지만 이러한 거짓된 사람들 때문에 교회가 완전히 부패하거나 결코 분리되지 않는다. 설령 그들에

---

173) *SERMONUM DECADES QUINQUE*, 769: "Ex particularibus per totum orbem dispersis ecclesiis ceu ex pluribus membris corpus catholica vel universalis colligitur ac compingitur ecclesia, quae est omnium sanctorum communio. Proinde certissimum est unam esse duntaxat ecclesiam dei, non plures, cui unicus monarcha presidet: Iesus Christus."

의해서 교회가 분리된다면, 그것은 교회가 여러 조각으로 나누어지는 것이 아니라 오히려 더 순수하게 된 것이라고 그는 이해했다.174) 보편교회를 이루고 있는 몸에 섞인 지체가 잘려나가지 않는다면, 그 교회가 온전한 상태로 보존되지 못한다는 인식을 가지고 있었기 때문이다. 이처럼 불링거는 교회 안에 문제가 있는 일부 구성원들이나 개별 교회가 이탈해 나간다고 해도 보편교회는 결코 해체되지 않는다는 것을 분명히 밝혔다.

또한 그는 하나님의 보편교회의 단일성을 강조하면서 교회 밖에는 하나님이 기뻐하시는 백성도 없고, 참된 구원과 평안도 없으며, 빛과 진리도 없다고 상기시켰다.175) 이 때문에 교회 밖에서 드려지는 예배를 하나님이 기뻐하지 않으실 뿐만 아니라 참된 예배가 보존되고 있는 신자들의 공동체를 떠난 사람은 심각한 불법을 행한 것임을 덧붙였다. 결론적으로 불링거는 "이 교회 안에 들어오지 않거나 떠나는 사람은 영원한 생명과 구원의 소망에서 배제된다"라고 밝힌 초대교회의 교부 락탄티우스(Lactantius)를 인용하면서 주님이 "우리 밖에는 생명이 없다"(요 10:16)는 것을 가장 먼저 언급하셨다고 주장했다.176)

---

174) *SERMONUM DECADES QUINQUE*, 768: "Cumque hypocritae ab ecclesiae unitate deficiunt, non scinditur in partes ecclesia, sed redditur purgatior."
175) *SERMONUM DECADES QUINQUE*, 769.
176) *SERMONUM DECADES QUINQUE*, 769.

특별히 이러한 전제 아래 불링거는 당시 현실 속에서 보편교회를 분열시키고 있는 사람들을 상기시키고 있다. 물론 그들의 소속을 정확히 밝히지는 않았지만 "고집불통이며 광기에 사로잡힌 사람들"이라는 매우 비판적인 표현을 한 것을 볼 때[177] 아마도 재세례파와 그들의 영향을 받고 있는 사람들을 염두에 둔 것으로 짐작된다. 불링거의 『50편 설교집』이 출판된 1550년대 초에 취리히에서 재세례파는 정부의 통제 속에서 더 이상 활동하지 않았지만, 그들의 사상적 그늘 아래 있는 사람들은 여전히 존재했던 것으로 보인다. 왜냐하면 불링거는 1561년에 『재세례파의 기원』을 출판하면서 여전히 재세례파의 발흥을 염려했기 때문이다.[178] 이미 재세례파는 유럽 전역에서 활동하면서 다른 종교개혁자들에 의해서도 지속적인 경계의 대상이 되었던 것이 사실이다. 그래서 불링거는 직접적으로 이렇게 밝혔다. "오늘날 재세례파들이 행하는 것처럼 많은 사람들이 몇몇 사역자들의 연약함과 부덕 때문에 교회의 공동체를 떠나거

---

177) *SERMONUM DECADES QUINQUE*, 769: "Invenias enim hodie capitosos et phanaticos homines non paucos, qui annis multis cum nulla communicarunt ecclesia necdum cum ulla communicant."
178) Fritz Bützer, *Herinrich Bullinger: Leben, Werk und Wirkung*, Bd. II, Zürich: TVZ 2005, 158. 불링거는 재세례파의 신학적 사상을 초대교회 당시의 이단인 노바티안(Novatian), 아리우스주의자인 아욱센티우스(Auxentius) 그리고 펠라기우스(Pelagius)에 뿌리를 두고 있다고 밝혔다.

나 거부한다."[179] 그들은 이상적인 교회를 추구하면서 현실 교회를 부정할 뿐만 아니라 현실 교회와 교류하는 것을 원치 않았다. 교회의 사역자들을 영적으로 덜 성숙하고, 흠이 많으며, 자신들이 정한 기준에 충족되지 않는다고 비판했다. 그리고 교회 안에서 시행되고 있는 다양한 예전에 대해서도 큰 불만을 가지고 있었다. 교회의 치리에 대한 엄밀함과 엄중함을 요구할 뿐만 아니라 생활태도에서도 완전한 순결을 주장했다. 결과적으로 불링거는 이 분리주의자들은 현실 교회의 이러한 불결함 때문에 자신들도 불결하게 될 수 있다는 핑계 속에서 교회분리의 정당성을 강조하고 있지만, 교회분리에 대한 납득할 만한 이유를 제시하지는 않고 있다고 고발했다.[180] 따라서 재세례파는 '교회 밖에'(extra ecclesiam) 있는 사람들로 간주되었다.

분리될 수 없는 보편교회

다른 종교개혁자들과 마찬가지로 불링거도 로마 가톨릭교회에서 분리되어 새롭게 시작된 교회를, 초대교

---

179) *SERMONUM DECADES QUINQUE*, 770: "Multi propter ministrorum quorundam delicta et vitia congregationem ecclesiae vel deserunt vel fugiunt, quales hodie sunt anabaptistae."
180) *SERMONUM DECADES QUINQUE*, 770: "Caeterum nulla adhuc causa idonea ab istis est recensita, propter quam iure vel nobis coniungi non 5 debeant vel a nobis disiungi possint."

회 시대의 분리주의 이단들과 같은 보편교회로부터 분리된 '분파적 교회'로 규정하지 않았다. 이 새로운 교회는 교회-교리사적 이해 속에서 이단들과 구별되는 '정통교회'(Orthodoxie)와 동일한 의미[181]를 갖는 보편교회로부터 단 한 번도 벗어나지 않았다고 강조했다.

그럼 불링거는 교회분리를 어떻게 생각했을까? 로마 가톨릭교회에서 개신교가 분리되었기 때문에 그는 교회분리 자체를 반대하지는 않았다. 물론 어떤 분명한 기준 없이 단순히 특별한 상황이나 인간적인 의도에 따라서 교회가 분리될 수 있다고 말한 것은 아니다. 참된 믿음의 신자들이 어쩔 수 없이 교회로부터 분리되거나 분리해야 하는 정당한 이유가 있다는 것이다. 즉 교회가 무신론을 조장할 때, 바른 성례가 시행되지 않을 때, 우상숭배를 조장할 때, 순수한 교리를 거짓된 것으로 바꿀 때, 하나님의 진리가 훼손되고 참된 양식이 제공되지 않을 때, 이러한 교회로부터 참된 믿음의 신자들이 분리되는 것은 정당하다는 것이다.[182] 결국 이와 같은 교회분리의 이유는 불링거에게 한편으로

---

181) Geoffrey D. Dunn, Heresy and schism according to Cyprian of Carthage, Journal of Thelogical Studies 55 (2004), 551-574.
182) *SERMONUM DECADES QUINQUE*, 770: "Agnoscimus iustas esse caussas, ob quas pii se possint et debeant seiungere ab impiis coetibus, in quibus non tantum corruptus est sacramentorum usus legitimus et conversus in idololatriam, sed et syncera doctrina prorsus est adulterata doctoresque

개신교의 한 지역교회인 취리히 교회가 이러한 오류를 저지르고 있지 않기 때문에 재세례파의 영향을 받고 있는 사람들이 교회분리를 주장하는 것은 옳지 않다는 설득이다. 그리고 다른 한편으로 개신교가 이러한 오류 안에 머물고 있는 로마 가톨릭교회로부터 분리된 것은 정당하다는 변증이기도 하다.

이러한 전제 아래 불링거는 매우 구체적으로 현실에서 벌어질 수 있는 일들과 관련하여 교회가 분리될 수 없는 상황을 크게 다섯 가지 범주로 제시했다.

첫째, "성경 해석의 차이 때문에 교회가 분리될 수 없다." 불링거는 전체 성경의 확고하고 변함없는 명제에 근거하고 있는 신앙 규범 즉 교리의 변질이 없다는 전제 아래서 성경의 각 본문에 대한 해석적 차이점은 각 교회 안에서 언제나 발생할 수 있다는 것을 인정한다.[183] 그러면서 각 사람의 해석적 특성에 따라서 성경의 본문을 이해하는 다양성이 늘 발생해 왔다고 지적했다. 하지만 목사들은 신앙의 진리와 하나님에 대한 사랑과 이웃 사랑이 모순된다고 말하지 않고, 오히려 모든 것이 합력하여 선을 이룬다고 강조

---

vel pastores iam non sunt prophetae, sed pseudoprophetae, qui videlicet veritatem dei persequuntur denique pro cibo vitae administrant sedentibus venenum."

183) *SERMONUM DECADES QUINQUE*, 770.

하여, 신자들은 모든 내용을 신중히 점검하면서 좋은 것만을 취하여 수용할 뿐만 아니라 하나님의 말씀의 설교와 들음에서 최선을 다해 교회의 건덕을 지향하기 때문에, 이러한 차이점이 심각한 문제를 발생시키지 않는다고 밝혔다. 그래서 불링거는 어떤 이단적 가르침이 아닌, 참되고 본질적인 믿음의 내용에 근거하여 성경 본문이 해석될 때 나타나는 차이점이 교회를 저버리는 수단이 될 수 없다는 것을 분명히 했다.[184] 물론 그는 목사들은 성경을 바르게 해석하기 위해서 더 완벽한 실력을 갖추는 일에 최선을 다해야 하고, 신자들은 성경 해석에 대한 차이점이 느껴질 때 보편적이고 바르게 생각해야 한다고 권면하는 것도 잊지 않았다.

둘째, "사역자들의 악습관 때문에 교회는 분리될 수 없다." 불링거는 교회의 사역자들이 나쁜 습관이나 질병에 빠져 있음에도 불구하고 가르침과 권면, 책망 혹은 위로하는 일에 신실하며, 합법적으로 성례를 시행한다면, 어느 누구도 교회를 떠날 수 없다고 말했다.[185] 마태복음 23장 2-3

---

[184] *SERMONUM DECADES QUINQUE*, 771: "… interim tamen nihil dicit veritati fidei et dilectioni dei et proximi contrarium, omnia autem profert ad aedificationem. Ex hac, inquam, diversitate nemo sumit occasionem divertendi ab ecclesia. Omnes enim pii omnia probant; quod bonum est, retinent et in omnibus concionibus aut auscultationibus sacris omne studium suum unice ad aedificationem referunt."

[185] *SERMONUM DECADES QUINQUE*, 771: "Porro si ministri vitiis aut morbis laborant foedis, interim vero in docendo, admonendo, adhortando,

절[186]에 근거하여 사람의 잘못을 옹호하지는 않았지만, 가르치는 사람의 삶이 자신이 가르치는 내용에 상응하지 못할 수 있다는 것을 고려했기 때문이다. 불링거는 주님의 가르침 속에서 나쁜 생활이 잘못된 지도자를 만드는 것이 아니라, 오히려 거짓 가르침이 잘못된 지도자를 만든다는 것에 더 크게 주목했다. 인간 속에 있는 죄성이 이 땅에 사는 동안에 완전히 제거되지 않기 때문에 목사도 때로 실수할 수 있다는 것을 정직하게 인정한 것이다. 이는 하나님의 말씀을 가르치는 목사가 인격이나 행실에서 사람을 실망시킬 수 있는 어떤 연약함을 가지고 있거나 드러냈을지라도, 그것 때문에 하나님의 말씀 자체가 무시될 수 없다는 사실을 강조한 것이라고 볼 수 있다. 즉 목사의 인간적인 연약함을 솔직하게 인정하면서도, 동시에 하나님의 말씀에 대한 권위 역시 바르게 인정하려는 의도를 가진 것이다.[187] 불링거는

---

accusando et consolando fideles sunt, si legitima sacramenta dispensant legitime, nemo habet iustam deserendae ecclesiae occasionem."

186) 마태복음 23:2-3 "서기관들과 바리새인들이 모세의 자리에 앉았으니 그러므로 무엇이든지 그들이 말하는 바는 행하고 지키되 그들이 하는 행위는 본받지 말라 그들은 말만 하고 행하지 아니하느니라."

187) 참고로 불링거는 『스위스 제2신조』에서 이렇게 고백했다. "우리는 설교된 말씀 자체에 주목해야 하며, 그것을 선포하는 설교자를 주목해서는 안 된다. 만약 그 설교자가 못된 악인이며 죄인이라고 해도, 그 (선포된) 하나님의 말씀은 참되고 선하기 때문이다." 이 고백은 단순히 설교자가 선포하는 모든 말씀은 무조건 옳다는 것을 의미하지 않는다. 신자가 설교를 들을 때, 한편으로는 하나님의 말씀과 설교자를 분리해서 이해해야 한다는 것을 지적한 것이며, 다른 한편으로는, 설령 설교자가 나쁜 사람이라고 해도 그가 선포한 설교가 성경적으로 바르다고 하면,

목사의 잘못 때문에 교회가 분리될 수 없음을 알게 한다.

셋째, "예전(Ritus)의 다양성 때문에 교회는 분리될 수 없다." 불링거는 소크라테스(Socrates), 이레네우스(Irenaeus), 어거스틴(Augustinus)과 같은 여러 교부들을 끌어들이면서 하나님의 교회 안에서 예전의 다양성이 늘 존재해왔다는 것을 밝혔다. 초대교회 때부터 교회일치의 끈을 자르지 않기 위해 예전의 적용에서 큰 자유를 허용했음을 강조한 것이다.[188] 따라서 그는 성경적으로 잘못된 것이 아니면 어느 누구도 어떤 규범이나 조언이라는 핑계 아래 다른 사람들에게 어떤 특정한 예전을 강요할 수 없다고 했다. 그러면서 결론적으로 어거스틴의 글을 인용하면서 많은 쭉정이와 잡초 아래 놓여 있는 교회는 신앙에 반대되거나 의로운 생활 태도에 역행하는 예전이 아니라면 많은 것을 인내할 수 있어야 한다고 말했다.[189] 예전의 다양성 때문에 교회가 분리되는 것은 허용되지 않았다.

넷째, "신자들의 성결치 못한 생활태도 때문에 교회는 분리될 수 없다." 불링거는 지상에 있는 보편교회를 완벽하게 보지 않았다. 연약함을 가진 목사가 존재하는 것처럼,

---

그 설교는 하나님의 말씀으로 신뢰될 수 있어야 한다는 것을 설득시킨 것이다.
188) *SERMONUM DECADES QUINQUE*, 772: "Proinde vetus illa ecclesia usa est libertate magna in ritibus usurpandis, ut tamen non dissolveret vinculum unitatis."
189) *SERMONUM DECADES QUINQUE*, 772.

연약함을 가진 신자도 존재한다는 것을 주목했다. 그래서 교회 안의 죄짓는 사람들 때문에 교회를 떠나는 것은 중세의 순결주의자들인 카타리나파(katharós)의 광기에 빠져 있는 것이라고 비판했다.[190] 불링거는 선지자들과 사도들도 많은 악습과 허물을 가지고 있었다고 말하면서, 그것들 때문에 주님에게서 떨어져 나가지 않았다고 가르쳤다. 그리고 성경에 기록된 고린도교회도 심각한 여러 문제를 가지고 있었지만, 바울은 그 교회를 거룩하다고 설교했으며, 신실한 신자들을 향하여 그 교회로부터 분리되라고 결코 말하지 않았다는 것도 확인시켰다. 불링거는 이렇게 마무리하고 있다. "우리의 보편적인 교회의 교제에 참여하는 사람들도 중대한 죄를 범하고 있다는 것은 의심의 여지가 없다. 만약 교회 안에서나 신앙생활에서 특별한 허물이 발견되었다고 해도, 성경의 가르침이 왜곡되지 않고 또 성례가 바르게 시행되고 있다면, 여전히 이 교회도 보편교회의 일원임을 잊지 않아야 한다."[191] 신자들이 죄를 짓는 것 때문에 교회에서 이탈되는 것을 인정하지 않은 것이다.

끝으로 "성찬식에 무작격자가 참여하는 일 때문에 교회

---

190) *SERMONUM DECADES QUINQUE*, 773.
191) *SERMONUM DECADES QUINQUE*, 774: "Indubitatum est ergo graviter peccare abstinentes a consortio nostrae, imo catholicae ecclesiae, in qua etsi sint non vulgares corruptae vitae errores, doctrina tamen syncera et sacramentorum celebratio pura est."

는 분리될 수 없다." 불링거는 성찬식 때 하나님이 세우신 사도들에 의하여 일상적인 빵을 나누는 것조차 금지된 사람이 성찬식에 참여하는 것 때문에 시험에 들어서 교회로부터 분리되려고 하는 사람들을 책망했다. 즉 간음한 자들, 술 취한 자들, 인색한 자들, 전쟁광들 그리고 이러한 비슷한 부류에 속한 다른 사람들이 성찬식에 참여하는 것 때문에 교회를 깨뜨리려고 하는 것에 대해서 인내할 것을 요구한 것이다. 우리 주님이 스스로 더럽게 된 유다를 최후의 만찬에 참여시켰지만, 그 자리에 함께 참여했던 참된 믿음을 가진 다른 제자들은 유다의 낯선 불신앙에 감염되지 않았다는 것을 상기시키면서, 지금 당장 개선할 수 없는 사안에 관하여 인내를 가지고 참아낼 수 있어야 한다는 것을 강조했다.[192] 교회 안에 문제가 생겼을 때 사랑 안에서 안타까움을 품는 것은 당연하지만, 결코 해결되지 않는 문제 때문에 하나님을 원망하거나 교회를 떠나는 일은 없어야 하며, 하나님께서 해결하실 때까지 참고, 심판의 날에 쭉정이를 날려버릴 때까지 인내할 수 있어야 한다는 것이다.[193] 불링거는 성례가 바르게 시행되지 않는 것과 그 성례에 참여하는 사람들이 죄지은 것을 구별했다. 즉 잘못된 성례를 거절할 수는 있지만, 죄지은 사람이 성례에 참여하기 때문

---

192) *SERMONUM DECADES QUINQUE*, 774.
193) *SERMONUM DECADES QUINQUE*, 774-775.

에 그 성례를 거절하거나 교회를 떠나는 것은 잘못된 것임을 분명히 한 것이다.

불링거는 하나님의 말씀과 성경의 가르침에 근거하여 정리된 전통신앙에서 벗어났을 때 교회분리의 가능성을 인정했다. 하지만 한 지체로서 교회를 이루고 있는 목사들과 신자들의 연약함을 핑계로 교회를 분리하려는 시도는 용납하지 않았다. 그리고 성경의 해석과 예전의 차이점과 같은 교리적 적용의 다양성 때문에 교회에서 이탈하려는 시도 역시 허락하지 않았다. 한편으로 천상에 속해 있고, 다른 한편으로 지상에 속해 있는 보편교회의 성격을 고려하여 교회분리의 문제를 정리한 것이다. 주님이 오실 때까지 이 땅 위에 존재하는 보편교회가 다양한 시공간 속에서 지역적이고 개교회적으로 셀 수 없이 많은 사람들로 구성되어 있다고 할 때, 그들이 가진 독특성과 연약함을 정직하게 인정한 것이다. 결론적으로 불링거는 모든 인간적인 요소들로 인하여 발생한 교회분리를 불법적인 것으로 간주했다는 것을 알 수 있다.

로마 가톨릭교회로부터 분리의 정당성

종교개혁이 발생하여 새로운 교회가 등장했을 때, 불링거의 직접적인 증언에 따르면, 로마 가톨릭교회는 종교개혁자들이 교회분리의 죄를 저질렀음에도 불구하고 재세례파와 수많은 광신도들을 비판하고 있다고 비난했다. 게다가 불법적인 교회분리를 통하여 위급한 상황이 아님에도 불구하고 보편교회로부터 이탈하여 새로운 이단적 예배공동체를 세웠다고 비난했다.[194] 당연히 이러한 비난은 결코 단순한 문제가 아니었다. 종교개혁의 운명을 결정할 수 있는 심각한 것이었다. 왜냐하면 종교개혁의 정당성을 확보하는 것과 직접적으로 맞물려 있었기 때문이다. 그래서 종교개혁자들의 초기 과제는 종교개혁 이래로 새롭게 세워진 개혁된 교회와 로마 가톨릭교회 사이의 신학적 차이점을 선명히 드러내야 하는 현실적 필요에 집중되었다.[195] 개신교가 바른 교회임을 증명하는 종교개혁 사상이 로마 가톨릭교회의 전통과 어떻게 다른가에 대한 질문에 설득력 있는 답변을 해야만 했던 것이다. 물론 이는 종교개혁의 안정적인 정착을 위해서 로마 가톨릭교회에 불만을 가진 지식인층과 귀족계층의 지지뿐만 아니라, 종교개혁이 시작된 시점부터 작동되고 있던 '자신의 지역, 자신의 종교'(cuius regio, eius religio)의 원칙[196] 아래 각 개인의 종교적 결정과

---

[194] *SERMONUM DECADES QUINQUE*, 775: "Ad ravim enim usque clamitant eodem nos crimine convictos teneri, quo anabaptistas et phanaticos quosdam condemnavimus. Nos enim sacrilego quodam schismate et nulla adactos necessitate veterem deseruisse Romanam ecclesiam et novas atque haereticas25 nobis extruxisse synagogas."

[195] Park, *Heinrich Bullingers katechetische Werke*, 13.

[196] 이 'cuius regio, eius religio'는 "어떤 지역에 거주하는 시민은 그 지역의 영

상관없이 새로운 신앙을 갖게 된 평범한 사람들의 합리적인 설득을 위해서도 요청되는 과제였다. 많은 사람들이 글을 읽거나 쓸 줄 몰랐지만 종교개혁의 신학적 정당성과 신앙적 유익에 대한 설명을 통해서 동요와 불안이 없는 개혁된 신앙고백(Konfession)의 수용과 신앙적 충성도가 요구되었기 때문이다.

이러한 전제 속에서 불링거는 다른 종교개혁자들과 마찬가지로 개신교가 로마 가톨릭교회로부터 분리된 교회가 아니라는 것을 설득하고 있다. 그는 "우리는 단 한 번도 그리스도의 보편교회로부터 떠나지 않았다"라는 것을 분명히 하면서, 결과적으로 "누가 이단이며 혹은 누가 분리주의자로 간주되어야 하는가?"에 대한 답변을 시도했다.[197] 불링거는 핵심적으로 개혁된 교회는 성경의 사실과 진리에 반하여, 신앙의 조항에 반하여, 구원에 반하여, 보편교회의 성경에 근거한 교리에 반하여 어떤 것도 가르치지 않았음

주의 종교를 따른다"는 원칙이다. 이 원칙은 아우크스부르크 종교평화협정(Augusburger Religionszufrieden)에서 공식화되었다고 말할 수 있지만, 이미 그 적용은 종교개혁이 시작된 시점부터 이루어진 것으로 보는 것이 옳을 것이다. (Theologische Realenzyklopaedie, hg. Von Gerhard Mueller u.a., Bd. II, Berlin·New York 1976-2004, 644.)

197) *SERMONUM DECADES QUINQUE*, 775: "Video ergo mihi digrediendum paululum et certandum esse cum papisticae ecclesiae defensoribus demonstrandumque nunquam nos recessisse ab ecclesia Christi catholica. Ac quoniam in primis in hac caussa scire refert, quis haereticus quisve schismaticus vere dicatur, de his paucula haec praelibo."

을 강조한다. 이와 동시에 교황의 가르침, 하나님의 말씀과 모순된 교회의 새로운 교령, 교회 가운데 오랫동안 확산된 파렴치한 오용과 부패, 교황의 독재정치, 적그리스도주의 등과 싸우고 있다는 것도 밝혔다.[198] 따라서 개혁된 교회는 교황의 교회로부터 벗어나서 거룩한 보편교회와 사도적 교회로 모일 수밖에 없었으며, 또 스스로 로마 가톨릭교회로부터 분리될 수밖에 없었다는 사실을 당연하게 귀결시켰다.[199]

불링거는 하나님의 말씀을 통하여 사도들의 시대에 살았던 신자들과 그리스도의 사도들에 의해서 세워지고 보존되어온 옛 로마교회와, 교황주의자들의 전통이 존재하고, 교황의 교령이 교회를 좌지우지하며, 교황의 독재와 사치스러운 궁정생활이 펼쳐지고 있는 새 로마교회를 구별했다.[200] 이렇게 볼 때 개혁된 교회는 옛 로마교회와 결별한 것이 아니라, 오히려 새 로마교회와 결별한 것임을 외쳤다.

---

198) *SERMONUM DECADES QUINQUE*, 776.
199) *SERMONUM DECADES QUINQUE*, 776-777: "Tyrannidem ergo et antichristianismum fugimus et recusamus, Christum et iugum eius non recusamus, societatem sanctorum non fugimus, imo ut in hac manere veraque Christi et sanctorum membra esse possimus, ex papistica ecclesia refugientes in unam sanctam catholicam et apostolicam ecclesiam recolligimur. ⋯ Libere enim fatemur, et magno cum gaudio gratias deo liberatori agentes praedicamus nos recessisse a Romana ecclesia eandemque etiam hodie abominari."
200) *SERMONUM DECADES QUINQUE*, 777.

그러면서 새 로마교회를 떠났지만, 하나님의 참된 교회로부터 분리되지는 않았다고 했다.201) 새 로마교회를 참된 그리스도의 교회로 인정하지 않았기 때문이다. 불링거는 거룩한 보편교회는 유일한 목자이신 그리스도께 매여 있고, 그분의 말씀을 신뢰하며, 하나님께 합당한 삶의 모습을 추구하지만, 로마 가톨릭교회는 이와 정반대되는 모습을 하고 있다고 비판했다. 교황주의자들은 단순히 악하거나 위선적인 것이 아니라, 실제로 그리스도의 진리에 대해서 가장 악하고 혐오스러운 대적들과 같다는 것이다. 왜냐하면 그들은 공개적으로 복음을 비방하며, 그리스도를 믿는 신자들을 핍박하기 때문이다.202)

이러한 이해 속에서 불링거는 로마 가톨릭교회가 참된 교회에 속하지 않는 가장 근본적인 이유를 제시했다. "로마교회는 하나님의 교회의 내적 표지도, 외적 표지도 소유하고 있지 않다."203)

먼저 "그리스도의 영과 함께하는 교제, 참된 믿음, 기독

---

201) *SERMONUM DECADES QUINQUE*, 777: "… qui Romanam ecclesiam relinquentes a vera dei ecclesia non recessimus."
202) *SERMONUM DECADES QUINQUE*, 777: "Romanenses autem illi nec mali sunt nec hypocritae, sed pessimi prorsus et atrocissimi veritatis Christi hostes palam blasphemantes evangelium et persequentes credentes in Christum."
203) *SERMONUM DECADES QUINQUE*, 777: "Ideoque ecclesiae dei notas non habent neque internas neque externas."

교의 사랑"과 관련된 내적 표지가 발견되지 않는다는 것이다.[204] 즉 내적 표지는 "주님의 영과 함께하는 교제, 참된 믿음 그리고 하나님을 향한 사랑"이다.[205] 이 내적 표지를 통해서 그리스도의 참되고 살아 있는 신자들은 성령을 통해 먼저 머리이신 그리스도와 함께 연합하고, 그 다음에 교회의 몸을 이루고 있는 모든 지체들과 함께 연합된다. 이러한 연합이 없으면 참된 믿음을 소유하지 않은 사람이며, 그리스도의 참되고 살아 있는 지체가 아니다. 그리고 참된 믿음은 모든 신자들로 하여금 동일한 고백, 동일한 성령, 동일한 생각을 갖게 한다. 이 믿음을 통해서 신자들은 그리스도의 지체로서 진정한 연합을 이룬다. 끝으로 사랑은 그리스도와 함께하는 교제와 성령의 교통으로부터 발생한다. 이는 믿음에 근거하여 모든 신자들을 가장 밀접하게 연합시키는 끈이다. 불링거는 내적 표지가 외적 표지를 풍성하게 만들 뿐만 아니라 하나님 앞에서 신자들을 만족스럽고 기쁘게 만든다고 강조했다.

다음으로 "바른 말씀의 선포와 바른 성례의 시행"과 관련된 외적 표지가 심각하게 왜곡되고 오용되었다는 지적이다.[206] 외적 표지는 "하나님의 말씀에 대한 확실한 선포

---

204) *SERMONUM DECADES QUINQUE*, 777.
205) *SERMONUM DECADES QUINQUE*, 751: "Sunt autem communio spiritus domini, fides syncera et charitas gemina."
206) *SERMONUM DECADES QUINQUE*, 777-779.

와 그리스도의 성례에 대한 합법적 시행"이다.[207) 하나님의 말씀에 대한 선포는 성경 자체를 가르치는 것만을 의미하지 않는다. 믿음의 교리들과 일치하는 본질적인 의미를 파악하고, 유지하고, 보존하면서 하나님의 말씀을 선포하는 것을 의미한다.[208) 불링거는 아리우스(Arius)를 실례로 들면서 성경의 의미를 자의적으로 바꾸어서 선포하는 것은 교회의 참된 표지가 될 수 없다고 했다. 그리고 성례의 시행도 주님께서 친히 제정하신 의도에 따르지 않으면 참된 표지가 될 수 없다는 것도 잊지 않았다.[209) 불링거는 하나님 말씀의 바른 선포와 바른 성례의 시행과 관련된 외적 표지를 신적 증언을 통하여 전승되고 확증된 것으로 규정했다. 그리고 이 외적 표지가 교회의 공동체 안에서 모든 신자들을 한 몸으로 연합되게 하고 보존시킨다는 것을 밝혔다.[210) 그러면서 특별히 이 외적 표지는 하나님의 선택된

---

207) 불링거는 하나님을 경배하는 예배, 교회의 일치를 위한 노력, 십자가의 고통을 인내하는 것, 그리스도를 통하여 하나님의 이름을 부르는 간구 등도 교회의 외적 표지에 포함될 수 있다고 언급했다.

208) *SERMONUM DECADES QUINQUE*, 750: "Porro ad plenam signorum ecclesiae cognitionem pertinet et illud et quidem in primis non satis esse verbum dei vel scripturam iactare, nisi sensum quoque nativum et fidei articulis congruum simul amplectamur, retineamus et tueamur."

209) *SERMONUM DECADES QUINQUE*, 750: "Quod de verbo dei diximus, etiam de sacramentorum usu intelligere necesse est; nisi enim usurpentur legitime eo, inquam, modo, quo instituit ipse dominus, non sunt ecclesiae dei signa."

210) *SERMONUM DECADES QUINQUE*, 749: "Certissimum est itaque, quia

지체들에게는 본질적으로 적용되고, 바른 믿음과 순종에 관심이 없는 위선자들에게는 비본질적으로 적용된다는 것을 확인시켜주고 있다.211)

이러한 전제 아래서 불링거는 얼마나 많은 개별 교회들을 소유하고 있든 로마 가톨릭교회는 넓은 의미에서 알곡과 가라지가 섞여 있고, 보편교회에 속해 있지만 교회의 내적·외적 표지와 관련하여 심각한 왜곡을 가지고 있기 때문에 참된 교회로 인정되지 않는다고 밝혔다. 물론 로마 가톨릭교회의 부패를 개별 신자들을 포함한 전체 교회에까지 확대시키지 않고, 교회의 지도자들로 한정시켜 이해했다. 교회의 내적·외적 표지를 훼손한 책임이 교회의 지도자들에게 있음을 강조한 것이다.212) 이 사실은 로마 가톨릭교

---

divinis traditum testimoniis, externas ecclesiae notas esse verbum et sacramentum. Haec enim colligunt nos in societatem unius corporis ecclesiastici et in eadem nos retinent."

211) *SERMONUM DECADES QUINQUE*, 749: "Haec testimonia omnia proprie quidem (quod et paulo ante monui) electis dei membris fide et iusta obedientia donatis, hypocritis fide et iusta obedientia destitutis improprie congruunt, quia tamen et hi vocem pastoris externe audiunt, virtuti operam dant et palam vel foris conglutinantur sacramentorum participatione electis et vere credentibus, corpori, inquam, Christi vero propter externa illa signa numerantur in ecclesia, quandiu ex ipsa non recedunt."

212) *SERMONUM DECADES QUINQUE*, 779: " Hac ratione, inquis, nulla relinquetur in terris Christo ecclesia. Ecclesiae enim gubernatoribus aberrantibus et verbum dei corrumpentibus deserentibusque quae, obsecro, spes reliqua est de ecclesia? Aut signis non comparentibus ecclesiae ubi, quaeso, est ecclesia? Respondemus deum optimum

회의 교황과 사제들의 개혁을 직접적으로 겨냥했던 구호인 '교회의 머리와 지체들의 개혁'(Reformatio ecclesiae incapite et membris)을 상기시킨다.

특별히 불링거는 이러한 사실에 비추어 교회사적 안목 속에서 깊은 통찰을 제시했다. 로마 가톨릭교회의 가장 깊은 어두움 속에서도 참된 지도자들이 끊임없이 등장하여 교회를 새롭게 했으며, 예수 그리스도를 더 많이 경외하면서 성결을 유지하는 신자들이 있었고, 죄 용서의 확신과 하나님의 자녀 됨에 대한 표시로서 거룩한 세례가 시행되었으며, 순수한 교리를 붙들고 끝까지 인내한 하나님의 자녀들이 존재해 왔다는 것이다. 즉 교황주의자들의 교회가 참된 교회가 아님을 인정했음에도 불구하고, 성경에 기록된 다양한 실례들에 근거하여[213] 모든 시대 속에서 참된 믿음을 소유한 신자들이 항상 있었다는 것을 그는 확신했다.[214]

---

maximum in calamitatibus ecclesiae, in quibus gubernatores a verbo et vero cultu dei deficiunt ac novas leges et novos ritus amplectuntur et in ecclesiam inducunt veris ecclesie, notis externis ad tempus obscuratis aut obsoletis, nihilominus sibi in terris reservare ecclesiam, quam et veris doctoribus submissis fulcit et reparat, licet hi ab illis, qui veri et ordinarii ecclesiae gubernatores videri volunt, non agnoscantur pro veris dei ecclesiae ministris aut doctoribus, sed condemnentur pro seditiosis ecclesiae turbatoribus et haereticis execrabilibus."

213) 불링거는 여로보암(왕상 11:26-14:20; 대하 10:1-13:20), 아합(왕상 16:29-22:40), 아하스(왕하 16; 대하 28), 므낫세(왕하 21:1-18; 대하 33:1-20), 바벨론 포로(단 3:12-18) 등의 시대 속에서 참된 교회가 존재했던 것처럼 지금 핍박이 이루어지고 있는 곳에서도 참된 교회가 존재하고 있다는 것을 강조했다.

하나님의 긍휼 속에서 예수 그리스도의 복음을 떠나지 않는 신자들이 로마 가톨릭교회의 극심한 타락 속에서도 존재해 왔다는 것이다. 따라서 불링거는 로마 가톨릭교회의 타락과 개별 신자들의 믿음을 구분했다. 그가 비판한 것은 로마 가톨릭교회의 타락한 지도자들과 교리적 남용이지, 결코 그러한 가운데서도 예수 그리스도를 고백하는 개별 신자들의 구원 문제를 의심한 것은 아니었다.

이렇게 볼 때, 개혁된 교회의 설립은 불링거에게 로마 가톨릭교회의 교황과 그의 추종자들로부터 벗어나서 사도적 교회의 형태에 따라 회복시키는 것을 의미했다.[215] 적그리스도를 상징하는 교황, 극도로 부패된 교회의 지도자들 그리고 교회의 내적·외적 표지를 잃어버린 거짓된 교회로부터 분리되어 복음의 선포와 성례의 표지 안에서 이루어진 연합을 통하여 그리스도를 위한 새로운 교회로 모이는 것은 지극히 자연스러운 현상이었다. 그래서 불링거는 매우 신중한 태도로 다음과 같이 선언했다.

"로마 교황의 권좌와 로마교회로부터 분리되는 것은

---

214) *SERMONUM DECADES QUINQUE*, 782.
215) *SERMONUM DECADES QUINQUE*, 783: "Quid ergo hodie peccavimus reformantes ecclesias ad apostolicae imaginem ecclesiae prophanatas iam olim a sede illa Romana ac membris eius?"

당연히 허용되었을 뿐만 아니라 필수적이었다. 왜냐하면 하나님께서 거룩한 사도들을 통해 명령하셨기 때문이다. 만약 우리가 사도들의 가르침을 따르지 않으면, 우리는 구원받지 못할 수 있다."216)

불링거는 로마 가톨릭교회로부터의 분리가 정당하다는 것을 다양한 근거를 통해서 확증했음에도 불구하고, 개혁된 교회의 설립이 결코 비성경적이거나 배교적인 것이 아니라는 사실도 설득시켰다. 먼저 새로운 교회의 등장은 초대교회 당시에 루치아노(Luciano)와 관련된 기독교 신앙을 거부하는 배교와 전혀 다름을 강조했다. 다음으로 발렌티누스, 말시온, 아리우스, 마니, 아르테몬 그리고 이와 유사한 괴수 같은 사람들과 관련된 이단적 배교도 아님을 밝혔다. 끝으로 도나투스주의자들과 관련된 교회를 분리시키는 배교도 아님을 분명히 했다.217) 즉 교회의 역사 속에서 발

---

216) *SERMONUM DECADES QUINQUE*, 783: " Proinde discessus ille noster a sede vel ab ecclesia Romana non modo licitus, sed et necessarius est, quippe mandatus nobis ab ipso domino per sanctos apostolos, 15 quibus nisi obediamus, salvari nequaquam poterimus."
217) *SERMONUM DECADES QUINQUE*, 784: "Est defectio apostasiae, qua fidei vel religionis odio ex mera impietate et contemptu numinis athei cum Luciano suo impio ac Juliano apostata a fide orthodoxa et catholica denique a communione fidelium deficiunt et veritatem praeterea christianam conviciis blasphemiisque impetunt ac ipsam dei ecclesiam vel irrident vel persequuntur. Est rursus defectio haeretica, qua videlicet cum Valentino,

생한 이러한 세 가지 배교의 형식으로 새롭게 세워진 교회를 정죄할 수 없다고 증명한 것이다. 로마 가톨릭교회는 참된 교회가 아니라 거짓 교회로 간주되었기 때문에, 불링거는 종교개혁자들의 교회분리는 죄에서 자유롭게 된 것임을 강조했다. 그러면서 로마 가톨릭교회로부터 분리의 정당성을 다음과 같은 비장한 내용으로 선언했다.

> "로마 교회는 참된 교회가 아니라 거짓 교회이다. 이 분리는 하나님의 백성으로부터 벗어난 것을 의미하지 않고, 오히려 하나님의 백성을 핍박하는 사람들에게서 벗어난 것을 의미한다. 신앙고백과 교회의 구원을 제공하는 가르침으로부터의 분리가 아니라, 신앙고백을 흐리게 하고, 교리를 왜곡시키고, 신자들을 조작시키는 오류들로부터 분리된 것이다. 이러한 분리는 결과적으로 어떤 경솔함에서 발생되는 것이 아니다. 필연적으로 발생될 수밖에 없는 것이다. 새로운 것을 위한 노력에

Marcione, Ario, Manichaeo, Artemone similibusque monstris superbi et confidentes pertinacesque nequam vel ipsam scripturam repudiantes vel interpolantes contemnunt et calcant vel certos fidei articulos sanaque ecclesiae dei dogmata negant, subvertunt ac oppugnant, contraria astruunt atque ita ecclesias sibi haereticas construunt, a vera autem, orthodoxa et catholica recedunt. Est praeterea discessus schismaticus, qualis erat Donatistarum separantium se ab ecclesia dei vera praetextu absolutioris consequendae sanctificationis."

서 발생되는 것도 아니다. 영원한 진리에 근거한 믿음에 다시 도달하기 위해 참된 하나님을 경외하려는 열심에서 발생된 것이다. 우리는 어둠의 공동체를 떠난 이후에 새롭게 참된 빛이신 그리스도와 그분의 모든 지체들과 함께 모이게 된 것이다. 그러므로 우리가 오늘날 거짓 교리와 우상숭배, 무죄한 순교자들의 피로 가득 채워진 로마교회의 권좌를 떠나는 것은 당연하다."[218]

결론적으로 불링거가 말하는 로마 가톨릭교회로부터 분리의 정당성은 '정통 교회의 회복'에 초점이 있다. 로마 가톨릭교회로부터 분리된 개신교의 가장 우선된 임무는 두 교회 사이의 신학적 경계선을 통해서 당시 사람들로 하여금 종교개혁의 정당성을 확보하는 일이었다.[219] 하지만 로

---

218) *SERMONUM DECADES QUINQUE*, 784-745: "… quae sit non a vera, sed falsa ecclesia; non a populo dei, sed a persecutoribus populi dei; non ab articulis fidei et sanis dogmatibus ecclesiae, sed ab erroribus fidei articulos obscurantibus et a pravis hominum traditionibus et corruptelis, quae denique sit non levitate aliqua, sed necessitate; non novandi, sed vere religionis studio propter veram fidem recuperandam secundum testimonia aeternae veritatis, ut relicto tenebrarum consortio recolligamur cum Christo, vera luce, et omnibus membris eius. Ita vero hodie deseruimus Romanam illam5 sedem falsa doctrina, idololatria et innoxio martyrum sanguine redundantem …"

219) Artikel zur Ordnung der Kirche und des Gottesdienstes in Genf, dem Rat vorgelegt von den Predigern (1537), in: *Calvin-Studienausgabe*, Bd.1.1, Hg. Eberhard Busch u.a., Neukirchen-Vluyn 1994, 125.

마 가톨릭교회로부터의 분리, 즉 개혁된 교회는 엄밀히 말하면 새롭게 만들어진 교회라는 의미가 전혀 아니다. 거짓된 교회를 개혁했다는 것에 초점이 있다. 단순히 개신교가 교황주의 교회와 다르다는 것을 말하는 것이 아니라, 성경에 근거한 정통 신앙을 회복했다는 것을 표명한 것이며, 더욱이 정통 교회임을 확고히 한 것이다.

단일한 보편교회의 유지를 위한 한 수단

불링거에 따르면 눈에 보이는 지상의 보편교회는 개별 교회들과 모든 가시적인 지체들로부터 형성된다.[220] 개별 교회들과 가시적인 지체들은 각 나라와 도시 안에 흩어져서 고유한 이름과 함께, 한 목사와 특정한 숫자의 신자들로 구성된 각기 독립된 교회들을 의미한다. 즉 이 세상의 셀 수 없이 많은 장소에 세워진 개별 교회들인 것이다. 한 실례로, 취리히에 교회가 세워지면, 그 교회는 한 개별 교회로서 '취리히 교회'로 간주된다. 이렇게 볼 때 보편교회는 개별 교회들의 집합이며, 각 개별 교회는 보편교회의 한 일원이다. 개별 교회는 보편교회와 결코 분리될 수 없을 뿐만 아니라 보편교회에 속하지 않은 개별 교회는 없다. 보편교

---

[220] *SERMONUM DECADES QUINQUE*, 743: "Porro universalis ecclesia ex omnibus colligitur particularibus in universo mundo ecclesiis omnibusque membris suis visibilibus."

회와 개별 교회의 관계는 그리스도를 통해서 서로 연결되어 있다. 개별 교회는 파편적으로 흩어져 있지만, 이와 동시에 그리스도의 한 지체로서 묶여 있는 것이다. 그래서 불링거는 한 유일한 주권자이신 예수 그리스도에 의해서 통치되는 "오직 하나님의 한 교회가 존재할 뿐 여러 교회가 존재하지 않는다"라고 했다.221) 이러한 이해 속에서 불링거는 모든 개별 교회들이 주님이 오실 때까지 보편교회의 일원임을 확인시켜주는 외적 표지만을 주목하지 않았다. 보편교회의 지속성을 위해서 대표적으로 교회의 직분에도 깊은 관심을 가졌다. 즉 교회를 질서 있게 유지시키기 위한 수단으로서 직분이라고 할 수 있다.

불링거는 보편교회가 하나님의 말씀을 통하여 세워지고 보존되는데, 현상적으로 주님이 세우신 교회의 사역자들을 통해서 세워지고 보존된다고 확신했다.222) 그래서 교회의 직분과 그 직분에 근거하여 경영되는 교회의 질서가 중요하다는 것은 당연했다. 하나님은 인간의 도움 없이 내적

---

221) *SERMONUM DECADES QUINQUE*, 769: "Proinde certissimum est unam esse duntaxat ecclesiam dei, non plures, cui unicus monarcha pre . sidet: Iesus Christus."
222) *SERMONUM DECADES QUINQUE*, 794: "Dixi enim ecclesiam dei verbo dei extrui atque conservari idque per ministros ad hoc per dominum deputatos, unde consequens est, ut nunc dicamus de ministris ecclesiae eorumque ministerio, id est de ordine, quo suam ecclesiam deus gubernat."

조명을 통해서 직접적으로 교회를 경영하실 수 있지만, 그분은 자신의 형상에 따라서 창조된 피조물을 멸시하지 않으시고, 또한 모든 것을 자신의 질서에 따라서 섭리하신다. 즉 하나님은 이러한 원리 속에서 교회도 사람을 통하여 통치하신다는 것이다.[223] 하나님은 처음에는 족장들을 통하여, 이후에는 선지자들, 나중에는 사도들, 지금은 교사들과 목자들을 통하여 자신의 뜻을 배우고 행하게 하신다. 즉 하나님이 보편교회를 세우고 보존하기 위한 도구로 사역자들을 부르셨다는 것이다. 그리고 불링거는 하나님의 부르심을 받은 사역자들에게는 엄중한 교회의 직무가 부여되어 있다는 것도 이해시킨다. 충성된 사역자들은 오직 예수 그리스도만을 따라야 하며, 그리스도의 영광, 그분의 손상될 수 없는 신분, 그분의 대제사장적 사역을 결코 훼손시켜서는 안 된다.[224] 이와 관련하여 교회의 사역자들을 부르신 목적은 다음과 같다.

> "하나님이 교회 가운데 사역자들을 세우신 목적은 교회의 몸의 모든 지체들이 일치를 이루어서 교회의 머

---

223) *SERMONUM DECADES QUINQUE*, 795.
224) *SERMONUM DECADES QUINQUE*, 796: "Fideles ergo ministri domini Iesu id unice curant, ut Christo suam gloriam et authoritatem illibatam, suum sacerdotium omni parte integrum conservent."

리이신 그리스도께 복종하고, 구원의 날까지 그분에게 온전히 붙어 있으며, 그분 안에서 성장하여 온전한 사람이 되도록 하는 데 있다. 이를 통해서 우리가 계속해서 미성숙한 사람들로 남아 있지 않고, 또 매번 이단의 기만과 유혹에 빠지지 않게 하려는 것이다. 그리고 우리가 참된 신앙과 참된 사랑 가운데 교제하며, 그리스도의 진리를 온전하고 순수하게 붙들고, 그리스도를 모든 시대에 올바르게 섬길 수 있도록 하려는 것이다. 끝으로 우리의 죽음 이후에도 우리로 하여금 그리스도와 함께 천상의 유업을 누리도록 하려는 것이다."[225]

불링거는 교회의 사역자들이 세워진 목적이 사람의 눈에 보이는 가시적인 보편교회가 어떻게 이 지상에서 바르게 유지될 수 있는가에 대한 직무적인 의미와 깊이 연관되어 있다고 보았다. 그래서 교회 안에 세워진 모든 직분은 보편교회의 질서, 섬김, 교육, 치리, 보존 등을 위해서 하나님이 허락하신 참된 질서와 완벽한 제도로 간주되었다.[226]

---

[225] *SERMONUM DECADES QUINQUE*, 799: "Instituit deus ministerium in ecclesia, ut omnia membra reducantur ad unitatem corporis et subiiciantur adhaereantque capiti Christo, ut in hoc adolescamus evadamusque in viros perfectos, ne semper simus pueri, ne pateamus omnium imposturis et haereticorum fascinationibus, sed in vera fide et charitate conglutinati veritatem retineamus christianam, puram et simplicem Christoque servientes syncere in hoc saeculo mortui regnemus cum ipso in coelis."

결과적으로 불링거는 교회의 조직과 제도를 구상함으로써 보편교회의 지속적인 보존을 위한 토대를 쌓았다. 여기서 몇 가지 실천적인 실례를 떠올릴 수 있을 것이다. 먼저 불링거는 로마 가톨릭교회의 계급적 직제를 비판하면서 모든 성직자들 사이의 계급적 차이를 인정하지 않았다. 그리고 성직자와 신자 사이에도 직분적 차이만 인정했으며, 영적 신분의 차이는 결코 인정하지 않았다. 다음으로 교회의 사역자들에 대한 엄격한 선출과 그 이후의 지속적인 관리·감독을 강조했다.227) 이것을 모든 교회의 보존과 관련된 사안으로 보았기 때문이다. 그래서 불링거는 이렇게까지 언급했다. "무가치한 사람과 무식한 사람이 임명되면, 그 교회 안에서 모든 신앙의 관심사들은 등한시되고, 부패하며, 무너질 것이다."228) 이뿐만 아니라 불링거는 모든 사역자들은 새로운 규범을 공포할 수 없고, 오직 가장 참된 하나님의 말씀인 구약성경과 신약성경에 근거하여 구원에 관련된 모든 도리를 선포하고 가르쳐야 한다고 항상 강조하였

---

226) *SERMONUM DECADES QUINQUE*, 804.
227) *SERMONUM DECADES QUINQUE*, 819: "Proinde iudicio hic erit opus exacto et diligentia magna, quae omnes doctrinae et vitae partes excutiat. Opus, inquam, erit severa vitae censura et examine eruditionis accurato. Neque enim haec res parvi est momenti. Omnis ecclesiae incolumitas hinc dependet."
228) *SERMONUM DECADES QUINQUE*, 819: "Si ordinetur indignus et indoctus aliquis, tota fere negligitur, imo pervertitur subvertiturque ecclesia."

다.229) 이와 함께 예전(예배, 설교, 기도, 성례), 교회 규범, 신앙 교육, 성경해석, 신앙 권면(치리), 가난한 사람들의 돌봄 등과 관련된 교회 안에서 실천되는 모든 사역도 보편교회를 세우고 보존하기 위해 하나님께서 허락하신 직무임을 상기시켰다. 끝으로 불링거는 사역자들의 부양에 대해서도 깊은 관심을 가졌다. 보편교회가 온전히 유지되기 위해서는 목사들 생활의 안정이 필요하다는 것을 인식하고 있었기 때문이다. 따라서 초대교회에서 교회의 수입 중 일부는 전체 성직자들을 위해 사용되었다는 것을 밝히면서 오늘날도 교회를 수종드는 목사들이 생활에 필요한 급여를 받는 것은 당연함을 강조했다. 불링거는 이에 대한 신학적 원리를 다음과 같이 설명했다. "나는 무엇보다도 사도가 분명하게 언급한 것을 주목해야 한다고 생각한다. 즉 주님은 교회의 사역자들의 생계에 대한 규정을 유대 민족의 오래된 율법의 방식 안에서 제정하셨다는 것이다."230)

앞서 살핀 모든 내용은 로마 가톨릭교회로부터 분리된 개혁된 교회가 보편교회로서 지속성을 확보하기 위해 실천되어야 할 면모들이었다. 불링거는 개혁된 교회가 보편교

---

229) *SERMONUM DECADES QUINQUE*, 829-830.
230) *SERMONUM DECADES QUINQUE*, 1051: "Observandum aute puto in primis, quod apostolus diserte dicit dominum suam ordinationem de alendis ministris ecclesiae ad imitationem antiquarum populi Iudaici legum instituisse."

회로서 정당성을 유지하기 위해 그 실천적 모습에서 성경적 교회의 원리가 작동되어야 한다고 생각했다. 따라서 그는 모든 개별 교회 안에서 이것들이 제도적으로 실천될 수 있도록 평생을 헌신했다.

개혁주의 교회의 아버지

불링거의 신학은 내용적으로 전체 성경(tota scriptura)에 근거하여 교회-교리사적 전통 속에서 논의되어온 모든 신학적 주제들을 자세하게 설명하고 있다. 성경적이면서도 초대교회적이고, 현명하면서도 친절하며, 정교하면서도 쉽다는 평가를 받는다. 불링거는 보편교회의 개념 아래 이단들과 로마 가톨릭교회의 오류를 명확하게 비판하면서 루터파 교회와의 신학적 차이점을 최소화하여 자신의 신학을 정리했다. 츠빙글리로부터 시작된 성만찬론에 대한 갈등 속에서 늘 루터파 교회와 긴장이 있었지만, 가능한 한 루터의 공재설에 관하여 온화한 형태로 반대 입장을 표명했다. 결국 불링거의 신학은 핵심적으로 사도적 가르침에 근거하여 모든 역사적 교회의 공통적 신앙유산을 존중하면서 한편으로 보편교회의 정체성을 확인시켜주고 있다. 그리고 다른 한편으로 종교개혁의 신학적 논쟁 속에서 드러난 언약론과 같은 개혁파 신학의 독특성을 잘 드러내주고 있다. 이렇게 볼 때, 대표적으로 불링거와 칼빈 사이에 신학적 본질이 아닌 진술 방식에서 몇 가지 교리적 차이가 있음에도 불구하고, 불링거의 신학은 사도적 가르침에 가장 충실히 서 있는 정통신학의 한 요해(eine Summe)를 제시한다. 특별히 1549-1551년에 쓴 『50편 설교집』과 1566년에 출판된 『스위스 제2 신앙고백서』를 통해서 볼 때, 불링거의 신학은 보편교회의 신학적 체계와 개혁주의 교회의 초기 정통주의의 길을 예비한 것으로 볼 수 있다. 사도적 가르침과 초대교회의 정통신학에 가장 충실히 서 있는 신학이기 때문이다. 특별히 이러한 이해 속에서 불링거의 신학과 관련하여 교회-교리사적 안목에서 제시된 프리츠 뷔셔(Fritz Büsser)의 언급을 주목할 필요가 있다.

> "16세기에 칼빈주의자들은 이단으로 묘사되었지만, 츠빙글리, 외콜람파드, 부써, 버미글리, 베자 그리고 다른 (개혁주의) 신학자들과 함께 불링거와 칼빈은 그들 스스로를 개혁된 보편교회로서 하나의 거룩하고, 사도적이며, 보편적인 교회들의 종교개혁자들로 간주하였다."[231]

---

231) Fritz Büsser, *Die Prophezei. Humanismus und Reformation in Zürich*

개혁주의 교회와 신학은 종교개혁 당시에 다양한 인물들에 의해서 표명되고, 또한 그들 상호 간에 신학적 교류와 영향 속에서 뿌리를 내리고 발전되었다. 그런데 이것이 어느 시점에서부터 칼빈 한 사람의 그늘 아래 놓이게 되면서 문제가 발생했다. 즉 종교개혁 초기부터 종교개혁자들의 사상이 오직 칼빈의 신학 속에 함몰되어 있는 부조화를 나타낸 것이다. 마치 칼빈 외에 다른 종교개혁자들은 없는 것처럼 여겨지게 된 것이다. 하지만 개혁주의 교회 안에서 칼빈은 루터주의 교회 안에서 루터와 같은 역할을 하지 않았다. 1580년 6월 25일에 출판된 루터주의 교회 신앙고백서들의 모음집인 『일치 신조서』(*Konkordienbuch*)가 루터 사상의 핵심을 포함하고 있다면, 이와 다르게 개혁주의 교회의 신앙고백서들 안에는 칼빈에게만 특별한 권위를 부여하지 않는다. 개혁주의 교회의 신앙고백서들은 그 기원에서부터 교회–교리사적으로 계승된 사도적 가르침에 근거한 정통신학을 존중하면서, 개혁주의 신학자들 상호 간의 교류 속에서 협의되고 절충되어 몇몇 인물들과 공적인 회집들

Ausgewählte Aufsätze und Vorträge, Bd. 17, hg. von Alfred Schindler, Bern·Berlin·Frankfurt a.M·New York·Paris·Wien 1993, 200: "Als Calvinisten wurden im 16. Jh. Ketzer bezeichnet; Calvin und Bullinger, mit ihnen Zwingli und Oekolampad, Bucer, Vermigli, Beza u. a. betrachteten sich selber als Reformatoren der einen hl. apostolischen und katholischen Kirchen, als reformierte Katholiken."

을 통해 정리되었기 때문이다. 따라서 종교개혁 당시에 개혁주의 신앙내용은 여러 인물들에 의해서 표명되었을 뿐만 아니라 그들의 신학의 교류와 영향 속에서 뿌리를 내리고 발전되었다는 것을 분명히 한다. 무엇보다도 이후의 새로운 연구들은 17세기 웨스트민스터 신앙고백서와 여러 요리문답의 신학적 내용과 구조가 칼빈 한 인물과만 연결되었다고 증명하지 않는다. 오히려 칼빈의 신학적 탁월함에도 불구하고 16세기 종교개혁 당시에 개혁주의 교회와 신학을 위해 헌신한 다른 종교개혁자들을 결코 빼놓을 수 없다는 점을 말하고 있다.

루터주의 교회와 분리되면서 개혁주의 교회 안에는 그 교회의 신학적 정체성을 위해 온 정열을 쏟은 많은 종교개혁자들이 있었다. 불링거도 개혁주의 교회의 뿌리가 되는 취리히 종교개혁을 완성한 종교개혁자로서 그들 중의 한 대표적인 인물이었다. 그래서 불링거는 '개혁주의 신학의 아버지'(Vater der reformierten Kirche)로 간주된다.[232]

---

232) 다음 책을 참조하라. Fritz Blanke & Immanuel Leuschner, *Heinrich Bullinger – Vater der reformierten Kirche*, Zürich: TVZ, 1990.

4

하인리히 불링거의 시대적 관심, 이슬람

Chapter 04

하인리히 불링거의 시대적 관심, 이슬람

그리스도께서 우리와 자신의 교회를 긍휼히 여겨주시고, 모든 악으로부터 보호하시며, 마지막 때까지 순결하게 보존하여 주소서.

동로마제국은 천년 동안 외국 정복자들을 저지해 냈지만, 1453년에 수도인 콘스탄티노플이 결국 오스만 터키에 무너지게 되었다. 그러면서 결과적으로 16세기 종교개혁 초기 10년 안에 동방 교회가 차지했던 대부분 지역은 러시아만 제외하고 이슬람의 직접적인 영향을 받게 되었다. 이러한 배경 속에서 1521년 이슬람 신앙을 가진 오스만 터키의 술레이만 2세(Suleiman)에 의해 베오그라드(Belgrade)가 점령되었다. 그리고 1526년 8월 20일에 도나우(Donau)강 근교에 위치한 모하치(Mohács) 지역에서 일어난 전쟁에서 헝가리가 패배했다. 헝가리는 처음에는 서로 다른 통치자들에 의해서 지배되는 세 지역으로 분할되었지만, 1541년 이래로 서북부 지역은 교황청과 밀접한 관계를 맺고 있는 합스부르크(Habsburg) 왕가에 의해 통치되었고, 나머지 지역은 오스만 터키의 지배를 받았다.[1] 동유럽이 이슬람의 영향 아래 놓이면서 결과적으로 서유럽 역시 긴장된 시간을 보내야 했다. 이슬람의 침공은 유럽 교회가 직면하게 된 커다란 도전이었다. 특별히 종교개혁자들도 동유럽 교회에서 들려오는 좋지 않은 소식들과 관련하여 연민의 시간을 보내야 했는데, 그들의 눈에 이슬람은 기독교에 매우 위협적인 대적(so grosse Feinde der Christen)으로 보였기 때문이다. 16세기 초기 종교개혁자들에게 이슬람이 어떤 이미지로 보였는가를 루터의 언급을 통해서 가늠할 수 있다.

> "경건한 사람은 터키의 관습을 택하기보다 차라리 자기 자녀들을 전쟁터에 내보내 잃기를 바란다. 왜냐하면 터키인들은 영예를 모르고 또 그것을 존중하지도 않기 때문이다. 힘을 가진 자들이 마음대로 재산, 아내, 자녀들을 다른 사람에게서 강탈한다. 일반인들은 결혼 서약을 지키지 않고, 마음대로 아내를 취했다가 버리며, 자녀들을 팔아넘긴다. 이러한 관습이 명백한 살인 행위가 아니고 무엇이란 말인가. 이를 경험한 헝가리인

---

1) Mihály Bucsay, *Der Protestantismus in Ungarn 1521-1978*, Bd. 1, Wien·Köln·Graz 1977, 46-47.

들은 사람들을 격려하여 터키인들과 싸우라고 하면서 이 사실을 증언한다. 그러면서 설사 기독교 신앙이 어떻게 된다고 하더라도 우리는 우리의 아내와 자녀들 때문에 터키인에 대항하여 싸울 필요가 있다고 말한다. 우리는 우리 가운데서 이러한 수치와 악을 보고 관용하기보다는 죽음을 택하는 것이 차라리 낫다. 터키인들은 남자든 여자든, 젊은이든 늙은이든, 기혼자든 미혼자든 구분 없이 사람들을 동물처럼 시장으로 끌고 가 사고팔고 부려먹는다. 터키인의 본성은 이처럼 악하다."[2)]

당연히 오스만 터키에 대한 낯선 이미지는 취리히 종교개혁자들에게도 동일하게 발견된다. 물론 취리히 종교개혁자들도 이슬람 지식에 대해 코란과 함께 중세와 르네상스 시대의 자료들을 의존한 것이 사실이다. 그러나 그들은 에라스무스 같은 인물과 다르게 십자군 원정 때와 같은 전쟁보다는 가장 먼저 이성적이며 실존적으로 이슬람을 이해하는 데 관심을 두었다.[3)] 앞선 루터의 언급처럼, 이슬람을 매우 위협적으로 이해하면서도 전쟁이 아닌 다른 방식으로 이슬람 문제가 해결되길 원한 것도 사실이다.

---

2) 마틴 루터, 색손 지방 목회자들을 순방한 팀을 위한 지시문,『루터 전집』8권, 서울: 컨콜디아사 1985, 376.
3) Gottfried W. Locher, *Zwingli's Theouht. New Perpectives*, Leiden 1981, 116.

불링거는 이슬람을 어떻게 이해했을까? 먼저 츠빙글리와 테오도르 비블리안더 같은 취리히 종교개혁자들의 이슬람 인식을 먼저 확인하는 것이 의미가 있을 것이다. 그것이 불링거가 가진 이슬람 지식의 배경이 되기 때문이다. 불링거는 오스만 터키의 침공을 통해서 그 시대의 심각한 위기를 느꼈다. 오스만 터키의 지배 아래 있던 헝가리 교회를 통해서 경험한 이슬람 지식과, 1567년에 출판된 『터키』(*Der Türgg*)[4]에 소개된 내용을 중심으로 이를 확인해 보자.

츠빙글리와 비블리안더의 이슬람 이해

츠빙글리

츠빙글리는 유럽 기독교에 대한 이슬람의 심각한 위협을 인식하고 있었지만, 루터와 다르게 이슬람에 관한 저술을 집필하지는 않았다. 이슬람과 관련된 신학적 토론에도 별다른 관심을 갖지 않았으며, 이슬람을 전쟁의 대상으로도 보지 않았다. 바젤에서 공부할 때 이슬람에 대한 지식을

---

[4] 원제목: Heinrich Bullinger; Matthias Erb, *Der Türgg. Von anfang und ursprung desz Türggischen Gloubens / der Türggen / ouch jrer Königen Und Keyseren* […], Zürich 1567. (이하, Der Türgg.) (참고로 1567년 초판에는 장[page] 표기가 없다. 이 때문에 필자가 순서에 따라서 장 표기를 했음을 밝힌다.)

충분히 습득한 그는 라틴어로 번역된 코란을 읽은 것으로도 잘 알려져 있다. 그는 코란 안에서 잘못된 믿음을 확인했으며, 그 믿음은 매우 많은 오류를 가지고 있다고 이해했다.[5] 다마스쿠스 요한(Johannes von Damaskus)은 8세기에 모하메드가 네스토리안(Nestorian)의 영향을 받았다고 주장했는데, 츠빙글리 역시 그의 입장에서 이슬람을 기독교의 한 이단으로 보았다.[6] 또한 츠빙글리는 특별히 오스만 터키를 유럽 기독교에 대한 하나님의 채찍이자 시험으로 이해했다.[7] 하지만 전쟁보다는 평화적 선교를 통해서 당시 오스만 터키의 위협을 해결하려는 생각을 가지고 있었다.[8] 물론 이러한 선교적 실천이 구체화되거나 진전되지는 못했다.

비블리안더
우리나라에서는 거의 소개되지 않았지만, 종교개혁 당

---

5) *Corpus Reformatorum*, V., 786: "Ich find in der Türggen Alcoran wol das Wüssen irs Gloubens; ich gib im aber darumb ghein Glouben; dann es ist grösser narrenwys nie von einem Glouben erfunden, weder sy habend."
6) 다마스쿠스 요한의 이슬람 이해는 다음 자료를 참고할 수 있다. Johannes Damaskenos und Theodor Abū Qurra, *Schriften zum Islam. Kommentierte griechisch-deutsche Textausgabe von Reinhold Glei und Adel Theodor Khoury*, Würzburg & Altenberge 1995.
7) *Corpus Reformatorum*, V., 423: "… also tut er [sc. Gott] yetz in der gegenwürtigen türckischen anfechtung, die er allen Christen zu gutem lasst hereinfallen."
8) Emidio Campi, The Reformers and Islam, in: *Reformed World* 63 (2), 2013, 24-25.

시 이슬람에 대한 전문지식을 가진 인물 중의 한 사람이 앞서 살펴본 취리히 학교의 구약 교수 비블리안더이다. 그는 언어적으로 매우 탁월한 능력을 가졌으며, 취리히 성경을 번역하는 일에도 참여한 바가 있다. 비블리안더는 1530년대 후반부터 오스만 터키를 통한 유럽의 위협에 대해 주목했다. 특별히 바젤에 있는 요한네스 오포린(Johannes Oporin, 1507-1568)에게 이슬람에 대한 저술들과 코란을 제공해줄 것을 요청하고 연구에 집중한 것으로 알려져 있다.9) 그리고 츠빙글리의 무슬림에 대한 선교적 이해에도 관심을 가진 그는 무슬림 선교를 실천하기 위해 이집트에 선교사로 가고자 했다. 그리하여 츠빙글리가 죽은 이후 아랍어 공부에 집중하기도 했다. 하지만 불링거가 그에게 계속 취리히에서 활동해줄 것을 요청했기 때문에, 결국 이집트 선교사가 되려는 계획은 실천으로 옮기지 못했다.

비블리안더는 종교개혁의 상황 속에서 이슬람에 대한 핵심지식을 제공하기 위해 1542년에 『기독교의 위기를 알리는 연구에 관하여』10)를 바젤에서 출판했다. 이 저술은 크

---

9) Christian Moser, *Theodor Bibliander(1505-1564): Annotierte Bibliogtapie der gedruckten Werke*, Zürich 2009, 8. 이 저술은 1542년 8월에 익명의 사람에 의해 영어로 번역되어 안트베어펜(Antwerpen)에서 매튜 크롬(Matthew Crom)에 의해 A godly consultation unto the brethren and companyons of the Christen religyon라는 제목으로 출판되었다.

10) Theodor Bibliander, *Ad nominis Christiani socios consultatio, quanam*

게 세 부분으로 구성되어 있는데, 오스만 터키를 통한 위협의 원인, 위협의 원인 제거, 위협에 대응하는 방식을 비판적 시각 속에서 소개하고 있다.[11] 그리고 1543년에 비블리안더를 매우 유명하게 만든 저술이 출판되었다. 그것은 로베르트 폰 케톤(Robert von Ketton)이 번역한 코란을 성경적으로 분석하여 이슬람 신앙의 문제점을 소개한 것으로, 『마호메트, 사라센의 영주들과 후계자들의 생애와 사상 그리고 코란』[12]이다. 중세 시대의 라틴어로 번역된 코란의 새로운 편집본과 함께 이슬람의 역사와 교리를 매우 자세하게 알 수 있다. 특징적으로 비블리안더는 코란에 대한 비평적 이해와 중세, 르네상스, 종교개혁 시대에 출판된 이슬람에 관한 다양한 저술들을 참고하여 이 책을 정리했다. 따라서 기독교 안에서 수백 년 동안 출판된 이슬람에 대한 저술들이 역사적 흐름에 따라 소개되고 있다. 이 책도 크게 세 부분으로 정리되어 있다. 첫 부분에는 비블리안더의 서문 이외에 루터, 멜란히톤 등 다양한 인물들의 서문과 함께 이슬람의 기원이 확인된다. 다음 부분에는 중세 시대에 출판된,

---

ratione Turcarum dira potential repelli possit ac debeat a populo Christiano, Basel, 1542.
11) Moser, *Theodor Bibliander(1505-1564): Annotierte Bibliogtapie der gedruckten Werke*, 9.
12) Theodor Bibliander, *Machumetis Saracenorum principis, eiusque sucessorum vitae, ac doctrina, ipseque Alcoran*, Basel, 1543.

다양한 인물들이 저술한 이슬람 논쟁서들이 안내되어 있다. 마지막 부분에는 종교개혁 당시에 다양한 인물들이 저술한, 오스만 터키에 대한 역사, 인종, 언어, 종교, 사회 등의 정보가 제공되어 있다. 비블리안더의 저술은 오랫동안 이슬람에 대한 백과사전 같은 역할을 했다. 그리고 17세기 후반까지 많은 사람들에 의해서 다양한 제목으로 출판되기도 했다.[13]

불링거와 헝가리 교회

종교개혁 당시 취리히에서 츠빙글리나 비블리안더와 함께 이슬람에 대해 위기의식을 느낀 인물이 불링거이다. 불링거의 이슬람에 대한 지식은 이미 중세시대 때부터 공유되어온 자료들뿐만 아니라 이슬람 전문가인 비블리안더를 통해서도 습득된 것이다. 특별히 주목할 필요가 있는 것은 당시 동유럽으로부터 직접적으로 서신으로 보고된 내용들을 통해서 각인된 지식이라는 점이다.[14] 따라서 불링거와

---

13) Moser, *Theodor Bibliander(1505-1564): Annotierte Bibliogtapie der gedruckten Werke*, 11-14.
14) Carl Göllner, Turcica, Bd. 3: Die Türkenfrage in der öffentlichen Meinung Eurooas im 16. Jahrhandet, Bukarest / Baden-Baden 1978, 16-23.

헝가리 교회의 서신교류를 살펴보면, 한편으로 오스만 터키의 지배 아래서 고난 받고 있는 헝가리 교회 안에서 심각한 신학적 질문들이 발생한 것을 확인할 수 있다. 그리고 다른 한편으로 불링거가 헝가리 교회의 목회자들과 신자들에 대해 얼마나 큰 관심을 가지고 있었는가를 알게 한다.

헝가리 교회에 보낸 목회서신

불링거는 자신의 다양한 저술 안에서 이슬람에 대해 언급했을 뿐만 아니라 1550년대 초부터 동유럽의 헝가리 목회자들과의 교류를 통해 오스만 터키와 이슬람에 대한 다양한 정보를 직접적으로 접한 것이 사실이다. 특별히 여기서 우리는 불링거가 직접 경험한, 오스만 터키의 지배 아래서 고통 받는 헝가리 교회의 목회자들과의 교류를 주목할 필요가 있다.

1526년에 헝가리 군대가 모하치에서 오스만 터키의 군대에 패배한 이후에 헝가리의 중남부 지역과 1541년 이래로 동북부 지역은 1688년까지 오스만 터키의 통치 아래 놓이게 되었다.[15] 이 치욕적인 현실 속에서 헝가리 교회의 목회자들과 신자들은 긴 인내의 시간을 보내야 했다. 하지만

---

15) Mihály Bucsay, *Der Protestantismus in Ungarn 1521-1978*, Bd. 1, Wien·Köln·Graz 1977, 46-47.

헝가리 교회의 의식 있는 인물들은 당시 어려움을 극복하기 위해 다양한 노력을 시도했다. 민족적 자존감의 상실 속에서 낙심하고 있는 헝가리 교회의 목회자들과 신자들에게 영적 도전과 위로를 주기 위한 종교적 질문들이 구체적으로 이루어졌고, 그 질문들에 대한 구체적 답변을 얻기 위해서 서유럽 교회와 활발한 교류를 해나갔다. 그리고 이 시기에 헝가리에서도 비극적인 현실을 정신적으로 이겨내기 위해 인문주의에 대한 관심이 극대화되었다. 그러면서 서유럽에서 발생한 종교개혁 사상에 대한 지적 욕구가 헝가리 교회 안에서 보편화되었고, 다른 종교개혁자들과 함께 스위스 취리히 교회를 대표하고 있던 불링거의 이름도 헝가리에 알려지게 되었다. 불링거는 서신교환, 인적 교류 그리고 자신의 저술을 통해서 헝가리 교회에 직접적인 영향을 주었다.[16] 헝가리의 귀족, 유학생, 목회자, 출판종사자(서적상인과 인쇄업자)들과 다양한 방식으로 교류하며 종교개혁 사상을 보급하는 데 힘썼다.[17]

이러한 상황 속에서 무슬림 통치 아래 고난을 받고 있는 헝가리 교회의 목회자들과 신자들의 힘든 현실을 외면

---

16) Endre Zsindely, *Bullinger und Ungarn, in: Heinrich Bullinger 1504-1575. Gesammelte Aufsätze zum 400sten Todestag*, Bd.2. hg. von Fritz Büsser, Zürich 1975, 362.

17) István Schlégl, *Die Beziehungen Bullingers zu Ungarn*, Zürich 1966, 9-24.

하지 못하고 깊게 고민하는 한 인물이 있었다. 앞서 살펴본 바 있는, 오스트리아 빈(Wien)에 위치해 있는 헝가리 왕실의 비서 요한네스 페제르토이(Johannes Fejérthóy)이다. 그는 1551년 5월 25일에 불링거에게 헝가리 교회에 대한 연민과 근심이 가득한 서신을 보내 도움을 요청했다. 박해받고 있는 헝가리 교회의 목회자들과 신자들에게 위로를 줄 뿐만 아니라 예수 그리스도에 대한 절대적인 믿음 속에서 인내할 수 있는 용기를 주는 글을 부탁한 것이다. 특별히 페제르토이는 헝가리가 처해 있는 현실적 상황과 관련된 몇 가지 긴급한 질문에 대해서도 답변해 줄 것을 정중하게 밝혔다. 여기서 모든 질문을 다룰 수 없기에 두 가지 질문에만 집중하고자 한다.

먼저 헝가리에서 벌어지고 있는 이중혼인에 대한 질문이다. 헝가리의 많은 남녀 개신교 신자들이 터키로 잡혀갔는데, 수적으로 남성보다 여성이 더 많았다. 그들 중에는 이미 가정을 이룬 사람도 많아서 아내가 잡혀가고 아이들과 홀로 남겨진 남편들이 있었다. 그런데 아내가 터키에서 다시 돌아올 가능성이 있음에도 불구하고 홀로 아이들을 키우는 것이 힘들어서 다시 결혼을 하는 남성들이 생겨나기 시작했다. 실제로 가정을 이루었던 많은 여성들이 희망을 품고 다시 헝가리로 돌아왔지만, 그들의 눈앞에 펼쳐진 현실은 참담했다. 이러한 비극적인 현실과 관련하여 페제르토이는 불링거에게 다음과 같은 심각한 질문을 할 수밖에 없었다. "터키로 잡혀간 부인이 헝가리로 다시 돌아왔을 때, 남편의 이중혼인은 어떻게 처리되어야 하는가?" 그리고 이슬람 통치 아래서 사는 신자들의 삶에 대해서도 질문했다. "이슬람 통치 아래 살면서 경제적 어려움을 당할 뿐만 아니라 이슬람 종교의식에 참여할 것을 강요받을 때 신자들은 어떻게 해야 하는가?"

불링거는 매우 바쁜 일정에도 불구하고 1551년 6월에 대략 50여 장이 되는 장문의 답변서신(목회서신)을 헝가리로 보냈다.[18] 이 서신에는 기독교의 믿음과 삶에 관한 모든 내용이 핵심적으로 정리되어 있을 뿐만 아니라 페제르토이의 질문들에 대해서도 답변이 기록되어 있다. 하지만 불링거는 터키에 끌려갔다가 다시 헝가리로 돌아온 여인들의 문제에 대해서는 아무런 답변도 하지 않았다. 아마도 의도적으로 이 질문을 외면한 것으로 이해된다. 불링거의 목회서신은 크게 세 부분으로 구성되어 있다. 헝가리 교회의 목

---

18) 원제목: 『*Brevis ac pia institutio Christianae religionis ad dispersos in Hungaria Ecclesiarum Christi Ministros et alios Dei servos Scripta, per Heinrycum Bullingerum Tigurinae Ecclesiae Ministrum. Ovarini M.D.LIX.*』 (이하, Epistola). This text is used in this paper. Further editions: Ed. Barnabas Nagy, Bullinger Henrik A Magyarországi Egyházakhoz És Lelkipásztokhoz 1551, Lateinische-Ungarische Ausgabe, (Budapest, 1967); Heinrich Bullingers Sendschreiben an die ungarischen Kirchen und Pastoren 1551, Lateinische-deutsche Ausgabe, Budapest 1968).

사들과 신자들을 향한 안부와 함께 페제르토이의 질문들에 대한 답변, 조직신학적 형식에 근거하여 여덟 가지 주제로 이루어진 믿음의 진리(교리)에 대한 해설 그리고 믿음의 확신과 인내를 위한 격려가 아름다운 필체로 서술되어 있다. 이 목회서신에서 불링거는 페제르토이의 다양한 요구에 대해 반응하면서 특징적으로 당시 분열된 교회의 현실과 관련하여 교회연합을 강조했다. 그리고 어려운 현실에 처해 있는 헝가리 교회를 위한 목회자, 위로자, 신학자, 조언자로서 역할을 감당했다.

이중혼인에 대한 질문

헝가리 교회 안에서 발생한 중대한 사건의 하나로, 터키에서 돌아온 여성들과 그녀의 남편들의 이중혼인과 관련하여 불링거에게 질문한 것은 페제르토이만이 아니다.[19] 이 질문은 당시 헝가리의 심각한 사회·종교 문제였으며, 지속적으로 다양한 사람들에 의해서 제기되었다. 터키에 볼모로 끌려갔다가 돌아온 여인들이 이미 다른 여성과 다시 결혼을 한 남편들과 심각한 갈등을 빚고 있었다. 이 문제와

---

19) 헝가리 알텐부르크에서 1559년 불링거의 답변서신이 출판되기 이전에 이와 동일한 질문을 한 인물이 있었다. 즉 이 인쇄본을 출판한 후스자르도 1557년 10월 26일에 불링거에게 서신을 통해 이 문제에 대해 문의한 바 있다. (원본 서신: Staatsarchiv Zürich, E II 367, fol. 60-62.)

관련하여 "이혼을 하지 않은 상태에서 포로로 끌려갔다가 다시 돌아왔는데, 먼저 결혼한 우리에게 가정에 대한 우선권이 있지 않은가?", "한 남편 아래서 두 여인이 함께 살 수는 없는가?", "먼저 혼인한 아내가 돌아왔기 때문에 이후에 한 혼인은 무효가 아닌가?" 등 첫 번째 혼인의 권리에 대한 다양한 질문이 제기되었다. 이 질문들에 대하여 성경적 답변이 요구되었으나 헝가리 목회자들이 성경적으로 충분한 답변을 하지 못했기에 불링거에게 문의한 것으로 보인다. 하지만 불링거도 헝가리에서 벌어지고 있는 이중혼인의 질문에 대해서 아무런 답변을 하지 않았다.

물론 불링거에게 혼인에 관한 질문은 결코 새로운 주제는 아니다. 이미 1540년에 저술한 『기독교 가정생활』을 통해서 기독교 혼인에 대한 심도 있는 논의를 밝힌 바가 있기 때문이다.[20] 그럼 왜 불링거는 페제르토이나 그 이후에 다른 사람들에게 아무런 답변을 하지 않았을까? 불링거가 이 심각한 질문에 대해서 무관심했던 것으로 보이지는 않는다. 그 당시 상황과 관련하여 크게 두 가지 이유 때문에 의도적으로 답변을 피한 것으로 생각된다. 먼저 헝가리 교회 안에서 발생한 이중혼인에 대한 성경적이고 신학적 답변을

---

20) Detlef Roth, *Heinrich Bullingers Ebeschriften, in: Zwingliana* XXXI (2004), 276.

한다고 해도 논쟁의 여지는 완전히 사라지지 않는다고 생각했을 것이다. 만약 불링거와 다른 의견을 가진 신학자나 목회자가 있을 경우에 이 주제는 유럽 교회를 다시 한 번 시끄럽게 할 수 있기 때문이다. 다음으로 1540년에 종교개혁을 위기로 몰아갈 수 있었던 헤센(Hessen)의 선제후 필립 1세(1504-1567)의 이중혼인과 관련하여 불링거가 이 주제를 다시 끄집어내는 것은 쉬운 문제가 아니었다.[21] 헝가리 교회 안에서 벌어지고 있는 이중혼인에 대해 답변을 했을 때, 자칫 유럽 내에서 종교개혁을 위태롭게 하는 문제를 야기할 수도 있다는 정치적 고려 속에서 침묵했을 가능성이 크다.

무슬림의 지배 아래서 사는 삶

기독교를 거부하는 무슬림의 지배 아래서 신자들은 어떻게 살아야 하는가에 대한 질문에 불링거는 선명하면서도 원론적으로 답변을 했다. 성경을 보면, 사도 시대의 신자들은 우상을 숭배하는 로마 제국 아래에서 살았고, 이스라엘 백성들은 앗수르와 바벨론의 지배 아래서 포로로 살았다.

---

[21] Endre Zsindely, *Bullinger und Ungarn, in: Heinrich Bullinger 1504-1575*. Gesammelte Aufsätze zum 400sten Todestag, Bd. 2, Zürich 1975, 372. 헤센의 선제후 필립의 이중혼인 이래로 '이중혼인' 문제는 그 당시 유럽에서 첨예한 주제였을 뿐만 아니라 위험한 질문이기도 하였다. (William W. Rockwell, *Die Doppelebe des Landgrafen Philipp von Hessen*, Marburg 1994.)

이러한 실례를 들어 불링거는 헝가리 목회자들과 신자들을 향해 예레미야의 가르침을 근거로(렘 29:7) 평안 중에 삶이 유지될 수 있도록 터키인들을 위해 기도할 것을 권고했다. 그러면서 헝가리와 동유럽에 대한 오스만 터키의 침략은 유럽 기독교인들의 죄악과 관련된 것임을 밝혔다. "…우리의 죄악이 (하나님의) 회초리를 벌었다."22) 불링거는 헝가리 목회자들과 신자들에게 터키인들을 탓하기 전에 먼저 자신들을 살필 것을 요구했다. 그리고 핍박이 올지라도 하나님이 금지하신 이슬람의 신앙과 의식에 참여하지 않아야 한다는 것도 분명히 밝혔다.

끝으로 불링거는 이슬람의 통치 아래서 고난 받고 있는 헝가리 목회자들과 신자들을 향해서 어떤 현실 속에서도 온유하며, 기도하는 것을 쉬지 않기를 마지막으로 부탁했다. 그리고 이 서신의 끝 문장을 기도문으로 마무리했다.

"그리스도께서 우리와 자신의 교회를 긍휼히 여겨주시고, 모든 악으로부터 보호하시며, 마지막 때까지 순결하게 보존하여 주소서."23)

---

22) Epistola, 81: "… Peccata nostra virgam merentur."
23) Epistola, 87: "… nostri Ecclesiaeque suae misertus, a malo custodiat, & inculpatos in diem illum usque conservet."

이슬람은 이방종교인가, 기독교 이단인가?

불링거는 헝가리 교회를 통해서 오스만 터키에 대한 실제적인 이해를 가지고 있었다. 기독교를 대적하는 이슬람의 위협이 무엇인가를 깊게 생각할 수 있는 계기를 갖게 된 것이다. 그럼 불링거는 이슬람을 이방종교로 이해했을까, 아니면 기독교 이단으로 이해했을까?

오스만 터키의 술탄(Sultan) 술레이만(Suleiman)은 1521년, 오늘날 유고슬라비아의 수도인 베오그라드(Belgrad)를 정복했고, 1526년에 앞서 언급된 헝가리 모하치(Mohács) 전투에서 승리했으며, 1529년 오스트리아 빈까지 진격했다. 이러한 상황 속에서 유럽에서는 한편으로 군사적 조치가 요구되었고, 다른 한편으로 기독교와 다른 종교들에 대한 관심과 연구가 활발히 이루어졌다. 이방종교와 이단에 대한 인식이 신자들에게 신앙교육서와 변증 저술들을 통해서 명확히 제시되었다. 특별히 루터는 종교개혁자들 중에서도 초기 때부터 매우 적극적으로 이슬람에 대해 반응을 보였다. 그리하여 이슬람과 관련된 역사적 사건들에 대한 관심 속에서 1529년과 1541년에 오스만 터키에 관한 세 가지 저술, 『터키를 방어하는 전쟁에 대하여』(1529),[24] 『터키

---

24) Luther, *Vom kriege widder die Türcken*, WA 30 II, 107-148.

를 방어하는 군인들을 위한 설교』(1529), 25) 『터키를 방어하는 기도에 관한 교훈』(1541)26)을 출판했다. 이 저술들은 이슬람의 전문적이고 학문적인 이해보다는 기독교를 위협하는 종교에 대한 관심 속에서 출판되었다. 루터는 신성로마제국의 황제가 더 이상 유럽을 침공하지 못하도록 오스만 터키를 강력하게 방어해야 하지만, 이 이슬람 군대는 타락한 기독교를 위한 채찍이기 때문에 십자군 원정 같은 전쟁을 해서는 안 된다고 밝혔다. 터키의 위협을 극복하기 위해서는 전쟁이 아니라 회개하고, 기도하며, 참된 복음에 집중하는 것이 중요함을 강조했다. 이뿐만 아니라 루터는 1542년에 14세기에 라틴어로 출판된 『코란 논박』을 편집하여 출판했다.27) 이 저술은 도미니카 수도사(Dominikander) 리콜도 페닌니(Ricoldo Peninni, 1243?-1320)가 쓴 것이다.28) 루터는 같은 해에 앞서 소개한 비블리안더의 『마호메트, 사라센의 영주들과 후계자들의 생애와 사상 그리고 코란』이 빨리 출판될 수 있도록 바젤 의회에 서신을 쓰기도 했다. 이러한 지속적인 관심과 연구 속에서 루터는 이슬람을 "하나님

---

25) WA 30 II, 160-197.
26) WA 30 II, 160-197.
27) Verlegung des Alcoran Bruder Rechardi, Prediger Ordens. Verdeutscht und herausgegeben von Martin Luther. 1542. (WA 53. 273-388.)
28) 리콜도 페닌니(Ricoldo Peninni, 1243?-1320)는 오늘날 이라크 바그다드에서 10년 정도 생활한 것으로 알려져 있다. 그의 저술은 이슬람을 이해하는 데 좋은 정보를 제공했을 뿐만 아니라 종교개혁자들을 포함한 많은 사람들에게 영향을 주었다.

보다는 사탄을 경외하는(den teuffel an Gottes stat)"[29] 거짓된 종교로 규정했을 뿐만 아니라 예수 그리스도와 삼위일체를 부정하는 엄격한 단일신론주의(Monotheismus)로 이해했다. 즉 루터에게 『코란』에 기록된 모하메드의 가르침은 '사악한 이단'(eine schändliche Ketzerei)으로 간주되었다. 한 가지 흥미로운 사실은, 루터가 1536년에 작성한 슈말칼트 신앙고백서(Schmalkadische Artikel)에서 이슬람이 기독교인들의 매우 큰 대적임에도 불구하고, 교황주의와 비교할 때 더 적은 위험성을 가지고 있다고 밝혔다는 점이다.[30] 기독교인에게 무슬림들이 교황주의자들보다 관용적이었다는 사실이다. 이러한 이해는 당시 교황주의 통치자와 이슬람 통치자에 의해서 지배를 받던 헝가리를 비롯한 동유럽에서 보고된 것이었다. 교황주의자들이 터키인들보다 훨씬 강압적으로 개신교인들을 다룬 것으로 알려져 있다.[31]

종교개혁 이전에 무슬림들은 한편에서는 '이단자들'(Häretiker)로, 다른 한편에서는 '이교도들'(Heiden)로 이해되었다. 그러나 종교개혁 이래로 다양한 연구를 통해서 루터와 함께 다른 종교개혁자들도 무슬림들을 이단자로 인

---

29) WA 30 II, 191.
30) Schmalkaldische Artikel Teil II, Art. 4.
31) Julius Köstlin; *Gustav Kawarau, Marthin Luther, sein Leben und seine Schriften*, Bd. II, 1903. 562.

식했다. 종교개혁자들에게 오스만 터키는 단순히 유럽에 위협을 주고 있는 한 민족만을 의미하지 않았다. 기독교에 큰 위협을 주는 이단자로 이해되었다. 즉 16세기에 이슬람은 '종교'(Religion)가 아닌 터키인들(Türken), 타타렌 사람들(Tataren), 마호메트 교도들(Mahometisten)과 같은 명칭과 함께 '한 기독교 이단'(eine christliche Häresie)으로 인식되었다. 일반적으로 이슬람은 교황주의와 함께 '적그리스도'(Antichrist)와 동일시되었다.[32] 대표적으로 칼빈은 이슬람에 대해 다음과 같이 표명했다. "교황이 열쇠권과 관련하여 언급한 것처럼, 모하메드가 자신의 코란을 절대적 진리로 말했다고 하면, 그들은 적그리스도의 두 뿔인 것이다."[33] 이슬람을 교황주의와 동일한 변절된 집단으로 규정한 것이다.

당연히 불링거도 이슬람을 낯선 전통이나 고유한 종교의 하나로 이해하지 않고, 기독교 이단의 하나로 이해했다. 이슬람의 교리가 기독교의 교리와 전적으로 차이가 있다는 것을 알고 있었기 때문이다. 한 대표적인 실례로, 뒷부분에서 좀 더 구체적으로 다루겠지만, 불링거는 『터키』에서 삼위

---

32) 참고: Christian Moser, "'Papam esse Antichristum' Grundzüge von Heinrich Bullingers Antichristconzeption", in: *Zwingliana* XXX (2003), 65-101.
33) Johannes Calvin, Sermon on Deuteronomy 18:15: "Tout ainsi que Mahommet dit que son Alchoram est la sagesse souveraine, autanten dit le Pape: car ce sont les deux cornes de l'Antechrist."

일체에 대한 이해와 관련하여 다음과 같이 밝혔다.

> "다음으로 그(마호메트)는 거룩한 삼위일체 교리와 믿음을 거절한다. 그리고 고유하며, 서로 분리되지 않는 한 신적 본질 안에 존재하는 아버지와 아들과 성령 셋으로 구별되는 위격에 대한 이해도 없이 유대적 방식으로 한 고유한 하나님만을 가르치고 고백하는데, 즉 아들도 없고 성령도 없는, 오직 하나님이신 아버지만을 지지하며 제시한다."[34]

불링거는 삼위일체에 대한 이해 이외에 다른 교리적 차이점들도 구체적으로 언급했다. 그리고 무슬림들의 일부다처제, 이슬람의 폭력성 등과 관련하여 윤리적인 면에서도 차이가 있음을 밝혔다. 그럼으로써 교리와 윤리에서 이슬람을 기독교 이단으로 규정한 것이다. 결과적으로 불링거

---

34) Heinrich Bullinger; *Matthias Erb, Der Türgg. Von anfang und ursprung desz Türggischen Gloubens / der Türggen / ouch jrer Königen Und Keyseren* […], Zürich 1567, 40: "Dann also hat er [sc. Mohammed] verdilgget die Leer unnd den Glouben der Heiligen Tryfaltigkeit. Dann one Erkandnusz der dry underscheidnen Personen, des Vatters, Suns und Heiligen Geists, in dem ein einigen, unzerteilten göttlichen Wäsen, leert unnd bekennt er uff jüdische Wysz nun ein einigen Gott, also das er weder den Sun, noch den Heiligen Geist, sunder allein den Vatter für Gott haltet und anbättet."

도 루터나 멜란히톤과 마찬가지로 다니엘서에 근거하여 교황주의와 함께 이슬람을 적그리스도와 연결시켰다.[35]

『터키』

역사에 큰 관심을 가졌던 불링거는 이슬람의 역사에 대해서도 매우 강렬한 관심을 가지고 있었다. 그리하여 이슬람 세계의 종교적·정치적·사회적인 이해를 명확히 하는 일에 집중했다. 1567년에 출판된 불링거의『터키』는 내용적으로 코란과 이슬람 신앙에 대한 기본 이해를 담고 있다. 코란의 신적 기원을 거부하고, 오히려 모하메드의 조작으로 보는 흥미로운 내용이 기술되어 있다.

『터키』는 표지를 제외하고 크게 서문, 본문, 기도문의 세 부분으로 구성되어 있다. 1566년 11월로 표기되어 있는 서문은 저자인 불링거가 쓴 것이 아니다. 불링거의 동료 중

---

35) Emidio Campi, *The Reformers and Islam, in: Reformed World 63* (2), 2013, 26-28. 참고적으로 칼빈은 이슬람을 적그리스도로 이해했음에도 불구하고 루터, 멜란히톤, 불링거 등과 다르게 로마 제국(ex. Antiochus IV Epiphanes)과 연결해서 이해했다. (Babara Pitkin, "Prophecy and History in Calvin's lectures on Daniel", Die Geschichte der Daniel-Auslegung in Judentum, Christentum und Islam: Studien zur Kommentierung des Danielbuches in Litertur und Kunst, Berlin-New York 2007, 323-347.)

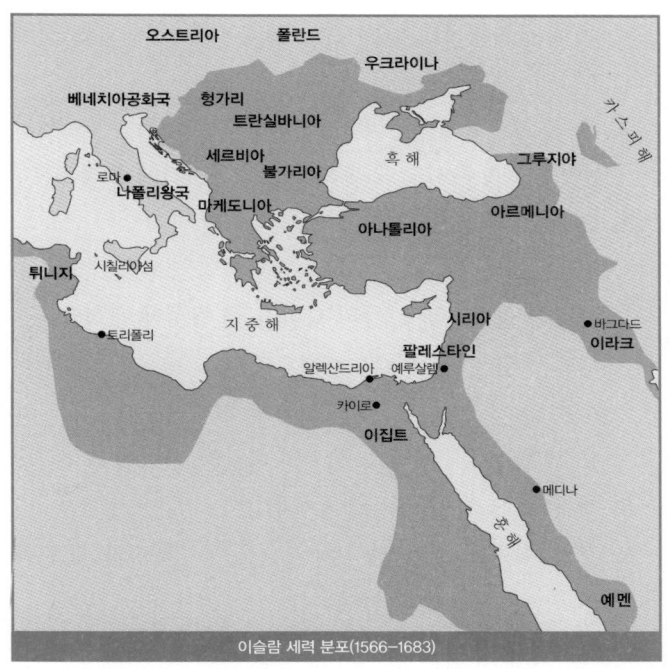

이슬람 세력 분포(1566-1683)

한 사람인 마티아스 에르브(Matthias Erb)가 편집자로서 쓴 것으로 알려져 있다. 그리고 이듬해 초에 출판되었다.

『터키』의 본문은 이슬람 신앙과 생활에 대한 비판뿐만 아니라 이슬람 신앙을 가진 오스만 터키의 역사를 설명하고 있다. 다음과 같은 16개의 주제를 담고 있다.

1. 터키 사람들의 믿음과 거짓 선지자 마호메트에 관하여

2. 오직 기독교 신앙만이 참된 신앙으로 남아 있는 것에 관하여
3. 하나님은 왜 참된 믿음을 대적하는 거짓된 마호메트 신앙을 허용하시고 오래도록 참으시는가에 관하여
4. 사라센 사람들은 어떻게 마호메트를 자신들의 군주로 받아들였는가?
5. 사라센 사람들과 그들의 강하고 큰 왕국에 관하여
6. 터키 사람들과 그들의 기원 그리고 그들의 왕국에 관하여
7. 오스만 터키의 왕들과 왕국의 시작에 관하여
8. 첫 번째 오스만 터키 왕에 관하여
9. 첫 번째와 두 번째 터키 왕(오르칸 I세와 II세)과 세 번째 왕(아미라트 I세)에 관하여
10. 네 번째 터키 왕(파야체트 I세)에 관하여
11. 다섯 번째와 여섯 번째 터키 왕(마호메트 I세와 II세)에 관하여
12. 일곱 번째 터키 왕(아미라트 II세)에 관하여
13. 여덟 번째 터키 왕(첫 번째 터키 황제 위대한 마호메트 I세)에 관하여
14. 두 번째 터키 황제(아홉 번째 터키 왕 파야체트 II세)에 관하여
15. 세 번째 터키 황제(열 번째 터키 왕 셀림 I세)에 관하여

16. 네 번째 터키 황제(열한 번째 터키 왕 솔리만)에 관하여

불링거는 『터키』의 결론을 긴 기도로 마무리하고 있다.[36] 오스만 터키의 위협 속에서 큰 두려움을 가지고 있는 불쌍한 그리스도인들에게 전능하신 하나님께서 공의와 긍휼을 베풀어주실 것을 간구하고, 예수 그리스도의 십자가 죽음을 통해서 구원을 받은 신자들의 불순종과 죄악을 회개하고 있다. 그리고 특별히 하나님이 구약의 역사 속에서 이스라엘 백성들을 불순종과 죄악 때문에 이방의 왕들(살만에셀, 느부갓네살, 안티오쿠스 에피파네스 등)을 통해 고통 받게 하신 것과 마찬가지로, 오늘날에도 하나님이 오스만 터키를 신자들의 불순종과 죄악 때문에 채찍으로 주셨다고 밝힌다. 그러면서 신자들이 예수 그리스도를 진심으로 믿고 따르며 선한 삶을 살 때 하나님이 오스만 터키로부터 벗어나게 해주실 것을 간구하고 있다. 그리고 하나님께서 은혜와 긍휼을 베풀어주실 뿐만 아니라 진노를 내리시지 않도록 간절히 기도하는 것도 잊지 않는다. 거짓된 터키인들의 신앙에서 예수 그리스도를 고백하는 참된 신앙을 지켜주시고, 폭군 터키로부터 구원해주시며, 더불어서 인간 모하메드를 믿는 터키인들을 온 세상의 구세주이신 예수 그

---

36) *Der Türgg*, Gebátt zu Gott dem allmaechtigen.

리스도께로 돌이켜 주시기를 또한 간구한다. 마지막으로 터키에 잡혀간 모든 그리스도인들을 위로해 주시고, 참된 믿음을 유지할 수 있도록 도우시며 구원해주실 것도 기도한다.

앞서 언급된 『터키』의 구조를 통해서 확인할 수 있지만, 불링거는 첫 번째 주제 "터키 사람들의 믿음과 거짓 선지자 마호메트에 관하여"에서 이슬람 신앙을 핵심적으로 제시했다. 두 번째 주제 "오직 기독교 신앙만이 참된 신앙으로 남아 있는 것에 관하여"에서는 이슬람과 비교하여 기독교만이 참된 종교임을 밝혔다.37) 성경에 계시된 기독교 신앙이 유대교와 이슬람과 비교하여 우상이나 형상을 섬기지 않는 공통점을 가지면서도, 서로가 어떻게 근본적으로 다른가를 친절히 설명했다. 삼위일체, 예수 그리스도의 구속사역(성육신, 고난, 죽으심, 부활, 승천, 마지막 심판), 마리아 동정녀 탄생 등을 실례로 비교한 것이다. 흥미롭게도 이 두 번째 주제의 마지막 부분에서 불링거는 터키 사람들이 거짓된 마호메트 신앙에서 참된 중보자이신 예수 그리스도께로 돌아오기를 소망하는 기도를 기록했다.38)

세 번째 주제 "하나님은 왜 참된 믿음을 대적하는 거짓된

---

37) *Der Türgg*, 8-9.
38) *Der Türgg*, 9: "… ouch Türggeb von irem grewenlichen yrrthumb und Machomet zum Herren Christo dem waaren einigen Heyland bekere."

마호메트 신앙을 허용하시고 오래도록 참으시는가에 관하여"에서 불링거가 말하고자 한 것은 무엇이었을까? 하나님이 유럽 기독교인들의 죄악을 징계하시기 위해 이슬람 신앙을 가진 터키인들을 '하나님의 채찍'으로 사용하고 계신다는 엄중한 경고이다. 네 번째부터 열네 번째 주제에서는 이슬람이 첫 기원에서부터 종교개혁 시대에까지 사라센 왕조와 터키 왕조를 통해서 어떻게 성장했는가에 대한 긴 역사가 서술되어 있다. 불링거는 7세기부터 16세기까지 이슬람의 역사를 사라센 왕조와 터키 왕조를 중심으로 확인시켜 준다.

이슬람 신앙

불링거는 『터키』에서 터키인들의 신앙을 '마호메트의 신앙'이라고 규정했다. 이 의미는 이슬람은 인간에 의해서 기원되었다는 것을 강조한 것이다. 마호메트는 천사 가브리엘을 통해서 계시를 받았다고 주장하지만, 그 내용은 거룩한 성경의 가르침에서 벗어난 것임을 밝힌다.[39] 따라서 그가 받은 계시를 거짓된 것으로 판단했다.

이러한 전제 아래서 불링거는 특별히 코란을 '율법의 모

---

39) *Der Türgg*, 1: "Darumb weich er ab / von dem heilsamen warhafften wort Gottes / durch die heiligen propheten vnnd apostlen / in beyden Testamenten / … ."

음'으로 이해했다.[40] 코란의 가르침에 근거한 이슬람은 변형된 유대교이자 '유죄판결을 받은 이단'으로서 거짓된 기독교라고 규정했다.[41] 이슬람을 정통 기독교와 구별되는 아리안주의, 마케도니안주의, 네스토리안주의, 유티케스주의, 단일신론주의, 사벨리안주의, 야코비안주의 등과 같은 하나의 이단으로 인식한 것이다.

불링거는 코란의 모든 내용을 "그릇되고, 잘못되었으며, 부패된 거짓말"로 생각했다.[42] 그래서 모하메드가 정통 기독교의 신앙에 새로운 것을 첨가하거나 그 신앙을 변형시켜서 이슬람을 만들었다고 밝혔다.[43] 좀 더 구체적으로 불링거는 기독교와 구별되는 이슬람 교리를 소개했다. 먼저 이미 앞서 언급한 것처럼, 모하메드는 거룩한 삼위일체를 믿지 않는다는 것을 지적한다.[44] 이슬람은 유대교처럼 오직 한 고유한 하나님만을 고백한다는 것이다. 다음으로 모하메드는 예수 그리스도를 구약의 족장들과 선지자들, 신약의 제자들처럼 한 성인으로 이해한다.[45] 이슬람에서 예

---

40) *Der Türgg*, 2: "… ein samlung der gebotten … ."
41) *Der Türgg*, 2: "… verkerter Juden und falscher Christen …. verdampter Kætzery …"
42) *Der Türgg*, 2: "… aller dingen verfuerte verwirte und verdorbne lüth waren."
43) *Der Türgg*, 3.
44) *Der Türgg*, 3-4.
45) *Der Türgg*, 4.

수 그리스도는 오직 위대한 선지자로만 인식된 것이다. 모하메드는 예수 그리스도에 대한 참된 믿음을 가르치지 않는다. 성부 하나님과 성자 하나님의 신적 본질과 위격적 관계 속에서 예수 그리스도가 참 하나님이며 참 인간으로서 하나님과 인간 사이의 유일한 중보자라는 사실도 가르치지 않는다.[46] 예수 그리스도의 구속사역을 부인하는 것이다.

불링거는 모하메드가 가장 위대한 선지자로서 그 자신을 예수 그리스도와 모든 성인들(족장들, 선지자들, 제자들) 위에 올려놓았다고 고발했다.[47] 그리고 무슬림들은 모하메드의 가르침에 대한 실천을 통해서 죄의 용서와 영원한 생명을 얻는다고 소개했다. 인간의 행위를 강조하는 펠라기우스주의 구원론과 같고,[48] 로마 가톨릭교회의 구원론과 같은 성격으로 이해한 것이다. 당연히 이슬람의 구원론은 예수 그리스도의 구속 사역에 근거한 이신칭의와 전혀 다른 이해를 가지고 있다고 강조했다.

『터키』에서 불링거는 코란에 기록된 이슬람의 규범은 성경에 기록된 하나님의 명령과 완전히 다르다고 밝혔다. 한 실례로, 이슬람의 가정생활은 기독교의 가정생활과 너무도

---

[46] *Der Türgg*, 4.
[47] *Der Türgg*, 4: "… dann er sich selbs über Christum unnd alle heiligen setzt."
[48] *Der Türgg*, 5: "Ist im selben gar gut Pelagianisch."

큰 차이가 난다는 것이다.[49] 이슬람은 성경이 규정한 거룩한 가정생활을 파괴하고, 남성에게 여러 여성을 아내로 갖는 일부다처제를 허락하며, 남성들이 연약한 여성들에게 폭력을 행사해도 처벌을 받지 않기 때문이다.

불링거는 이슬람이 유대교처럼 할례를 행하고 기독교의 세례를 부정한다는 것에도 주목했다.[50] 기독교의 성례를 인정하지 않는다는 것이다. 그리고 이슬람은 예수 그리스도를 통하여 기도하지 않는다는 것도 밝히고 있다.[51] 우리의 유일한 중보자이신 예수 그리스도 없이 곧바로 하나님께 기도하는 것에 대한 잘못을 확인시켜 주는 것이다. 따라서 당연히 이슬람의 기도는 유효하지 않다고 정의했다.

『터키』에서 모하메드는 유대교처럼 돼지고기나 와인을 먹지 못하도록 했다고 소개되었다.[52] 그리고 이슬람은 낙원에서 구원받은 삶을 육체적 기쁨, 먹고 마시는 즐거움, 아름다운 여인들과 함께하는 쾌락 등으로 이해하고 있다고 설명하였다.[53] 성경과 전혀 다른 내세관을 가지고 있다는

---

[49] *Der Türgg*, 6. 불링거는 이슬람의 윤리성은 독일 뮌스터(Münster)에서 활동했던 재세례파들과 크게 다르지 않다고 밝혔다.
[50] *Der Türgg*, 6: "So behalt er aß dem Judenthum die Beschnydung: verachtet hie unsern heiligen Touff …"
[51] *Der Türgg*, 6-7.
[52] *Der Türgg*, 7: "… verbüt er das schwynin fleisch zur spyβ, Er verbüt ouch den wyn zutrincken."

지적이다.

따라서 불링거에게 코란의 내용은 참되지 않으며 거짓된 '사탄의 가르침'(tüfels leeren)일 뿐이었다.[54] 아브라함의 부인인 사라의 후손들로 자처한 사라센인들은 세상의 모든 왕국을 자신들에게 약속된 것으로 여기면서 이슬람을 칼로 퍼뜨렸으며, 코란을 멸시하는 사람들을 핍박했다는 것도 각인시켰다. 불링거는 코란에 소개된 교리적 내용뿐만 아니라 이슬람을 전파하는 방식도 잘못된 것임을 분명히 했다.

'하나님의 채찍'으로서 이슬람

불링거는 하나님의 섭리적 입장에서 이슬람이 등장하게 된 이유를 찾고 있다. 『터키』의 세 번째 주제인 "하나님은 왜 참된 믿음을 대적하는 거짓된 마호메트 신앙을 허용하시고 오래도록 참으시는가에 관하여"의 첫 시작에서 다음과 같은 질문을 했다. "왜 하나님은 사라센인들과 터키인들에게 매우 많은 행운을 주시고, 참되고 바른 종교를 대적하는 그들의 거짓된 종교에 대해 그토록 오랫동안 인내하셨고 또 인내하시는가?"[55] 불링거는 역사 속에서 발생했던

---

53) *Der Türgg*, 7: "… die froeud unnd saelgs laeben in dem Paradyβ : … lybliche froeud und wollüsst in aessen trincken unnd anderen wollüsten mit schoenen wybren …"

54) *Der Türgg*, 7.

참된 종교에 대한 여러 왕국의 핍박을 설명한다. 하나님은 앗시리아, 바벨론, 페르시아, 그리스, 로마에 의해서 하나님의 백성들이 우상숭배를 강요받는 큰 고난 아래 있게 하셨다. 이스라엘 백성이 하나님의 말씀에 순종하지 않고 죄악 아래 있을 때 하나님이 이방인들을 통해서 징계하셨다는 사실을 언급한 것이다. 이렇게 과거의 이스라엘 역사처럼, 불링거는 '오늘날(16세기)에도' 동일한 방식으로 기독교를 향해 하나님이 역사하신다는 것을 강조했다. 하나님이 과거에는 사라센인들을 사용하셨으며, 지금은 터키인들을 사용하고 계신다는 것이다. 하나님은 과거에만 역사하신 것이 아니라 지금도 역사하고 계시기 때문이다.[56] 특별히 기독론에 대한 이단논쟁, 로마 가톨릭교회의 성상숭배, 교회의 폭력, 콘스탄티노플과 로마 사이의 계급투쟁, 인간의 전통, 비성경적 의식과 예배, 성인숭배 등의 모든 죄악 때문에 하나님의 징계가 주어지는데, 즉 사라센인들과 터키인들이 하나님께서 타락한 기독교를 징계하시기 위해 사용하시는 도구임을 밝힌 것이다.

불링거의 『터키』는 1567년에 출판되었다. 불링거의 생애

---

55) *Der Türgg*, 10: "warumb doch Gott den Sarracenen und Türggen so vil glücks gaeben / unnd iren unreinen glouben / wider den waren raechten glouben / so lang geduldet habe und noch dude …"
56) *Der Türgg*, 10.

후반부에 쓰인 것임을 알 수 있다. 이 시기에 불링거가 이 저술을 집필한 것은 당시 이슬람의 도전이 얼마나 위협적이었는가를 짐작하게 한다. 또한 동유럽에 대한 이슬람의 지배와 관련하여 서유럽에 닥친 위기를 당시 기독교 신학자들이 매우 심각하게 생각했다는 것을 알 수 있다. 이러한 배경 속에서 불링거는 『터키』를 통해 이슬람 신앙과 오스만 터키의 발호를 선명하게 지적하면서 당시 신자들로 하여금 신앙의 긴장을 놓지 않도록 권면하였다.

종교개혁자들의 이슬람에 대한 비판은 학문적이거나 전문적인 지식보다는 종말론적 이해 속에서 참된 신앙에 대한 싸움과 관련된 것이었다. 특별히 오스만 터키가 하나님의 징계(Virgam)로 이해된 것은 모든 종교개혁자들에게서 공통적으로 확인되는 주장이다. 루터는 오스만 터키가 동유럽을 침공한 것은 교황주의 교회가 참된 복음을 버린 것에 대한 하나님의 심판적 의미가 있다고 밝혔다. 터키는 타락한 기독교를 회복시키기 위한 하나님의 채찍임을 강조한 것이다.[57] 그리고 이러한 입장 때문에 루터는 하나님의 채찍인 오스만 터키를 대적하여 십자군 전쟁(Kreuzzug)을 계

---

57) WA 30 II, 116: "Des Tuercken Kriegen ist ein lauter frevel und reuberey, dadurch Gott die welt strafft, wie er sonst manch mal durch boese buben auch zu weilen frume leute straffet. Denn er [der Tuercke] streit nicht aus not odder sein land ym fride zu schutzen, als ein ordenlich Obirkeit thut, sondern er suecht ander land zu rauben und zubeschedigen, die

획하는 것에 대해 반대하였다. 신자들의 책임은 전쟁을 하는 데 있는 것이 아니라, 오히려 회개하고 기도하며 참된 복음을 묵상하는 데 있다고 주장했다. 츠빙글리와 비블리안더도 루터의 생각과 크게 다르지 않았다. 선교나 하나님의 섭리 속에서 이슬람이 참된 종교로 개종되는 것을 기대했기 때문이다.

물론 불링거의 입장도 이와 크게 다르지 않았다. 오스만 터키가 유럽과 기독교에 큰 위협이라고 해도 그 모든 일이 하나님의 섭리 속에서 벌어진 것으로 이해했다. 전쟁의 대상이 아니라, 우리 자신의 죄악을 직시하고 회개하는 성격으로 이슬람 문제를 평가한 것이다. 분명히 불링거는 이슬람을 잘 알아야 한다고 생각했다. 그 지식을 통해서 이슬람의 실체에 대한 정확한 정보를 가지고 있어야 바른 대응을 할 수 있다고 믿었기 때문이다. 즉 어떤 종교적 성격을 가지고 있는가를 분명히 인식하고 경계할 필요가 있다고 확신한 것이다. 따라서 그는 이슬람을 기독교의 한 이단으로 규정하면서 신자들로 하여금 그들의 거짓됨을 보게 하였다. 하지만 그렇다고 해도 불링거 역시 이슬람을 하나님의 도구로 인식했다. 그리하여 구원에 대한 여지와 상관없이

---

yhm doch nichts thun odder gethan haben, wie ein meer reuber odder strassenreuber. Er ist Gottes rute und des Teueffels diener, das hat keinen zweifel."

어떤 식으로든 이슬람이 관심의 대상임을 분명히 드러내며, 기독교가 이슬람을 어떻게 상대해야 하는가에 대한 큰 그림을 그려주었다.

불링거
취리히 종교개혁을 완성하다

Heinrich Bullinger

5

불링거와 한국 교회

Chapter 05

불링거와 한국 교회

오늘날 특별히 한국 교회가 불링거를 기억해야 할 이유는 어디에 있을까? 불링거는 신학자였지만, 그의 마음은 항상 교회와 신자들을 향해 있었다. 그에게서 교회와 신자들을 섬기지 않는 신학은 결코 생각할 수 없었다. 그는 자신의 시대에 배움이 없는 신자들에게 가능한 이해하기 쉽게 신앙적 혼란을 주지 않는 방식으로 바른 신앙지식을 전달하고자 노력했다. 불링거는 개인적으로 종교개혁 이후 계속되는 신학적 논쟁으로 개혁을 이룬 교회가 다시 분열되고, 유럽 전역에서 신학자들 간에 서로의 인격을 모독하면서까지 맹렬한 신학적 다툼이 지속되는 것에 대해 가슴 아파했다. 이러한 현실 속에서 교회의 신자들이 중세 시대와 마찬가지로 다시 신학에서 소외되어가는 것을 목격할 수밖에 없었기 때문이다. 그리고 불링거의 눈과 귀는 바른 신앙 때문에 고민하고 핍박받는 사람들을 향해 있었다. 스위스를 넘어서 전 유럽에 있는 고난 받고 있는 신자들을 직시한 것이다. 이처럼 불링거는 자신의 시대를 어떻게 살아가야 하는가를 고민하는 목사였다. 그는 자신에게 허락된 지위와 역량을 총동원하여 자신이 병들어 죽어가는 순간까지 한 시대의 책임 있는 교회 지도자로서 헌신을 놓지 않았다. 결국 한국 교회가 오늘날 불링거를 주목해야 하는 이유는 바로 여기에 있다.

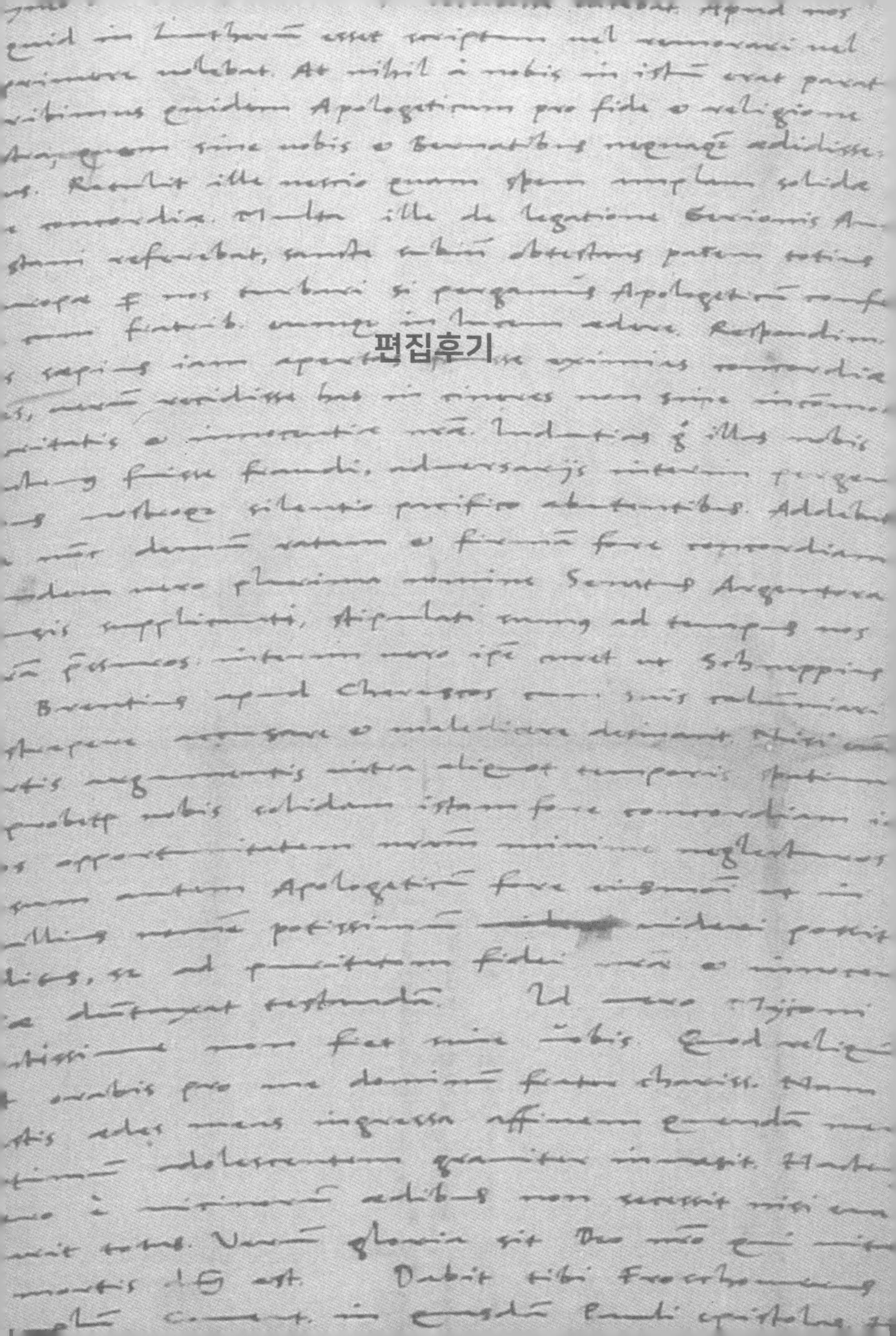

편집후기

| 편집후기 |

종교개혁은 어떤 의미가 있는가

1517년 종교개혁이 일어난 이후 시대는 많이 변했다. IT 산업과 첨단과학이 발달한 변화의 시대가 왔다. 그러나 급격하게 발전하는 시대 속에서도 현대인들은 여전히 인생의 문제와 세상의 도전 앞에 방황하고 있다. 종교개혁자들이 고민했던 하나님과 인간과 세상에 대한 깊은 성찰이 다시 이 시대에 절실하게 요청되고 있는 것이다.

세계도 변하고 있다. 유럽과 미국 중심의 세계 질서도 바뀌어 아시아가 점차 세계의 주목을 받고 있다. 특히 한국 기독교에 대한 세계적인 관심과 기대는 대단하다. 어린이와 같았던 한국 교회는 이제 청년으로 성장하고 있다. 이런 맥락에서 한국 기독교인들은 지금까지 전혀 고민해보지 않았던 근원적이고 피할 수 없는 중요한 질문 앞에 서게 되었다.

나는 누구인가? 우리의 신앙은 어디에서 왔는가? 참으로 경건한 기독교인은 어떤 사람들인가? 한국 교회는 어디로 가야 하는가? 이런 질문에 부딪힐 때마다 교회의 역사는 깊은 지혜를 제시해준다. 다시 종교개혁의 본질로 돌아가자는 것이다. "Ad Fontes(근원으로)!"

종교개혁을 이해하기 위해서는 다각적인 접근이 필요하다. 유럽의 지성사적 흐름을 알아야 하고, 정치, 경제, 사회, 문화적인 배경도 통찰해야 한다. 기독교 교리의 역사도 알아야 한다. 그러나 무엇보다 가장 쉽고 정확하게 이해하는 방법은 그 시대를 치열하게 살아간 종교개혁자들을 이해하는 것이다. 그것은 곧 그들의 삶, 좌절, 고난 그리고 그것을 극복하는 과정에서 역사하셨던 하나님의 일하심을 알아가는 것이다.

종교개혁자 평전 시리즈는 무엇이 다른가

수많은 책들이 출판되지만 그 가운데 지속적으로 선한 영향을 미치는 책은 많지 않다. 신앙서적 또한 예외가 아니다. 그런 점에서 본 평전 시리즈의 차별성과 독특성을 알게 된다면 독자들은 더욱 보람 있게 이 책을 읽을 수 있을 것이다. 몇 가지 특징을 정리해 본다.

첫째, 저자들은 모두 가장 최근에 그 해당 주제로 박사학위를 받은 학자를 엄선하여 심혈을 기울여 저술했다. 급속도로 지식이 축적되는 오늘날 가장 최근의 학문적 정보가 최고의 수준으로 담겨 있다고 볼 수 있다. 따라서 잘 알려지지 않은 자료들이 폭넓게 활용되어 참신하게 저술한 장점이 있다.

둘째, 단순한 영웅담이 아니라 비평을 가하는 평전이기에 정확하고 유익한 정보를 얻게 된다. 기존 종교개혁자에 대한 책이 간혹 우리 눈에 발견되지만 대부분 인물을 예찬하는 데 반해 본서는 종교개혁자들의 삶과 신학을 학문적이고 객관적으로 연구하고 평가했다.

셋째, 한국의 신학자들에 의해서 직접 저술되었기에 한국 독자들의 정서에 꼭 맞는 책이 될 것이다. 물론 유럽과 미국의 학자들이 저술한 훌륭한 종교개혁자들의 전기나 번역서도 있다. 그러나 서양 저자들은 대부분 서양의 지성사적이고 문화적인 배경을 전제로 하기 때문에 비서양권인 한국의 독자들이 깊이 이해하기에는 한계가 있다.

넷째, 교회를 위한 신학(Theologia Ecclesiae)을 전제로 기획되고 저술되었다. 종교개혁자들의 활동과 그들의 신학은 모두 교회를 건강하게 세우고 교회에 유익이 되고자 하는 방향에서 이해되어야 한다. 그것이 정당한 방법이고 또 현대의 독자들과 목회자들에게도 유익하다.

본 평전은 이러한 원칙을 전제로 저술되었기에 지적 호기심을 넘어 개인의 경건은 물론 교회 공동체에도 큰 유익을 줄 것으로 기대한다. 일차적으로는 평신도 지성인들이 쉽게 읽어내도록 평이한 문체와 감동적인 내용으로 저술되었으며, 동시에 목회자와 신학생들에게도 잘 알려지지 않은 최근의 연구 자료를 제시하여 신학을 공부하고 사상을 넓히는 데도 많은 도움을 줄 것이다. 본 시리즈를 통해 하나님과 인간과 세상을 이해하게 되고 건강한 신앙 공동체를 세울 수 있을 것으로 확신한다.

수석 편집인 안인섭 박사(총신대학교 교수)

저자 소개

안양대학교 신학대학원에서 목회학석사(M. Div.)와 신학석사(Th. M.)를 취득했다. 그 이후 스위스 취리히 대학교 신학부에서 종교개혁사를 전공했으며, 취리히 종교개혁자인 하인리히 불링거(Heinrich Bullinger)의 신앙교육서에 대한 연구로 박사학위(Dr. Theol.)를 받았다. 학위 논문 제목은 "Heinrich Bullingers Katechetische Werke"이다. 현재 수원에 있는 합동신학대학원대학교에서 역사신학 교수로 재직 중이며, 불링거 프로젝트 디렉터로도 활동하고 있다. 또한 16세기 스위스 종교개혁과 하인리히 불링거에 관한 연구와 번역에도 집중하고 있다.

불링거
취리히 종교개혁을 완성하다

초판 발행 2021년 3월 2일
초판 2쇄 2023년 7월 10일

지은이 박상봉
발 행 익투스

총무 고영기 목사 기획 김귀분 국장
편집책임 조미예 마케팅책임 김경환
경영지원 임정은 마케팅지원 박경헌 김혜인
유통 박찬영 제작 최보람 편집·홍보 최강현

주소 서울시 강남구 영동대로 330
전화 (02)559-5655 팩스 (02)6940-9384
홈페이지 www.holyonebook.com
블로그 https://blog.naver.com/holyone-book
출판등록 제2005-000296호

ISBN 979-11-86783-28-3 03230

ⓒ 2021, 익투스
잘못된 책은 바꾸어 드립니다.

익투스
ΙΧΘΙΣ 익투스는 예수 그리스도와 그분의 복음을
사랑하는 모든 사람과 함께 합니다.

사랑하는 자여
네 영혼이 잘 됨 같이
네가 범사에 잘되고
강건하기를 내가
간구하노라
(요한삼서 1:2)